निबंधों की दुनिया
महादेवी वर्मा

निबंधों की दुनिया

महादेवी वर्मा

प्रधान संपादक

निर्मला जैन

संपादक

कुसुम बाँठिया

वाणी प्रकाशन

वाणी प्रकाशन
ज्ञान के विविध आयामों के प्रकाशक

वाणी प्रकाशन का 'लोगो' विख्यात चित्रकार मक़बूल फ़िदा हुसेन की कूची से

वाणी प्रकाशन, 4695, 21-ए, दरियागंज, नयी दिल्ली-110002
वाणी प्रकाशन, अशोक राजपथ (पटना कॉलेज के सामने), पटना (बिहार)

NIBANDHON KI DUNIYA : MAHADEVI VERMA
Category : Literary Essays
Chief Editor : Nirmala Jain, Kusum Banthia

ISBN : 978-81-8143-915-4

आवृत्ति : 2011

मूल्य : 300/-

वाणी प्रकाशन

फोन : 0091#11#23273167, 23275710
फैक्स : 0091#11#23275710
वेबसाइट : www.vaniprakashan.in
ई-मेल : vaniprakashan@gmail.com
vani_prakashan@yahoo.com

आर.टेक ऑफसेट प्रिंटर्स द्वारा दिल्ली-110095 में मुद्रित

भूमिका

प्रथमतः और मूलतः कवि के रूप में अपनी पहचान बनाने वाली महादेवी का गद्यकार रूप भी आज सम्मान के साथ पहचाना जाता है। कहना होगा कि आम पाठक के बीच यह पहचान मुख्य रूप से उनके संस्मरणों और रेखाचित्रों को लेकर ही बनी। लेकिन उनके गद्य का एक बहुत बड़ा अंश ज्ञानगंभीर, दार्शनिक और गहन विवेचनपरक लेखों से बना है जिनसे सामान्य पाठक का परिचय प्रायः न के बराबर है। वे मुख्यतः साहित्यकर्मियों तथा गंभीर अध्येताओं के बीच ही पढ़े जाते और चर्चित होते रहे। इस संकलन के माध्यम से इस दूसरी श्रेणी के कुछ निबंधों को आम पाठकों के सामने लाया जा रहा है।

इस श्रेणी में से भी बहुत लंबे, गहन विद्वत्तापूर्ण तथा संदर्भ-बहुल लेख इस संकलन में नहीं लिए गए हैं। गझिन, अलंकृत भाषा-शैली महादेवी की विशेषता है, किंतु यहाँ यथासंभव सुबोध और सुपाठ्य निबंध लेने की ही कोशिश रही है ताकि इस संकलन के द्वारा महादेवी की बहुमुखी प्रतिभा तथा विस्तृत चिंतन संसार को सामान्य पाठक तक पहुँचाना संभव हो सके।

दर्शन, साहित्य और समाज के अध्येता अपनी आवश्यकता और रुचि के अनुसार उनकी रचनाओं तक पहुँच ही जाते हैं। यहाँ उनके एक विशिष्ट प्रकार के रचनाकर्म को उन पाठकों के सामने लाया गया है जिनके लिए इस दर्जे की रचनाओं को ढूँढ़ना, चुनना और छाँटकर पढ़ना आमतौर पर संभव नहीं होता। ये निबंध एक छायावादी कवयित्री की अपने समय और समाज के प्रति जागरूक और मुखर दृष्टि को ही हमारे सामने उद्घाटित नहीं करते बल्कि आज की स्थितियों में हमें बहुत कुछ सोचने को भी बाध्य करते हैं। साहित्य और संस्कृति से महादेवी का सरोकार मूलगामी था; दर्शन और शिक्षा के क्षेत्र से वे स्वयं गहराई से जुड़ी थीं; और उनके विस्तृत जीवन-अनुभव ने उन्हें समाज—विशेषकर भारतीय समाज की संरचना और विसंगतियों की सार्थक समझ दी थी। प्रयास किया गया है कि इन निबंधों में इन सभी विषयों पर महादेवी के सोच की एक झलक अवश्य मिल सके।

इन निबंधों का विषयवार विभाजन कुछ शिथिल रूप में ही किया जा सकता है, क्योंकि महादेवी जहाँ भारतीय वाङ्मय और संस्कृति की बात करती हैं, वहाँ देश संबंधी उनकी भावना अनायास ही झलक आती है और राष्ट्र-गौरव का भाव भी। जब वे साहित्यकार या विशुद्ध साहित्य की चर्चा करती हैं तो उसकी पृष्ठभूमि में प्राचीन वाङ्मय की चेतना भी व्याप्त होती है। शिक्षा के संदर्भ में उनकी आधारभूमि संस्कृति होती है या संस्कार! इसलिए देश, संस्कृति, साहित्य-चिंतन और शिक्षा संबंधी इनके निबंध एकदम भिन्न-भिन्न ख़ानों में नहीं डाले जा सकते। इसी प्रकार महादेवी के प्रखर स्त्री-विमर्श को उनके संपूर्ण समाज विमर्श से अलगाकर नहीं देखा जा सकता इसलिए विभिन्न विषयों का प्रतिपादन करते हुए भी इस संकलन के निबंधों को मोटे तौर पर तीन सरणियों में डाला जा सकता है। पहली सरणी लेखिका के आत्म-परिचय की है जिसमें वे उस परिवेश की चर्चा करती हैं जिसने उनके लेखकीय और चिंतक मानस को गढ़ा। साथ ही वे अपने गद्य-लेखन के इतिहास पर भी प्रकाश डालती हैं। यही कारण है कि इस संकलन के अन्य लेखों की पृष्ठभूमि के तौर पर इन लेखों को शामिल किया गया है। दूसरी सरणी है संस्कृति की जिसमें दर्शन, संस्कृति तथा साहित्य चिंतन, भाषा तथा काफ़ी हद तक शिक्षा संबंधी निबंध आ जाते हैं। साहित्य विधा संबंधी निबंध 'गीति काव्य' भी इसी श्रेणी में रखा जा सकता है। तीसरी सरणी है समाज संबंधी निबंधों की जिसमें समाज के इतिहास और स्वरूप पर सैद्धांतिक चिंतन भी है और समकालीन समस्याओं पर विचार भी।

× × ×

यह विस्मय का विषय ही है कि महादेवी का प्रथम परिचय विदुषी गद्यकार के रूप में न होकर कवयित्री के रूप में होता है। अगर रचना रचनाकार के व्यक्तित्व का उद्घाटन है तो महादेवी का गद्य उनकी कविता की अपेक्षा अधिक विस्तार तथा प्रामाणिकता से उनके व्यक्तित्व और सोच के विविध पहलुओं को हमारे सामने उजागर करता है। महादेवी के गद्य में उनके समय-समय पर दिए गए भाषणों को भी शामिल किया जा सकता है क्योंकि प्रसंग विशेष से जुड़े होने के कारण उनमें सामयिक विषयों पर खुला विवेचन महादेवी की बौद्धिक-दार्शनिक पृष्ठभूमि से पुष्ट होकर आता है। कवयित्री महादेवी मुख्यतः अंतर्मुखी और अंतर्लीन हैं। उनके काव्य-संसार में बाह्य जगत उपमा-रूपक—अर्थात् अप्रस्तुत के रूप में ही आता है। वे चाहे 'नीर भरी दुख की बदली' के अवसाद की कथा कहें या अकेले दुर्दम प्राण के अपरिचित पंथ पर चलने का संकल्प करें, उनकी कविता संबोधित होती है अपने को ही। इससे भिन्न उनका गद्य बाह्य जगत से जुड़ा है—विवेचन में कई जगह छायावादी आत्मपरकता के बावज़ूद। यहाँ वे अंदर से बाहर की ओर झाँकती हैं और उनका विवेचन-विश्लेषण वस्तुपरक होता है।

उनके गद्य में विषयों का भी वैविध्य है और शैलियों का भी। दोनों ही दृष्टियों से इस गद्य में दो मुख्य धाराएँ नज़र आती हैं। एक है संस्मरण-रेखाचित्रों की आत्मीय धारा और दूसरी गंभीर-प्रायः अकादमिक गद्य की धारा।

रेखाचित्र-संस्मरणों में महादेवी का सूक्ष्मग्राही, संवेदनशील और मानवीय रूप सामने आता है। आज साहित्य में हाशिये के लोगों की हिमायत कई जगह अपनी प्रतिबद्धता साबित करने की शर्त बन गई है—और जैसा लगभग हर गंभीर प्रवृत्ति के साथ होता है, प्रतिभाहीन लोगों के लिए पाँच सवारों में गिने जाने का ज़रिया भी। इस तमाम विमर्श, आंदोलन और नारेबाज़ी के दौर के बहुत पहले से महादेवी रामा, घीसा, गुँगिया और बिबिया की करुण कथाएँ अपनी बेजोड़, मर्मस्पर्शी शैली में हमारे सामने रखती आ रही हैं। अपने पथ के साथी साहित्यकारों से लेकर अनाम-गुमनाम संघर्षरत जन, और उनसे लेकर अपने प्रिय पशु-पक्षियों के परिवार तक उनके संस्मरणों की गति है और उनके रेखाचित्रों में केंद्रीय चरित्र के बहाने पूरे समाज और उसके अन्यायों और विसंगतियों की परतों का उद्‌घाटन होता चलता है। इन लेखों की भाषा संस्कृतनिष्ठ, अलंकृत और बिंबधर्मी भले हो, पर उसमें सहज संलाप की भंगिमा और निरायास विनोद का स्पर्श उन्हें पाठकों के लिए एक आत्मीय अनुभव बना देता है।

महादेवी के गंभीर, अकादमिक गद्य में गुरुता और विद्वत्ता तो है, किंतु आत्मीय स्पर्श का अभाव है। ज़ाहिर है, विषय की गंभीरता और उद्देश्य लेखन की शैली को भी संचालित करता है। यही वजह है कि ये लेख महादेवी के संस्मरण-रेखाचित्रों की तरह 'लोकप्रिय' नहीं बन पाए हैं। इन्हें पढ़ने पर पहला प्रभाव आत्मीयता का नहीं, लेखिका की वैचारिक और आधुनिकता संपन्न व्यापक दृष्टि का पड़ता है।

× × ×

इस संकलन में, और इसके बाहर के सभी लेखों में जो एक बात समान है, वह है भारतीय संस्कृति और भारतीय वाङ्‌मय से लेखिका का गहन परिचय—इतना गहन परिचय कि वह हर संदर्भ में उतरता चला आता है। इनके लिए संस्कृति जीवन का ऊपर से ओढ़ा अलंकरण नहीं, देश (और समाज) की आत्मा को सींचनेवाला और उसे विशिष्ट व्यक्तित्व प्रदान करने वाला रस है। विकास के विभिन्न रूपों की समन्वयात्मक समष्टि है ('संस्कृति का प्रश्न')। इसलिए सामंजस्य तथा समन्वय इसका मूल तत्व है जो हमारे जीवन, साहित्य तथा दर्शन में निरंतर ध्वनित और प्रतिध्वनित होता रहा है ('साहित्य, संस्कृति और शासन')। संस्कृति हमारी मानसिकता की विधायिका है और साहित्य, कला तथा शिक्षा से इसका अटूट संबंध है।

महादेवी के संस्कृति संबंधी निबंधों में तथा अन्यत्र भी भारत के प्राचीन ज्ञान तथा बौद्धिक परंपरा से उनका गहरा लगाव स्पष्ट होता है जो विषय की सम्यक्

समझ से उपजता है। उथल-पुथल और क्रांति के युग में परंपरा के महत्त्व को समझाते हुए वे सावधान करती हैं कि पिछले युगों की उपलब्धियों को नष्ट करना ग़लत होगा, क्योंकि "नदी से नहरें निकाली जा सकती हैं, किंतु उसके प्रवाह को खंड-खंड में बाँटना, उसका नदीत्व समाप्त करना है" ('मानव विकास : परंपरा के संदर्भ में')। साहित्य को भी वे युगबोध के नाम पर संकीर्ण कर देना नहीं चाहतीं। "... किसी भी युग का संवेदन कवि के लिए त्याज्य नहीं होता, क्योंकि वह उसके माध्यम से अपने युग सत्य को कालातीत विराट सत्य से जोड़कर उसे नूतन रूप में अवतरित करने की क्षमता रखता है" ('साहित्यकार : व्यक्तित्व और अभिव्यक्ति')। इस प्रकार परंपरा के महत्त्व पर वे बल देती हैं। किंतु परंपरा के सम्मान से भी अधिक महत्त्व की बात यह है कि वे 'पुरानी ही दुनिया अच्छी' वाली मानसिकता से ग्रस्त नहीं हैं। उनकी आधुनिकता परंपरा को स्वीकृति देते हुए भी पूरी तरह वर्तमान से जुड़ी हुई है। वे जानती हैं कि "कोई नियम, कोई आदर्श सब काल और सब परिस्थितियों के लिए नहीं बनाया जाता; सबमें समय के अनुसार परिवर्तन संभव ही नहीं, अनिवार्य हो जाते हैं। ...अन्यथा कोई प्रगति संभव ही नहीं रहती" ('स्त्री के अर्थ-स्वातंत्र्य का प्रश्न')। उनकी स्पष्ट मान्यता है कि अतीत को जीवित करने के लिए जीवित वर्तमान की बलि देना अदूरदर्शिता होगी, क्योंकि अतीत "हमारे प्रगतिशील जीवन के लिए सहारा हो सकता है, लक्ष्य नहीं" ('हिंदू स्त्री का पत्नीत्व')। वस्तुतः वे न तो सिर्फ़ अतीत की पैरवी करती हैं न केवल वर्तमान की हिमायत। परंपरा और आधुनिकता उनके लिए परस्पर अविच्छिन्न भाव से संबद्ध हैं क्योंकि "बिना वर्तमान के अतीत गतिहीन है और अतीत से विच्छिन्न वर्तमान दिशा-निर्देशहीन हो जाता है" ('शिक्षा का उद्देश्य')।

महादेवी स्वयं शिक्षा के क्षेत्र से जुड़ी हुई थीं और इस क्षेत्र में भी प्राचीन मूल्यों, संस्कारों और परंपराओं के महत्त्व को मानते हुए भी उनका स्पष्ट मंतव्य था कि "देश में भारी परिवर्तन हो चुके हैं और शिक्षा को अब उन्हीं के अनुरूप होना चाहिए। शिक्षा के संपूर्ण आधार को अब आमूल परिवर्तित किया जाना चाहिए" ('माता भूमिः पुत्रोऽहं पृथिव्याः')। वे स्वयं छात्रों का आह्वान करती हैं, "...उस समय ऋषि ने कहा है, –'ऐसा करो, ऐसा करो, ऐसा करो।' पर जो उसने कहा है वह आपके लिए कितना उपयुक्त है, आप देखिए। ...आप उसी को ग्रहण करें जिसे आप आत्मसात् कर सकते हैं" ('भारतीय संस्कृति और शिक्षा')। महादेवी ने आर्ष वाक्य को प्रमाण मानने की प्रवृत्ति पर ही प्रश्न उठा दिया है और छात्रों को अपनी राह आप खोजने की प्रेरणा दी है, "हमारा युग दूसरा था और हमने अपने युग की समस्याएँ सुलझाईं। आपके लिए राजमार्ग नहीं बनाया। ...राजमार्ग आप स्वयं बनाएँ" (वही)।

'शिक्षा का उद्देश्य' में उन्होंने आज के युवा के असंतोष के कारणों पर गहरी नज़र डाली है। महादेवी का परंपराबोध इस प्रकार वर्तमान से जुड़ा है और परंपरा

से ही लेकर महाभारत का एक संदेश वे समकालीन छात्रों को देती हैं—'मनुष्य से श्रेष्ठ कुछ भी नहीं है'। संस्कृति तथा परंपरा की सार्थकता भी वे तभी मानती हैं जब वह सामान्य जन से जुड़े—''हमारी अधिकांश जनता सड़क के किनारे बिना छाया के, बिना भोजन के, बिना वस्त्र के जन्म लेती है, मरती है। आप इस विषमता की कल्पना कीजिए। वह देश जो अणु का विस्फोट करता है, वह देश जो आर्यभट्ट को आकाश में भेजता है, वही अपने मनुष्य को कितना हीन बनाए हुए है। ...इस महानता के स्वर्ग के चरणों के साथ जो नरक निरंतर बँधा हो उसको यदि हम दूर नहीं करते तो हम अपने आपको कैसे क्षमा कर सकते हैं।'' (वही)। मानव की महत्ता, आम आदमी का सुख-दुख महादेवी के लिए सारी परंपरा और इतिहास से अधिक महत्त्वपूर्ण है—''पौराणिक गाथाएँ, इतिहास के आख्यान, विशिष्ट जन-कथाएँ आदि का क्रम पार कर हमारा आख्यान साहित्य सामान्य जन के धूल भरे आँगन में आ खड़ा हुआ है।

''...आधुनिक युग का साहित्य, पूर्ण देवता पर अपूर्ण मानव की विजय का लेखा है'' ('कुछ विचार-1')।

महादेवी इस स्थिति से पूर्णतः संतुष्ट हैं क्योंकि भारत की संस्कृति का मूलमंत्र ही है मनुष्य की सर्वश्रेष्ठता। मानव की महत्ता पर बल देते हुए महादेवी उन्हें नहीं भूलतीं जिन्हें मनुष्य होते हुए भी मनुष्य जैसा व्यवहार नहीं मिलता—न उनका प्राप्य सम्मान और अधिकार। वे उनके प्रति समाज के उपेक्षा भाव की आलोचना करती हैं और चेतावनी देती हैं कि ''वस्तुतः वर्तमान युग पीड़ितों और गिरे हुओं का है और यह वर्ग जब उठता है तब उसका वेग शिलाएँ तोड़कर निकलने वाले निर्झर के समान अप्रतिहत गति होता है'' ('शिक्षा का उद्देश्य')। और, ''जैसे-जैसे हमारा समाज अपने आधे सदस्यों से अधिकारहीन बलिदान और आत्मसमर्पण लेता जा रहा है, वैसे-वैसे वह भी अपने अधिकार खोता जा रहा है'' ('व्यक्ति और समाज')।

व्यक्तिपरकता और समाजविमुखता के आरोप झेलते छायावादी मंडल की सदस्य महादेवी साहित्य तथा कला को भी मानव-जीवन से जुड़ने पर ही सार्थक मानती है—''कला यदि जीवन की, सौंदर्य में, सत्य में अभिव्यक्ति है तो भी यह जीवन से संबद्ध है'' ('कला और हमारा चित्रमय साहित्य')। साहित्यकार का संबल उसकी आस्था होती है जिसका जन्म उसके संस्कारों से होता है और प्रसार उसके अनुभवों से। और ये अनुभव उसे होते हैं समाज में। इसलिए महादेवी आस्था को ''व्यक्ति द्वारा समष्टि की स्वीकृति'' के रूप में देखती हैं जिसका विरोध विकासगत सामाजिक या व्यापक जीवन-लक्ष्य से हो ही नहीं सकता ('साहित्यकार की आस्था')। ''यह आस्था सृजन की दृष्टि से व्यक्तिगत पर प्रसार की दृष्टि से समष्टिगत ही रहेगी'' (वही)। कवि-कर्म उनके अनुसार आत्मकेंद्रित या अंतर्मुखी नहीं हो सकता, न उसका कथ्य मात्र व्यक्तिगत रुचि से संचालित हो सकता है क्योंकि उसका ''मानसिक गठन तथा

उसकी क्रिया-प्रतिक्रिया अधिक व्यापक फलक पर स्थिति रखती है" ('साहित्यकार : व्यक्तित्व और अभिव्यक्ति')। इसीलिए "...साहित्य को व्यक्तिगत रुचि मात्र मान लेना, उसके युगांतरव्यापी प्रभाव को अस्वीकार करना है" ('साहित्य और साहित्यकार')।

परंपरा में गहरी जड़ के बावजूद महादेवी की दृष्टि की आधुनिकता विस्मित करने वाली है। उनके समाज-विमर्श में—मुख्यतः स्त्री-विमर्श में यह आधुनिकता और भी क्रांतिकारी होकर उभरी है।

महादेवी का स्त्री-विमर्श सचेत भाव से ढोल-ढमाके के साथ शुरू नहीं हुआ। उन्होंने उस युग में आँखें खोली थीं जब भारत में स्त्री ने पर्दे से बाहर आना शुरू किया ही था। पिछली सदी से स्त्री-शिक्षा संबंधी जो आंदोलन देश भर में चलने शुरू हुए थे, उनका असर मध्यवर्ग पर भी पड़ने लगा था और लड़कियों को साक्षर बनाने ही नहीं, और आगे तक भी पढ़ाने के लिए माता-पिता तैयार हो चुके थे। किंतु नारी मुक्ति एक और तरीक़े से दो स्रोतों से आई। इनमें प्रमुख स्रोत था स्वतंत्रता आंदोलन, जिसने स्त्रियों को घर से निकलकर देश और समाज का काम करने की हिम्मत दी, और जिसके ज़रिए उन्होंने बाहरी जगत को खुली आँखों से देखा। दूसरा स्रोत था पाश्चात्य जीवन शैली का प्रभाव जो अमूमन पढ़े-लिखे उच्च वर्ग तक ही सीमित था। स्त्रियों के आचार-आचरण को इस जीवन-शैली ने बहुत बदला। महादेवी पर पारिवारिक संस्कारों और स्वाधीनता आंदोलन के परिवेश का बहुत प्रभाव पड़ा था। चरित्र की दृढ़ता, मेधाविता, सारग्राही और खुली नज़र तथा अनुभवों का विश्लेषण करने की क्षमता ने उनके चरित्र और विचारों को इस प्रकार तराशा था कि स्त्री संबंधी उनका लेखन मात्र अकादमिक नहीं कहा जा सकता। स्वयं अपने जीवन में उन्होंने बड़े विद्रोही तथा क्रांतिकारी फ़ैसले लिए थे—दांपत्य का नकार बौद्ध धर्म में दीक्षा लेने के संकल्प का त्याग और वेदों का अध्ययन इनमें शामिल थे। अपने आस-पास स्त्रियों की स्थिति को उनके संवेदनशील मन ने देखा-परखा था और वस्तु-परक बुद्धि ने उस दशा का विश्लेषण किया था। उन्होंने देखा था कि भक्तिन और उसकी बेटी जैसी कर्मठ और दबंग औरतें भी सामाजिक व्यूह-रचना के आगे हथियार डालने को मज़बूर हो जाती हैं, राजस्थानी विधवा बहू और बिबिया जैसी समाज-परंपराओं की सताई स्त्रियों की तो बात ही क्या। इसलिए महादेवी का 'स्त्री-विमर्श' उनके अपने जीवनानुभवों से उपजा था और यह केवल अबला-जीवन की करुण कहानी पर हाहाकार भाव नहीं था। दुर्दशा के कारणों पर उँगली रखकर समाधान सुझाना भी उनके विमर्श का एक प्रमुख हिस्सा था।

मात्र नारी संबंधी लेखों में ही नहीं, अन्यत्र भी उन्होंने स्त्री की दशा और उसके प्राप्य की बात बार-बार उठाई है। व्यक्ति और समाज के संबंध के प्रसंग में उनका निश्चित मत है कि जिन दो स्तंभों के संतुलन पर समाज टिका है, उनमें से एक है स्त्री-पुरुष का संबंध और समाज में नारी की हैसियत। जहाँ इन संबंधों

में विषमता आई कि वह स्तंभ लड़खड़ा जाएगा और साथ ही समाज भी। स्त्री की त्यागमयी और सहनशील प्रकृति का बड़ा महिमा-गायन होता है। महादेवी का मानना है कि यह त्याग और सहनशीलता उसकी प्रकृति नहीं, संस्कार हैं जो उसे बलात् परवश बनाते हैं। उसे समझाया जाता है कि उसे ''अपने अस्तित्व को पुरुष की छाया बना देना चाहिए, अपने व्यक्तित्व को उसमें समाहित कर देना चाहिए'' ('हमारी शृंखला की कड़ियाँ')। मगर इस विचार को महादेवी ''किसी आपत्तिमूलक विषवृक्ष का ही विषमय फल'' मानती हैं (वही) क्योंकि यह पराधीनता मात्र भौतिक न रहकर मानसिक भी हो जाती है और स्त्रियों से स्वतंत्र रूप से सोचने-विचारने की शक्ति छीन लेती है।

इसलिए स्त्रियों को सबसे पहले मानसिक स्वतंत्रता की दरकार है। इसके लिए सर्वप्रथम तो उन्हें अपने आपको पुरुष पर निर्भरता से मुक्त करना होगा क्योंकि आज तो ''वे शून्य के समान पुरुष की इकाई के साथ, सब कुछ हैं, पर उससे रहित कुछ नहीं'' ('स्त्री के अर्थ स्वातंत्र्य का प्रश्न')। इस निर्भरता के कारण सामाजिक दृष्टि से तो उसके लिए पतिहीन जीवन दुर्वह हो ही जाता है, आर्थिक दृष्टि से पति के होते हुए भी वह पंगु रहती है। ''विवश आर्थिक पराधीनता ...व्यक्ति के मानसिक तथा अन्य विकास पर ऐसा प्रभाव डालती रहती है, जो सूक्ष्म होने पर भी व्यापक तथा परिणामतः आत्मविश्वास के लिए विष के समान है'' (वही)। उसकी स्थिति हमेशा याचक की रहती है। वह स्वयं कभी भी किसी को सहायता देने में सक्षम नहीं होती। ऐसी स्थिति में पति के लिए भी वह 'सहयात्री' न होकर 'भार' ही बनी रहती है। स्त्री के व्यक्तित्व, आत्मसम्मान तथा आत्मविश्वास के विकास के लिए लेखिका इसीलिए उसका आर्थिक दृष्टि से आत्मनिर्भर बनना आवश्यक मानती हैं।

स्त्री की स्वतंत्रता के पक्ष में महादेवी की अगली स्थापना उस समय के लिए तो क्रांतिकारी थी ही, आज की वस्तुस्थिति के लिहाज़ से भी बहुत क्रांतिकारी है कि पत्नी और माता बनने या न बनने का चुनाव स्त्री के अपने हाथों में होना चाहिए। उनका सवाल है कि ''सौ में से सौ स्त्रियों की शारीरिक तथा मानसिक स्थिति केवल इन्हीं दो दायित्वों के उपयुक्त होगी?'' ('हिंदू स्त्री का पत्नीत्व')। स्त्री में अन्य शारीरिक-मानसिक शक्तियाँ, इच्छाएँ और आकांक्षाएँ भी होती हैं। उन्हें इन क्षमताओं और आकांक्षाओं को फलीभूत करने का अधिकार होना चाहिए न कि दहेज-लोभी पुरुषार्थहीन परावलंबी पतियों की 'सौभाग्यवती' बनकर अपने जीवन को सार्थक मानना चाहिए? यह बात स्त्री की आर्थिक आत्म-निर्भरता से भी जुड़ती है, क्योंकि कन्याओं का विवाह इसलिए भी कर दिया जाता है कि ''उनकी आजीविका का हम कोई और सुलभ साधन नहीं सोच पाते'' (वही)। इसी प्रकार माँ बनने का फ़ैसला भी उसके अपने हाथों में होना चाहिए—कि वह माँ बने या न बने, और बने तो तब जब वह स्वयं शारीरिक और मानसिक दृष्टि से इसके लिए तैयार हो।

महादेवी का स्त्री-विमर्श इस प्रकार आधुनिक और क्रांतिकारी है मगर उनकी आधुनिकता पारंपरिक संस्कारों का संपूर्ण नकार नहीं है। इस सिलसिले में उनकी मूल प्रतिज्ञा तो यही है कि नारी की स्वतंत्रता मानसिक होनी चाहिए। उसमें अपने फ़ैसले स्वयं लेने की और अपने विवेक से चलने की क्षमता होनी चाहिए किंतु इस सबलता का अर्थ उसकी सहज भावुकता, ममता और करुणा का नकार नहीं होना चाहिए। मानसिक आज़ादी और बाहरी उच्छृंखलता में भी वे अंतर करती हैं। आज़ादी के नाम पर कई स्त्रियाँ पुरुषों की लादी हुई त्यागमयी छवि का तो परित्याग कर देती हैं किंतु अंदर बसे—या बसाए गए रमणीत्व को, पुरुषों को लुभाने-रिझाने की वृत्ति को, संसार-यात्रा के लिए केवल रूप और वय का पाथेय बनाकर चलने वाली प्रवृत्ति को नहीं छोड़ पातीं। महादेवी इसे स्वतंत्रता नहीं, पुरुषों की परतंत्रता और एक प्रकार की विकृति ही मानती है ('आधुनिक नारी')। पर इसमें स्त्री का दोष भी नहीं है क्योंकि सदियों दबे रहने के बाद उसने विद्रोह तो कर दिया, किंतु उसके सामने नए रूप का कोई मॉडल नहीं था। मॉडल था तो पुरुष, जिसे टक्कर देते हुए उसने उसी को अपने नए व्यक्तित्व के साँचे के रूप में स्वीकार किया। या फिर उसने पश्चिम का अनुकरण किया जिसके संस्कार और समाज-व्यवहार हमसे बहुत भिन्न हैं। परिणाम यह हुआ—जैसा कि महादेवी ने अनेक लेखों में बार-बार दिखलाया है—कि इस प्रकार की आधुनिक नारी ने अपना प्रकृत व्यवहार तो खो दिया, पर नया व्यक्तित्व उसका बन नहीं सका।

स्त्री-शिक्षा का लक्ष्य महादेवी ने यह नहीं माना कि उसके ज़रिए वे पुरुषों के समान स्वतंत्र जीवन निर्वाह कर सकें या विवाह के बाज़ार में उनकी क़ीमत बढ़ जाए ('हमारी समस्याएँ')। शिक्षा के माध्यम से उनमें स्वतंत्र तथा सबल व्यक्तित्व का विकास होना चाहिए, अपने अधिकारों का बोध जागना चाहिए और उन्हें परिवार, समाज तथा देश की उन्नति में हिस्सेदार बनना चाहिए—अपनी 'नारी सुलभ' गरिमा का त्याग किए बगैर। इस तरह महादेवी के नारी विमर्श में परंपरा और आधुनिक विचारणा का एक सुघड़ संतुलन दिखाई देता है।

× × ×

महादेवी के मुख्यतः शिक्षा और समाज संबंधी निबंधों में उनकी बातें आम आदमी और उसकी समस्याओं के बारे में हैं और इन बातों का आम आदमी तक पहुँचना बहुत ज़रूरी भी है, किंतु कहना होगा कि उनकी भाषा बड़ी सक्षम और परिमार्जित होते हुए भी, प्रायः इस लक्ष्य के अनुरूप नहीं ठहरती। भारतीय संस्कृति और साहित्य तथा दर्शन से संबद्ध विषयों के लिए जो तत्सम शब्दावली युक्त, अलंकार बहुला, बिंबमयी भाषा उपयुक्त लगती है, समकालीन समाज की समस्याओं के लिए उसका रूप जनसामान्य की भाषा के अधिक निकट होता तो महादेवी के अत्यंत आधुनिक

सुविवेचित और क्रांतिकारी विचारों की पहुँच अधिक लोगों तक हो सकती—ख़ासकर उन लोगों तक, जिनका उनकी विषय-वस्तु से सीधा संबंध है। ऐसा नहीं कि ऐसी भाषा महादेवी लिखती नहीं। पर यहाँ, भाषा की गझिनता या अलंकृति आम पाठक को विचार की दहलीज़ पर ही अटका लेती है, अंदर तक पैठने नहीं देती।

भाषा पर महादेवी का अटूट अधिकार है और अपनी शैली पर भी जिसने उनकी बहुपठितता तथा अध्ययन की गहराई झलकती है। वेद, पुराण, संस्कृति और पालि साहित्य से वे बराबर उदाहरण और उद्धरण देती चलती हैं। किसी भी संदर्भ से प्राचीन साहित्य और संस्कृति के सूत्र वे अनायास जोड़ लेती हैं। छायावादी काव्य की ही भाँति उनके गद्य में भी अप्रस्तुत विधान का भरपूर प्रयोग हुआ है किंतु काव्य में उपमा, रूपक, अन्योक्ति, रूपकातिशयोक्ति आदि से गढ़ा हुआ अप्रस्तुत विधान भाव प्रेरित और भावों को उभारनेवाला लगता है जबकि निबंध में उसमें भावों की कोमलता न होकर बुद्धि की प्रखरता झलकती है। वैसे भी वे निबंध को बुद्धि प्रधान विधा मानती हैं जो अनुशासित हो, क्रमबद्ध हो, तर्कसिद्ध और तर्क से सन्नद्ध हो। उनके अनुसार यह विशुद्ध बुद्धि से जुड़ी, सोच-समझकर तटस्थ भाव से लिखने की विधा है। स्वाभाविक रूप से ही इसकी शैली के निर्वाह में बौद्धिकता का प्राधान्य होगा। प्रसंग पर लौटते हुए, साम्यमूलक अलंकार बात को स्पष्ट करते हैं और प्रभावी बनाते हैं, मगर कुछ प्रयोग, बात को सुलझाकर समझने की अपेक्षा होने के कारण, विचारों के प्रवाह को बाधित करने लगते हैं, जैसे—"हमारे ज्ञान युग के ऐश्वर्य के चरणों से व्यक्त जीवन का जो दैन्य बँधा है, वह किसी सर्वांग सुंदरी माता की कुरूप और विकलांग संतान के समान भिन्न होकर भी उसी के अस्तित्व से निर्मित है" ('कसौटी पर'); या—"शिक्षा कमल के इन षट्दलों को संग्रथित रखने वाला कुड्मल भाषा है, जिसके अभाव में सब दल बिखर जाते हैं" ('शिक्षा का उद्देश्य')। लगता है, अपेक्षाकृत सीधे-सरल प्रयोग यहाँ अधिक प्रभावी होते। हाँ, कई जगह उन्होंने संक्षिप्त और चुस्त प्रयोग सूक्ति की शैली में किए हैं और वे बड़े प्रभावशाली बन पड़े हैं, जैसे, अंग्रेज़ी के व्यवहार के संदर्भ में—"शरीर को बाँधनेवाली शृंखला से आत्मा को जकड़ने वाली शृंखला अधिक दृढ़ होती है" ('हमारा देश और राष्ट्रभाषा')।

इस शैली का अभ्यस्त होकर, इसमें रमकर इन निबंधों को पढ़ने पर पाठक के सामने विवेच्य विषय के भी अनेक स्तर खुलेंगे और लेखिका की प्रबुद्धता और आधुनिक दृष्टि के भी। ये निबंध बैठे-ठाले 'टाइम पास' के लिए पढ़ी जाने वाली सामग्री नहीं हैं। ये लेखिका के गहन ज्ञान, अनुभव और प्रतिबद्धताओं का निचोड़ हैं और गंभीरता से पढ़ने पर पाठक के भी ज्ञान, अनुभव और प्रतिबद्धताओं को समृद्ध ही करेंगे।

—**कुसुम बाँठिया**

अनुक्रम

मैं और मेरा परिवेश

दर्शन का शब्दार्थ तो वास्तव में वह बौद्धिक प्रक्रिया है जो जीवन के किसी सत्य की खोज करती है और एक दिशा देती है। दर्शन का एक अर्थ देखना-दिखाना भी है। सांख्य, वेदांत, मीमांसा, न्याय—ये सब दर्शन हैं हमारे। ये बौद्धिक प्रक्रिया की ओर संकेत करते हैं, निश्चित मत देते हैं। लेकिन जीवन में दर्शन इस प्रकार नहीं उतरता। जीवन में दर्शन अनुभूति की धरती पर उत्पन्न होता है और बुद्धि की छाया में विकास करता है। विशेष संवेदनशील कवि, लेखक, कलाकार को जीवन-दर्शन और भी कई अर्थ देता है। अनुभूति तो हमें नित्य होती रहती है और यह अनुभूति परमात्मा की ही तरह निराकार है। आप काँटे को देख सकते हैं। काँटे की झाड़ी का भी दर्शन कर सकते हैं। परंतु काँटे की कसक को तो कोई नहीं देखता। वह निराकार है। परंतु वह हमारे हृदय के भीतर है और हमारी धारणा में, स्मृति में निरंतर रहती है।

कवि या कलाकार उस कसक को शब्दों में उतारना चाहता है, रंगों में उतारना चाहता है, रेखाओं में उतारना चाहता है। पूरी तरह उतार नहीं पाता। यही उतारने का क्रम ही वास्तव में एक प्रकार का मानसिक परिवेश बना देता है; मानसिकता बना देता है जिसे हम कवि का दर्शन कह सकते हैं। उसमें उसके विश्वास भी हैं, उसकी स्मृति भी है; उसकी उस अनुभूति या संवेदन की रूपरेखा भी है, उसके अंतर्जगत को जानना बड़ा कठिन होता है। जब मेरे जीवन-दर्शन की बात आती है तो मैं केवल उस परिवेश को बता सकती हूँ कि जिसमें जीवन-दर्शन बना है। अनुभूतियाँ नित्य नवीन होती रहती हैं; घटनाएँ निरंतर नवीन आती हैं; संवेदनाएँ नवीन होती हैं और अभिव्यक्ति की पद्धतियाँ कभी-कभी नवीन हो जाती हैं। जिस युग में मैंने जन्म लिया वह वास्तव में इस शती का पहला दशक था। उसमें सुधारवाद, आर्य समाज का, ब्रह्म-समाज का, ये सब विकास कर चुके थे और हमारे देश की स्वतंत्रता का एक संग्राम भी लड़ा जा चुका था। उसी युग में पहले-पहल ऐसी चेतना जागी कि हमारे

राष्ट्र को एक होना है, स्वतंत्र होना है। जिन परिस्थितियों में मेरा बचपन बीता, वे परिस्थितियाँ वास्तव में वैसी नहीं थीं कि जिससे स्त्री को हीन माना जाता। मेरे परिवार की स्थिति और भी विचित्र थी। इसलिए, कि मेरे पितामह के पिता अंग्रेजों से संघर्ष करके प्राण दे चुके थे जो लखनऊ में अंग्रेजों से लड़े थे। जब वाजिद अली शाह चले गए और हम हार गए तब फिर वे अपने पूर्वजों की भूमि फर्रूखाबाद में लौटे।

मेरे पिता जीवन भर इसी संघर्ष में रहे। पितामह फारसी और उर्दू ही जानते थे। वह हमारे परिवार की भाषा थी। किंतु वे मानते थे कि अंग्रेजों के पास कुटिल नीति है, जो उनकी भाषा में है। बिना उनकी कुटिल नीति को जाने हम जीतेंगे ही नहीं। इसलिए उन्होंने पिता को अंग्रेजी पढ़ाई और पिता यहाँ के विश्वविद्यालय से अंग्रेजी के एम. ए. हुए। प्रथम श्रेणी में उनका प्रथम स्थान रहा। किंतु वे अंग्रेजी से सदा लड़ते रहे। घर का वातावरण ऐसा था कि जिसमें राष्ट्रीय चेतना थी। मेरे परिवार में दो सौ वर्ष से कोई कन्या हुई ही नहीं थी—उसके पहले तो उनको विदा दे देते थे। उसके बाद नहीं हुई तो सब ने समझा कि उनकी हत्याओं का अभिशाप है। जब मैं हुई तो बड़े प्रसन्न हुए। मुझे वातावरण बिल्कुल दूसरे प्रकार का मिला। समाज से किसी प्रकार की कटुता का प्रश्न जगा नहीं; हीनता का भाव भी नहीं जागा। पिता तो अंग्रेजी जानते थे, हिंदी नहीं। माता बहुत पूजा-पाठ करती थीं और पक्की सनातन-धर्मी थीं, व्रत-उपवास-पूजा नित्य होती थी। पिता ईश्वर के संबंध में संदेहवादी थे। कहते थे, भाई, मैं मनुष्य को मानता हूँ जो मेरे पुकारने पर आ सके और जिसके पुकारने पर मैं दौड़ सकूँ; जहाँ सुख-दुख का आदान-प्रदान हो। मैं तुम्हारे परमेश्वर का क्या करूँ जो बुलाने पर भी कभी नहीं उतरेगा। फिर भी दोनों में कुछ ऐसी स्वाभाविक संगति बैठ गई कि सामंजस्य उत्पन्न हो गया। मैंने कभी उनका संघर्ष नहीं देखा। प्रायः हमारे यहाँ सत्यनारायण की कथा होती थी। माँ कहती थीं पिता जी से, कि तुम स्नान करके आकर चौक पर बैठो तो कथा हो और पिता जी स्नान करके, धोती पहन के बैठते थे चौक पर। जब मैं समझने योग्य हो गई तो मुझे बड़ा आश्चर्य लगता था कि एक तो ईश्वर में संदेह करता है, दूसरा उसको हर मूर्ति में साक्षात देखता है। मैंने उनसे कहा कि बाबू जी, आप मानते नहीं तो आप इसमें कैसे बैठते हैं ? उन्होंने कहा कि तुम्हारी माँ को तो मानता हूँ। जो वो करती हैं, मैं करता हूँ। अगर मैं न करूँ तो उनको कितना दुख होगा ! इस प्रकार मैंने देखा कि विभिन्न मत रखने पर भी व्यक्ति कैसे एक-दूसरे के निकट आ जाता है। फिर मंदिर हो, मस्जिद हो, गिरजा हो, मुझे कहीं कुछ अंतर नहीं जान पड़ा। अभी तक किसी ऐसी कटुता का मेरे मन में कोई बोध नहीं। हर आस्था को मैं महत्व देती हूँ। इसका कारण बचपन का संस्कार है।

बुद्ध भगवान मुझे अधिक आकर्षित करते रहे। उस दिशा में तो मैंने भिक्षु होने का ही प्रयत्न किया था। मुझको उनमें करुणा मिलती है, संवेदना मिलती है,

फिर भी, मैं आस्तिक हूँ; ईश्वर के अस्तित्व में विश्वास करती हूँ। मेरा दर्शन निराकार को भी मानता है, उसकी साकारता को भी मानता है। अध्ययन मुझको अच्छा लगता था उस समय। मुझको राष्ट्रीय जागरण में बापू का साथ मिल गया। बापू के साथ से मुझे जीवन के कुछ तत्व ऐसे मिले कि जिन्होंने बड़ा व्यापक क्षितिज दिया। मैं नहीं कह सकती कि अपने जीवन को मैंने उनके अनुसार कितना बनाया, किंतु यह सत्य है कि अहिंसा का ज्ञान मुझको उनसे मिला। अहिंसा ऐसी कि हम अपने सत्य को भी न छोड़ें और तब भी किसी के प्रति कटु न हों। मैं सन सत्रह में इलाहाबाद आ गई और तभी बापू का भी आरंभ हुआ। संयोग ऐसा हुआ कि कृष्णा हठी सिंह मेरी सहपाठिनी हो गईं और जवाहर भाई भी बहुत निकट आ गए।

आनंद भवन उस समय राष्ट्रीय जागरण का केंद्र था। बापू का वहाँ प्रायः दर्शन होता था। इस प्रकार राष्ट्र के साथ जुड़ने का एक दूसरा सत्र प्रारंभ हुआ। मैं आज भी मानती हूँ कि किसी भी देश का स्वतंत्र होना बहुत आवश्यक है। दूसरा तत्व मुझे मिला बापू से भाषा के संबंध में। बड़ी टूट-फूटी हिंदी वे बोलते थे। मैंने उनसे पूछा, बापू, आप सब जगह हिंदी बोलते हैं जब कि आप अच्छी अंग्रेजी बोल सकते हैं। क्या कारण है कि आप हिंदी बोलें। उन्होंने कहा, इसलिए कि यही भाषा राष्ट्र की आत्मा को सहज ढंग से व्यक्त कर सकती है, जो अंग्रेजी तो कर ही नहीं सकती। इसलिए मैं हिंदी ही बोलूँगा। उनके सामने मैंने प्रतिज्ञा की कि मैं अपने देश में हिंदी ही बोलूँगी। हमारे समय में तो अंग्रेजी रटनी पड़ती थी। पाँचवें दर्जे से अंग्रेजी भी पढ़ी। अंग्रेजी के कुछ कवि मुझे बड़े प्रिय थे। शेली आज भी बहुत प्रिय है। मुझको शेक्सपियर उतना अच्छा नहीं लगता, किंतु यह नहीं कह सकती हूँ कि वह अच्छा नहीं लगता।

अंग्रेजी के माध्यम से गोर्की को पढ़ा है; टाल्सटाय को पढ़ा है और इन सबका प्रभाव मुझ पर कहीं-न-कहीं पड़ा होगा। संस्कृत मेरे लिए बहुत आकर्षण की भाषा थी। वेद पढ़ने के लिए मैं कितना सब जगह घूमी हूँ। हिंदू विश्वविद्यालय ने तो मुझे भरती ही नहीं किया। उन्होंने कहा, ब्राह्मणेतर वर्ण, और स्त्री ! हम वेद नहीं पढ़ाएँगे। किंतु मेरा हठ था। 'जन्मकोटि तक रगड़ हमारी।' भारत की आत्मा अपने पूरे बर्ताव के साथ साथ वेद में व्यक्त हुई है। उसके उपरांत उस महाकाश में बहुत-से बादल आए हैं, बहुत-बिजलियाँ आई हैं, आँधी-तूफान आए हैं, किंतु वह अविचलित है। आकाश रहता है तो उसके ऊपर बहुत कुछ आ ही सकता है। सूर्य की किरणें आती हैं; चंद्रमा की किरणें आती हैं; रंगीन बादल आते हैं; पानी भरे बादल आते हैं; निर्जल बादल आते हैं; सफेद आते हैं; काले आते हैं; आँधियाँ आती हैं। परंतु आकाश तो आकाश ही रहता है। उस महाकाश को कोई छू नहीं पाता। वह सब को समो लेता है और सबको दिशा देता है; आलोक देता है, तो मुझको भी लगता है कि यदि हम किसी तरह उसको पहचान लें तो संभवतः भारत की आत्मा को हम पहचान

लेते हैं। उसको पहचान लेना भारत को पहचान लेना है और उसमें भाषा के संबंध में है—अहम् राष्ट्री संगमनी वसूनाम्—मैं राष्ट्रीय हूँ। मैं राष्ट्र को बाँधने वाली हूँ और उसका जितना ऐश्वर्य है, उसका संगठन करने वाली हूँ। इससे बड़ी बात भाषा की किसने कही या किस कलाकार ने ये कहा है—'वयम् राष्ट्रे जाग्रयामि पुरोहिता' हम राष्ट्र के पुरोहित अग्रामी हैं और निरंतर सावधान हैं।

हम जाग्रत हैं। हम नहीं सोते। सोना नहीं। हम निरंतर जाग्रत हैं। मुझको जो नैतिक बल मिला है; एक जो दर्शन मिला है वह बहुत कुछ अपना है, भारतीय है। इसलिए मूलतः भीतर से सब कुछ संभालने के बाद भी, सब जानने के बाद भी, मेरा जीवन-दर्शन भारतीय है। ऐसा कि जिसमें वर्चस्व तो आता ही है, शक्ति भी आती है। मैं समझती हूँ कि किसी व्यक्ति के लिए अभय होना बहुत आवश्यक है। सभीत व्यक्ति कोई बड़ा काम नहीं कर सकता। इसलिए भय की कोई अनुभूति मेरे दर्शन में नहीं आती। मेरे जीवन-दर्शन में मनुष्य प्रधान है। सत्य भी प्रधान है। अहिंसा भी प्रधान है। परंतु उस सबसे ऊँची चीज है अभय; ताकि हम सत्य के लिए संघर्ष कर सकें; उस अहिंसा पर स्थिर रह सकें और यह तभी संभव होता है जब हम यह जान लें कि हमारे भारत की आत्मा क्या है ? मेरे दर्शन में ऐसी कोई चीज नहीं है जो एक विशेष दिशा देती हो। सब मिला हुआ है। उसमें अपना दर्शन भी है, बहुत कुछ अपना साहित्य भी है और अपनी धरती की व्यथा भी है। इन सबको मिला कर जो दर्शन है, इसको मैं क्या कहूँ, मुझे मालूम नहीं। लिखने वाला कोई भी नहीं जानता कि लिखने में जो आ गया है, जितना आ गया है, अभिव्यक्ति में, उसे दूसरे ही अधिक जानते हैं कि कहाँ क्या है ! हम अपने शरीर की यात्रा में न जाने कितना कर्म करते हैं, न जाने कितना विचार करते हैं, न जाने कितनी अनुभूतियाँ हमारे हृदय में उठती हैं और विलीन होती हैं। समग्र जीवन में, जैसे समुद्र में अनेक लहरें उठती हैं। ऊँची लहर भी समुद्र की है, इसलिए मैं कह नहीं सकती कि इसमें से कौन-सा संवेदन महत्व का है; किंतु अधिकांशतया तब लिखती हूँ जब मेरा मन लिखने के लिए उत्सुक होता है। किसी के कहने से भी नहीं लिखती। आदेश पर भी नहीं लिख सकती हूँ।

कभी-कभी अवचेतन में बहुत-से संस्कार रहते हैं। वे चेतना पर आ जाते हैं तब लिखना आवश्यक हो जाता है और बहुत कुछ तो ऐसा लिखा है जो दिन भर के कर्त्तव्य के उपरांत रात में लिखा है लेकिन उसमें अँधेरा नहीं, आपको दीपक की बात मिलेगी। दीपक मुझको बहुत प्रिय लगता है कि उसकी छोटी-सी लौ भी सघन अंधकार से लड़ सकती है। मैं सूर्योदय को संघर्ष नहीं मानती। सूर्य अपने क्रम में आ जाता है, आलोक फैल जाता है, लेकिन जो दीपक की लौ है उसी को आँधी-तूफान से जूझना पड़ता है। तब मैं दीपक की बात कहती हूँ। मैंने कहा है—'गा रहे आँधी-प्रलय तेरे लिए ही आज मंगल !' तो उसका कारण बहुत कुछ ऐसा ही है। कभी-कभी

सोते-सोते मन में आता है कि कुछ लिखना है और मैं लिखती हूँ। अब इसमें मैंने गद्य भी लिखा, पद्य भी लिखा या जो कुछ लिखा है, मैं नहीं समझती कि पूरी तरह से अपने आपको व्यक्त कर सकी हूँ। कोई भी नहीं कर सकता। मैं भी नहीं कर सकी हूँगी। लेकिन उसमें किसको क्या मिलता है, ये उनके सोचने की बात है, मेरे सोचने की नहीं है। मैं तो जब मन होता है तब लिखती हूँ और कर्म वही करती हूँ जिसके मेरे संस्कार हैं, जिसमें मनुष्य का कहीं कल्याण हो। जहाँ कहीं असत्य कहना हो उसे सत्य बना कर उपस्थित करना मेरे स्वभाव के विरुद्ध है। इसलिए मैं हर आपत्ति के समय भी निश्चिंत रहती हूँ कि मुझे ठीक कहना है और व्यक्ति जानते हैं कि बहुत कुछ विपरीत परिस्थितियाँ होने पर भी मैंने आपातकाल में सब मंचों पर वही कहा जो मेरे मन ने स्वीकार किया। बार-बार लिखा, बार-बार कहा। मैं आश्वस्त हूँ। जीवन के सत्तर वर्ष पूरे करके भी मैं आश्वस्त हूँ कि मुझे यही कार्य करना है और जीवन की नियति तो मृत्यु है ही। कभी पार्थिव शरीर छोड़ना पड़ता है। उसके लिए भी मुझको कोई चिंता नहीं। जैसे फूल एक लहर से दूसरी में चला जाता है, इस विश्वास के साथ मैं अपने नित्य के जीवन को चलाती हूँ। उससे किसी को क्या मिलेगा, मैं नहीं कह सकती।

मेरी साहित्य-यात्रा : गद्य-लेखन के संदर्भ में

हमारे यहाँ कहा गया है कि गद्य कवि का निकष है—'गद्यं कवीनाम् निकषः वदन्ति'। कवि के लिए उन्होंने गद्य को कवि की कसौटी निश्चित किया है। यह मेरे विचार में बहुत उचित नहीं जान पड़ता, क्योंकि कविता से गद्य का कोई सीधा संबंध नहीं है और अच्छा कवि होने के लिए कवि अच्छा गद्यकार हो, यह भी आवश्यक नहीं, किंतु यह कहा गया है और चूँकि मैंने गद्य लिखा है, इसलिए मुझे भी उसमें कुछ कहना ही चाहिए, क्योंकि गद्य की यात्रा भी लंबी है, उतनी ही। इसका एक बड़ा कारण तो यह है कि मेरे जो गुरु थे वे इस संबंध में बड़े ही कट्टर थे। वे बहुत ध्यान देते थे भाषा के संबंध में। हमारे समय में सुलेख लिखना और अच्छा गद्य लिखना बड़ा महत्त्वपूर्ण माना जाता था और जहाँ तक मैं समझती हूँ, हमारे प्राचीन साहित्य में गद्य का जितना विस्तार है, जितने प्रकार हैं, अन्य किसी साहित्य में नहीं मिलेंगे। ब्राह्मण-ग्रंथों में, उपनिषदों में और हमारे यहाँ जो एक प्रणाली है शास्त्रार्थ की; वह तो अद्‌भुत है। उसके लिए तर्क से सन्नद्ध रहना पड़ता है व्यक्ति को। मैं साधारण रूप से निबंध लिखने लगी। फिर ऐसा हुआ कि जब मैं प्रयाग आई तो मैं शायद छठे दर्जे में थी और क्रास्थवेट विद्यालय में एक पेड़ की डाल पर बैठकर लिखा करती थी। वह बागीचा एक खटिक का था। वह बहुत-सी मुर्गियाँ पालता था। मुर्गी के बच्चे मुझको बड़े अच्छे लगते थे। वे फूल जैसे होते हैं। उन्हें मैं रोज गिन लेती थी, तब बैठ कर कविता लिखती थी। एक दिन उसमें एक बच्चा गायब था। मैंने उस खटिक से पूछा तो उसने बताया, "एक हमारी नई टीचर आई थीं, ले गईं।" मैंने कहा, "उतने छोटे बच्चे को कैसे पालेंगी ?" वह हँसने लगा, कहा, "पालेंगी नहीं, खाएँगी !" अब तो मैंने कविता-पुस्तिका और सब समेट कर रख दिया और जाकर अपने कमरे में लेटकर रोना शुरू किया। जब मैं खाने नहीं गई तो मैट्रन आईं। उन्होंने पूछा, "क्या बात है ?" उनको बड़ा आश्चर्य हुआ। उन्होंने कहा, "ये क्या बात है ?" वे उस टीचर के पास गईं। उनसे कहा। उस समय तक

मुर्गी का बच्चा मारा नहीं गया था। डलिया के नीचे ढका था। उन्होंने कहा, "महादेवी खाना नहीं खा रही है, रो रही है। आप इसको न मारिए, दे दीजिए।" उन्होंने दे दिया। उसको ले जाकर मैंने रखा और तब उसके बाद मेरे मन में आया कि सब की पहचान रखनी चाहिए, नहीं तो कोई और उठा ले जाएगा। तब मैंने लिखा, 'उसे चोख पीले रंग के पंजे ऐसे और पंख इतने-इतने निकले हैं और आँख ऐसी है, उसका नाम मूँगा है ये मेरी पहले संस्मरण की भूमिकाएँ हैं। फिर उसके बाद मैंने बहुत-से पशु-पक्षियों का विवरण लिखा। एक नौकर था बेचारा हमारे पड़ोस में। उसकी मालकिन अप्रसन्न हुईं उससे तो उसको उन्होंने निकाल दिया। वह बच्चों को बहुत चाहता था। बच्चे जब घूमने निकलते थे तो बैठा रहता था बताशे-वताशे लेकर। उससे पूछा मैंने, तो वह रोने लगा कि हमें निकाल दिया। तब मुझे अपने बचपन के रामा की याद आई जो हमको बहुत चाहता था। हम लोग उसको बड़ा तंग किया करते थे, तब भी वह कभी क्रोधित नहीं होता था। मैंने उसका संस्मरण लिखा। इस तरह रामा का संस्मरण उसी श्रृंखला में आया है, लेकिन तब मैं ज्यादा पढ़-लिख चुकी थी। इस तरह से संस्मरण एक दिशा है मेरी। इसमें जो मेरी स्मृति में रह जाता है, जो मुझे प्रिय लगता है, उसको मैं लिखती हूँ। वह पशु-पक्षी हो तो, वातावरण हो तो, क्योंकि यात्रा के कुछ वर्णन हैं इनमें। एक दूसरी दिशा है जो वास्तव में मेरे पंडित जी की सिखाई है। हमारे यहाँ जो निबंध है वह अंग्रेजी का 'एसे' नहीं है। अंग्रेजी का एसे मुक्त भाव से अपने विचारों को सहज व्यक्त कर देता है। हमारा निबंध तो पहले से ही बंधन मान लेता है। उसमें क्रमबद्धता होनी चाहिए। हम दोनों को पर्याय मानकर चलते हैं। पर्याय मानना नहीं चाहिए। हमारे यहाँ जो ललित निबंध है, वह तो कुछ मुक्त है, लेकिन वास्तव में जो निबंध है, वह मुक्त नहीं है। उसमें आरंभ है, उसका विस्तार है, तर्क है और फिर उपसंहार है। लिखने का ऐसा क्रम उन्होंने बता दिया था कि उत्तर प्रदेश में एक प्रतियोगिता हुई जिसमें इण्टरमीडिएट तक के विद्यार्थी थे। उन्होंने एक विषय दिया था जो कुछ शिक्षा संबंधी था। उसमें मुझको प्रथम पुरस्कार मिल गया—जो आठवें में पढ़ता था उसको मिल गया; क्योंकि उन्होंने इतना पक्का मुझको कर दिया था। यानी यह सत्य है कि मेरा बहुत कुछ काव्य उसमें उतर आता होगा जो भाषण में भी उतर आता है। किंतु उन्होंने ऐसा कर दिया था कि मैं अगर कुछ लिखूँ तो विषय को छोड़कर इधर-उधर बहुत नहीं बहकती हूँ और उस समय मेरी बात आपको ठीक लगेगी जो तर्क मैं उपस्थित करती हूँ। मैंने गीति-काव्य पर लिखा है, रहस्यवाद पर लिखा है, छायावाद पर लिखा है, बहुत कुछ लिखा है और आप देखेंगे कि मैं बहकती नहीं हूँ। मेरी अपनी एक दिशा है और जो मैं कहना चाहूँगी उसे प्रमाण के साथ कहूँगी। बहुत-से तो अब हँसने लगे हैं कि आपका तो ये है कि आप फिर वेद से आरंभ करेंगी। मुझे उससे बहुत मिला है। उसको मैंने पढ़ना आरंभ किया तो देखा वास्तव में, ये लोग तर्क की अद्भुत

प्रणाली रखते हैं। बिना तर्क के नहीं चलते हैं। हमारे इतने दर्शन हैं। हर दर्शन में आप देखेंगे कि उन्होंने प्रमाण के साथ अपने मत की पुष्टि की है और आपको लगेगा, यह सत्य है। यह नहीं हो सकता कि आप वेदांती को असत्य मानें या सांख्य को असत्य मानें या न्याय को असत्य मानें। कुछ नहीं कह सकते आप। इंदौर में जो पंडित मुझको पढ़ाते थे, यह उन्हीं की कृपा है। अब तो वे नहीं हैं, किंतु उन्होंने एक-एक विषय पर मुझसे सौ-सौ बार लिखवाया होगा। फिर आगे चल कर मैंने अपने विद्यार्थियों से भी यही किया। मैं कभी ऐसा नहीं करती कि कोई विद्यार्थी कुछ लिखे और मैं कहू दूँ कि बहुत अच्छा ! मुझसे 'अच्छा' कहलवा लेना बड़ा कठिन हो जाता है। बार-बार कहती हूँ कि 'फिर लिखो, अभी नहीं ठीक है, फिर लिखो, नहीं ठीक है।' लिखने की मेरी दो धाराएँ हैं। एक तो मैं संस्मरण लिखती हूँ। संस्मरण में अधिक भावुक हूँ क्योंकि उन विषयों को लेती हूँ, उन व्यक्तियों को लेती हूँ, जो मेरी आत्मा के बहुत निकट हैं। पूरी संवेदना से लिखती हूँ। उसमें मैं अपने आप आ जाती हूँ। उनकी कथा में मेरी कथा अनशिक्षित है और उसमें स्नेह का, आत्मीयता का एक सूत्र तो आदि से अंत तक है ही। जैसे डोरे में बहुत रंग के भिन्न-भिन्न सुगंध वाले फूल पिरोये जा सकते हैं; परंतु सूत्र तो एक रहता है, फूल चाहे जितने भिन्न पौधों के हों। ऐसा ही संस्मरण में है। कोई भी व्यक्ति चाहे वो लछुआ है जो पर्वतीय युवती है और एक प्रकार से दुर्भाग्यग्रस्त है, चाहे इंदौर की एक भाभी विधवा वधू हो उस घर की, और चाहे रामा ही हो, चाहे अरैल की गुँगिया ही हो; अथवा मेरी धोबिन हो। संस्मरण भी मेरे अनेक प्रकार के हैं, क्योंकि मैंने अपने साथियों के लिए भी लिखा है। जो अग्रज हैं, उनके लिए भी लिखा; जो अनुज हैं; उनके लिए भी लिखा। मैं लिख रही हूँ। बहुत-सा नहीं छपा है। कुछ राजनीतिज्ञ व्यक्ति हैं। उनके लिए लिखा। राजनीतिक जानकर नहीं, बल्कि मेरा उनसे आत्मीय संबंध था। जैसे राजेंद्र बाबू हैं या जवाहर भाई हैं, या टंडन जी हैं, उनको मैं बहुत मानती-जानती थी। इनके लिए मैंने लिखा है और अपने कवि साथियों के लिए भी लिखा। कवि साथियों के लिए तो उनकी कविता भी अपनी विशेषताओं सहित इसमें आ गई। राजनीतिक व्यक्ति हैं। उनके चरित्र के गुण आ गए हैं और जो सामान्य जन हैं उनमें क्या मानवीयता है, कहाँ हम मानव की गरिमा पाते हैं, अपराजेय व्यक्तित्व पाते हैं मैंने उन्हीं को लिया है जो मेरे हृदय के अत्यंत निकट हैं। उनको अकुंठित भाव से मैंने अपनी आत्मीयता दी है। वे मेरे निबंध से भिन्न हैं तो उन लोगों को ये आश्चर्य होता है कि मैं कविता में यह नहीं कहती, गद्य में कहती हूँ और मैं सचमुच ऐसा सोचती हूँ कि जब गद्य में तर्क के साथ मुझे कहना है तो कविता में कैसे तर्क आएगा। यह तो हो सकता है कि हम कोई विषय कविता में रख दें। जैसे बिना हल-बैल देखे हुए भी बहुत-से लोगों ने खेत-किसान की कविता लिख डाली है, किंतु उसके लिए तर्क तो नहीं दे सकते। हमें तो जो कुछ व्यवस्था के संबंध में कहना

है या किसी गंभीर विषय के लिए कहना है, उसके लिए मैं समझतौ हूँ, तर्क की हमारी एक प्रणाली है। हम उसे क्यों छोड़ें। हम क्यों न उसमें कहें जिसमें दूसरे विश्वास कर सकें या दूसरे कम-से-कम उसका प्रति उत्तर दे सकें। कविता में तो कोई प्रति उत्तर नहीं दिया जाएगा। अगर दिया जाएगा तो पैरोडी हो जाएगी। फिर तो यह विदूषक का काम हो जाएगा। अध्यापक होने के नाते संभवतः मुझे गद्य-लेखन में और भी रुचि लेनी पड़ी। यदि मैं शिक्षा के क्षेत्र में न आ जाती तो संभवतः मै कविता लिखकर ही संतुष्ट रहती; किंतु आरंभ से ही ऐसा हुआ कि वे दोनों अध्यापक मेरे भिन्न थे। एक जो समस्या-पूर्ति कराते थे और एक जो भाषा सिखाते थे। इसलिए उन्होंने बहुत प्रयत्न से ये दो दिशाएँ मुझको दीं। जब मैं गद्य लिखती हूँ तो निश्चित रूप से मैं पहले उस विषय को सोच लेती हूँ। अच्छी तरह सोचकर मैं यह समझ लेती हूँ कि अमुक तर्क देना इस विषय के लिए आवश्यक होगा। इस प्रकार मेरे जो निबंध हैं वे अनेक प्रकार के हैं। कुछ तो बहुत क्लिष्ट भी हैं। जैसे हिमालय पर मैंने लिखा तो मुझे शोध भी करनी पड़ी। तब मैंने उसके बाद हिमालय पर लिखा। कुछ निबंध जो इस प्रकार के शोध चाहते हैं, वे मेरे मन के बहुत निकट नहीं हैं, किंतु जब मैं लिखती हूँ तो निश्चित रूप से बहुत तटस्थ भाव से सोच लेती हूँ। जिस तरह कविता में अपने आपको बिल्कुल मिलाकर देखती हूँ, गद्य में वैसे मिला के नहीं देखती हूँ। इसलिए कुछ निबंध ऐसे भी आपको मिलेंगे जो क्लिष्ट हैं। यह यात्रा वहीं से आरंभ होती है जहाँ से तीन दौर में मैंने भाषा सीखी। तब वे छोटे-छोटे निबंध लिखाते थे। प्राकृतिक दृश्यों पर अधिक लिखा है। आगे चलकर उन्हीं का विकास हुआ। उनका विकास मैं कह नहीं सकती हूँ कैसा हुआ है। संभवतः वह निकष हो सका है या नहीं, यह मैं नहीं जानती। लेकिन मुझे लगता है कि गद्य को हमारा निकष क्यों माना जाए ? अगर मैं गद्य न लिखती तो भी क्या होता ? अब यह प्रश्न कोई कर सकता है कि जब मैं गद्य लिखती हूँ तो कथा क्यों नहीं लिखती। कथा लिखने की इच्छा संस्मरण में पूरी हो जाती है। ये रेखा-चित्र नहीं हैं कि जैसा प्रायः लोगों को भ्रम हो जाता है। रेखा-चित्र में तो हम कुछ रेखाओं में, तटस्थ भाव से किसी व्यक्ति को दे सकते हैं। लेकिन संस्मरण में ऐसा नहीं होता। संस्मरण वही रह जाता है जो हमें अच्छा लगता है, जिसे हम बार-बार याद करते हैं वही तो संस्मरण में आएगा। ये रेखा-चित्र उन व्यक्तियों के हैं जो मेरे जीवन के निकट आए हैं। बहुत निबंध ऐसे नहीं हैं। निबंध में अध्ययन भी है मेरा, क्योंकि मैंने पढ़ा तो है ही। मैं अच्छी विद्यार्थिनी रही हूँ और निबंध में मुझे सब से अधिक अंक मिलते रहे हैं। स्वतंत्र लेखन में अंग्रेजी के प्रश्न-पत्र में भी मुझे निबंध में सबसे अधिक अंक मिले क्योंकि विचार तो कहीं जाता नहीं। जहाँ विचार का प्रश्न है, जहाँ विशुद्ध बुद्धि का प्रश्न है, वहाँ मैं दूसरी तरह लिखती हूँ, तटस्थ भाव से लिखती हूँ; उस विषय को समझ कर भी लिखती हूँ। इस तरह से गद्य-लेखन की तीन धाराएँ हैं

इसमें। मैं नहीं मानती कि यह मेरी कविता की कसौटी हो सकता है। लेकिन संस्मरण मेरी कविता की कसौटी हो सकते हैं। निबंध बिल्कुल दूसरी विधा है। वह मुझे दूर, वहाँ ले जाती है जहाँ तर्क चलता है। कविता में कोई तर्क नहीं चलता। कविता में एक मनोभाव है। एक बुद्धि की प्रक्रिया है। हृदय की प्रक्रिया बुद्धि की प्रक्रिया से संस्मरण में मिलती है, निबंध में नहीं मिलती। इसलिए वह बहुत क्लिष्ट लगता है। वह मन को बहुत छूता नहीं। इसी तरह जो मैं बोलती हूँ, वही लिखती हूँ। मैं उसमें तर्क बहुत नहीं देती। संभवतः मेरे किसी भी भाषण में कोई तर्क नहीं होता। किंतु उसे मैं किसी तरह दूसरे के हृदय के निकट पहुँचा देती हूँ; क्योंकि उसमें जो क्रिया है वह वास्तव में हृदय की ही है। मैं मूलतः कवि हूँ। मुझे फूल का खिलना अच्छा लगता है। आकाश के रंग अच्छे लगते हैं। बादल अच्छा लगता है। परंतु ऐसा नहीं है कि वैज्ञानिक युग में या तर्क के युग में मैं तर्क नहीं कर सकती। या मेरी बुद्धि की प्रक्रिया शिथिल है। अब इसमें से निकष क्या होगा, यह मैं नहीं जानती। मैं समझती हूँ, निकष की आवश्यकता ही नहीं है।

संस्कृति का प्रश्न

दीर्घनिकाय में मनुष्य के क्रमशः उन्नति और अवनति की ओर जाने के संबंध में कहा हुआ यह वाक्य आज की स्थिति से विचित्र साम्य रखता है–

'उन लोगों में एक दूसरे के प्रति तीव्र क्रोध, तीव्र प्रतिहिंसा, तीव्र दुर्भावना और तीव्र हिंसा का भाव उत्पन्न होगा। माता में पुत्र के प्रति, पुत्र में माता के प्रति, भाई में बहिन के प्रति, बहिन में भाई के प्रति, भाई में भाई के प्रति तीव्र क्रोध, तीव्र प्रतिहिंसा, तीव्र दुर्भावना और तीव्र हिंसा का भाव उत्पन्न होगा; जैसे मृग को देखकर व्याध में तीव्र क्रोध, तीव्र प्रतिहिंसा, तीव्र दुर्भावना और तीव्र हिंसा का भाव उत्पन्न होता है। वे एक दूसरे को मृग समझने लगेंगे। उनके हाथों में पैने शस्त्र होंगे। वे उन तीक्ष्ण शस्त्रों से एक दूसरे को नष्ट करेंगे। तब उन सत्वों में कुछ सोचेंगे 'न मुझे औरों से काम न औरों को मुझ से काम, अतः चलकर घने तृण-वन-वृक्षों में या नदी के दुर्गम तट पर या ऊँचे पर्वत पर वन के फल-फूल खाकर रह जावे।' फिर वे घने तृण-वृक्षों में या नदी के दुर्गम तट पर या ऊँचे पर्वत पर वन के फल-मूल खाकर रहेंगे। एक सप्ताह वहाँ रहने के पश्चात् वे घने...से निकल कर एक दूसरे का आलिंगन कर एक दूसरे के प्रति शुभ कामनाएँ प्रकट करेंगे। (चकवत्ति सिंह नाद सुत्त 3। 3)

उपर्युक्त कथन के प्रथम अंश की सत्यता तो हमारे जीवन में साधारण हो गई है; परंतु दूसरे अंश की सत्यता का अनुभव करने के लिए संभवतः हमें इससे कठिन अग्नि-परीक्षा पार करनी होगी।

आज जब शस्त्रों की झंझनाहट में जीवन का संगीत विलीन हो चुका है, विद्वेष की काली छाया में विकास का पथ खोता जा रहा है, तब संस्कृति की चर्चा व्यंग जैसी लगे तो आश्चर्य नहीं। परंतु जीवन के साधारण नियम में विश्वास रखने वाला यह जानता है कि सघन से सघन बादल भी आकाश बन जाने की क्षमता नहीं रखता, वज्रपात का कठोर से कठोर शब्द भी स्थायी हो जाने की शक्ति नहीं रखता। जब

मनुष्य का आत्मघाती आवेश शांत हो जावेगा, तब जीवन के विकास के लिए सृजनशील तत्त्वों की खोज में, सांस्कृतिक चेतना और उसकी अभिव्यक्ति के विविध रूप महत्त्वपूर्ण सिद्ध होंगे।

संस्कृति की विविध परिभाषाएँ संभव हो सकी हैं, क्योंकि वह विकास का एक रूप नहीं, विभिन्न रूपों की ऐसी समन्वयात्मक समष्टि है, जिसमें एक रूप स्वतः पूर्ण होकर भी अपनी सार्थकता के लिए दूसरे का सापेक्ष है।

एक व्यक्ति को पूर्णतया जानने के लिए जैसे उसके रूप, रंग, आकार, बोलचाल, विचार, आचरण आदि से परिचित हो जाना आवश्यक हो जाता है, वैसे ही किसी जाति की संस्कृति को मूलतः समझने के लिए उसके विकास की सभी दिशाओं का ज्ञान अनिवार्य है। किसी मनुष्य-समूह के साहित्य, कला, दर्शन आदि के संचित ज्ञान और भाव का ऐश्वर्य ही उसकी संस्कृति का परिचायक नहीं, उस समूह के प्रत्येक व्यक्ति का साधारण शिष्टाचार भी उसका परिचय देने में समर्थ है।

यह स्वाभाविक भी है, क्योंकि संस्कृति जीवन के बाह्य और आंतरिक संस्कार का क्रम ही तो है और इस दृष्टि से उसे जीवन को सब ओर से स्पर्श करना ही होगा। इसके अतिरिक्त वह निर्माण ही नहीं, निर्मित तत्त्वों की खोज भी है। भौतिक तत्त्व में मनुष्य प्राणितत्त्व को खोजता है, प्राणितत्त्व में मनस्तत्त्व को खोजता है और मनस्तत्त्व में तर्क तथा नीति को खोज निकालता है, जो उसके जीवन को समष्टि में सार्थकता और व्यापकता देते हैं। इस प्रकार विकास-पथ में मनुष्य का प्रत्येक पग अपने आगे सृजन की निरंतरता और पीछे अथक अन्वेषण छिपाए हुए है।

साधारणतः एक देश की संस्कृति अपनी बाह्य रूपरेखा में दूसरे देश की संस्कृति से भिन्न जान पड़ती है। यह भिन्नता उनके देश-काल की विशेषता, बाह्य जीवन, उनकी विशेष आवश्यकताएँ तथा उनकी पूर्ति के लिए प्राप्त विशेष साधन आदि पर निर्भर है; आंतरिक प्रेरणाओं पर नहीं। बाहर की विभिन्नताओं को पार कर यदि हम मनुष्य की संस्कार-चेतना की परीक्षा करें, तो दूर-दूर बसे मानव-समूहों में आश्चर्यजनक साम्य मिलेगा। जीवन के विकास संबंधी प्रश्नों के सुलझाने की विधि में अंतर है, परंतु उन प्रश्नों को जन्म देने वाली अंतश्चेतना में अंतर नहीं।

यह प्रश्न स्वाभाविक है कि जब अनेक प्राचीन संस्कृतियाँ लुप्त हो चुकी हैं और अनेक नाश के निकट जा रही हैं तब संस्कृति को विकास का क्रम क्यों माना जावे !

उत्तर सहज है—निरंतर प्रवाह का नाम नदी है। जब शिलाओं से घेर कर उसका बहना रोक दिया गया, तब उसे हम चाहे पोखर कहें चाहे झील, किंतु नदी के नाम पर उसका कोई अधिकार नहीं रहा।

संस्कृति के संबंध में यह और भी अधिक सत्य है, क्योंकि वह ऐसी नदी है, जिसकी गति अनंत है। वह विशेष देश, काल, जलवायु में विकसित मानव-समूह

की व्यक्त और अव्यक्त प्रवृत्तियों का परिष्कार करती है और उस परिष्कार से उत्पन्न विशेषताओं को सुरक्षित रखती है।

इस परिष्कार का क्रम अबाध और निरंतर है, क्योंकि मनुष्य की प्रवृत्तियाँ चिरंतन हैं; पर मनुष्य अजर-अमर नहीं। एक पीढ़ी जब अतीत के कुहरे में छिप जाती है, तब दूसरी उसका स्थान ग्रहण करने के लिए आलोक-पथ में आती है। यह नवीन पीढ़ी मानव-सामान्य अंतश्चेतना की अधिकारी भी होती है और अपने पूर्ववर्तियों की विशेषताओं की उत्तराधिकारी भी; परंतु इन सबका उपयोग उसे बदली हुई परिस्थितियों में करना पड़ता है। अनायास प्राप्त वैभव का ज्ञान यदि उसे गर्व से विक्षिप्त बना देता है तो उसका गंतव्य ही खो जाता है, और यदि एक निश्चिंत शिथिलता उत्पन्न कर देता है तो उसकी यात्रा ही समाप्त हो जाती है। महान् और विकसित संस्कृतियाँ इसलिए नहीं नष्ट हो गईं कि उनमें स्वभावतः क्षय के कीटाणु छिपे हुए थे, वरन् अशरीरी होते-होते इसलिए विलीन हो गईं कि उनकी प्राण-प्रतिष्ठा के लिए जीवन कोई आधार ही नहीं दे सका। प्रकृति के अणु-अणु के संबंध में मितव्ययी मनुष्य ने अन्य मनुष्यों के असीम परिश्रम से अर्जित ज्ञान का कैसा अपव्यय किया है, यह कहने की आवश्यकता नहीं।

भारतीय संस्कृति का प्रश्न अन्य संस्कृतियों से कुछ भिन्न है, वह अतीत की वैभव-कथा ही नहीं, वर्तमान की करुण गाथा भी है। उसकी विविधता प्रत्येक अध्ययनशील व्यक्ति को कुछ उलझन में डाल देती है। संस्कृति विकास के विविध रूपों की समन्वयात्मक समष्टि है और भारतीय संस्कृति विविध संस्कृतियों की समन्वयात्मक समष्टि है। इस प्रकार उसके मूल तत्त्व समझने के लिए हमें अत्यधिक उदार, निष्पक्ष और व्यापक दृष्टिकोण की आवश्यकता रहती है।

परिवर्तनशील परिस्थितियों के बीच में जीवन को विकास की ओर ले जाने वाली किसी भी संस्कृति में आदि से अंत तक एक विचारधारा का प्राधान्य स्वाभाविक नहीं। फिर भारतीय संस्कृति तो शताब्दियों को छोड़ सहस्राब्दियों तक व्याप्त तथा एक कोने में सीमित न रहकर बहुत विस्तृत भू-भाग तक फैली हुई है। उसमें एक सीमा से दूसरी सीमा तक, आदि से अंत तक एक ही धारा की प्रधानता या जीवन का एक ही रूप मिलता रहे, ऐसी आशा करना जीवन को जड़ मान लेना है। भारतीय संस्कृति निश्चित पथ से काट-छाँट कर निकाली हुई नहर नहीं, वह तो अनेक स्रोतों को साथ ले अपना तट बनाती और पथ निश्चित करती हुई बहने वाली स्रोतस्विनी है। उसे अंधकार भरे गर्तों में उतरना पड़ा है, ढालों पर बिछलना पड़ा है, पर्वत जैसी बाधाओं की परिक्रमा कर मार्ग बनाना पड़ा है; पर इस लंबे क्रम में उसने अपनी समन्वयात्मक शक्ति के कारण अपनी मूल धारा नहीं सूखने दी। उसका पथ विषम और टेढ़ा-मेढ़ा रहा है, इसी से एक घुमाव पर खड़े हो कर हम शेष प्रवाह को अपनी दृष्टि से ओझल कर सकते हैं; परंतु हमारे अनदेखा कर देने से ही वह अविच्छिन्न

प्रवाह खंड-खंड में नहीं बँट जाता।

जीवन की मूलचेतना से उत्पन्न ज्ञान और कर्म की दो प्रमुख धाराएँ भिन्न-भिन्न दिशाओं में विकास पाते रहने पर भी ऐसी समीप हैं कि एक के साध्य बन जाने पर दूसरी साधन बन कर उसके निकट ही रहती है। कभी इनमें से एक की प्रधानता और कभी दूसरी की और कभी दोनों का समन्वय हमारे जीवन को विविधता देता रहता है। अनेक सिद्धांत, हमारे जीवन के समान ही पुराने हैं। उदाहरण के लिए हम वर्तमान युग की अहिंसा को ले सकते हैं, जिससे पिछले अनेक वर्षों से हमारे राष्ट्रीय जागरण को विशेष नैतिक बल मिलता आ रहा है। एक बड़े संघर्ष और निराशा के युग के उपरांत वैष्णव धर्म ने भी इसी सिद्धांत का प्रतिपादन किया था। उसके पहले महाभारत काल का अनुसरण करने वाले युग में बुद्ध ने भी। इस सिद्धांत का मूल हमें उपनिषद् ही नहीं, वेद के 'मा हिंस्यात् सर्वं भूतानि' में भी मिलता है। यज्ञ के लिए हिंसा के अनुमोदकों के साथ-साथ हमें अहिंसा के समर्थकों का स्वर भी सुनाई पड़ता है। ब्राह्मण काल में इन दोनों विचारधाराओं की रेखाएँ कुछ-कुछ स्पष्ट होने लगती हैं और यज्ञ धर्म से आत्म-विद्या को उच्च स्थान देने वाले उपनिषद् काल में वे निश्चित रूप पा लेती हैं। अन्य विचारधाराओं के संबंध में भी ऐतिहासिक अनुसंधान कुछ कम ज्ञानवर्द्धक न होगा।

बुद्ध द्वारा प्रतिपादित धर्म के साथ भारतीय संस्कृति में एक ऐसा पट-परिवर्तन होता है, जिसने हमारे जीवन की सब दिशाओं पर अपना अमिट प्रभाव छोड़ा और दूसरे देशों की संस्कृति को भी विकास की नई दिशा दी। उसमें और वैदिक संस्कृति में विशेष अंतर है। वैदिक संस्कृति हमारी संस्कृति का उपक्रम न होकर किसी विशाल संस्कृति का अंतिम चरण है और बौद्ध संस्कृति विषम परिस्थितियों के भार से दबे जीवन का संपूर्ण प्राण-प्रवेग है, जिसने सभी बाधाएँ तोड़कर बाहर आने का मार्ग पा लिया। एक में शक्ति का गर्व है, सृजन का ओज है; पर अपनी भूलों के ज्ञान से उत्पन्न नम्रता नहीं है, दूसरों की दुर्बलता के प्रति संवेदना नहीं है। दूसरे में मनुष्य की दुर्बलता के परिचय से उत्पन्न सहानुभूति है, जीवन के दुःखबोध जनित करुणा है; परंतु शक्ति का प्रदर्शन नहीं है, निर्माण का अहंकार नहीं है।

जो नरक भारतीय जीवन का सत्य बन चुका है, ऋग्वेद का ऋषि उसका नाम पता नहीं जानता। जिस नारी की कल्पना मात्र से भारतीय साधक कंपित होते रहे हैं, ऋग्वेद के पुरुष को उससे कोई भय नहीं है। जिस दुःखवाद ने भारतीय जीवन को इतना घेर रखा है, ऋग्वेद का मनीषी उसके संबंध में कुछ कहता-सुनता नहीं। इसके विपरीत बौद्ध संस्कृति का मनुष्य, रामायण काल की सतर्क परिणति और महाभारत के संघर्ष का उपसंहार पार कर आया है; दुःख, असफलता, पराजय आदि से विशेष परिचित हो चुका है और जीवन के अनेक कटु अनुभवों से बुद्धिमान बन चुका है।

इसी से वैदिक संस्कृति अपनी यथार्थता में भी आदर्श के निकट है और बौद्ध संस्कृति अपनी बौद्धिकता में भी अधिक यथार्थोन्मुखी है। एक प्रवृत्ति प्रधान और दूसरी अपरिग्रही है; परंतु दोनों विकास की ओर गतिशील हैं। आज की परिस्थितियों में अपने जीवन को स्वस्थ गति देने के लिए सांस्कृतिक विकास के मूल तत्त्वों को समझना ही पर्याप्त न होगा, उनकी समन्वयात्मक शक्ति को ग्रहण करना भी आवश्यक है।

संस्कृति के संबंध में हमारी ऐसी धारणा बन गई है कि वह निरंतर निर्माण-क्रम नहीं, पूर्ण निर्मित वस्तु है, इसी से हम उसे अपने जीवन के लिए कठोर साथी बना लेते हैं। इस भ्रांति ने हमें जीवन के मूल तत्त्वों को नवीन परिस्थितियों के साथ किसी सामंजस्यपूर्ण संबंध में रखने की प्रेरणा ही नहीं दी। हम तो अतीत के ऐसे कृपण उत्तराधिकारी हैं, जो दाय भाग में से कुछ भी अपने ऊपर व्यय नहीं कर सकता और सतर्क पहरेदार बना रहने में कर्तव्य की पूर्ति मानता है।

जीवन जैसे आदि से अंत तक निरंतर सृजन है, वैसे ही संस्कृति भी निरंतर संस्कार-क्रम है। विचार, ज्ञान, अनुभव, कर्म आदि क्षेत्रों में जब तक हमारा सृजन-क्रम चलता रहता है, तब तक हम जीवित हैं। 'जीवन पूर्ण हो गया' का अर्थ उसका समाप्त हो जाना है। संस्कृति के संबंध में भी यही बात सत्य है। परंतु विकास की किसी स्थिति में भी जैसे शरीर और अंतर्जगत के मूल-तत्त्व नहीं बदलते, उसी प्रकार संस्कृति के मूल-तत्त्वों का बदलना भी संभव नहीं।

आज की सर्वग्रासी परिस्थिति में यदि हम अपने जीवन का क्रम अटूट रखना चाहें, तो अपनी सांस्कृतिक चेतना को मूलतः समझना और उसकी समन्वयात्मक प्रवृत्ति को सुरक्षित रखना उचित होगा। सैकड़ों फ़ीट नीचे भू-गर्भ में, गहरी गुफाओं में या ऊँची-ऊँची शिलाओं में मिले हुए अतीत वैभव तक ही हमारी संस्कृति सीमित नहीं, वह प्रत्येक भारतीय के हृदय में भी स्थापित है। हमारी खोज किसी मृत जाति के जीवन-चिह्नों की खोज नहीं, जीवित उत्तराधिकारी के लिए उसके पैतृक धन की खोज है और यह उत्तराधिकारी प्रत्येक झोंपड़ी के कोने में उसे पाने को उत्कंठित बैठा है।

गीति-काव्य

मनुष्य के सुख-दुःख जिस प्रकार चिरंतन हैं, उनकी अभिव्यक्ति भी उतनी ही चिरंतन रही है; परंतु यह कहना कठिन है कि उन्हें व्यक्त करने के साधनों में प्रथम कौन था ?

संभव है जिस प्रकार प्रभात की सुनहली रश्मि छूकर चिड़िया आनंद में चहचहा उठती है, और मेघ को घुमड़ता-घिरता देखकर मयूर नाच उठता है, उसी प्रकार मनुष्य ने भी पहले-पहले अपने भावों का प्रकाशन ध्वनि और गति द्वारा ही किया हो। विशेष कर स्वर-सामंजस्य में बँधा हुआ गेय काव्य मनुष्य हृदय के कितना निकट है, यह उदात्त-अनुदात्त स्वरों में बँधे वेदगीत तथा अपनी मधुरता के कारण प्राणों में समा जानेवाले प्राकृत-पदों के अधिकारी हम भली-भाँति समझ सके हैं।

प्राचीन हिंदी-साहित्य का भी अधिकांश गेय है। तुलसी का इष्ट के प्रति विनीत आत्म-निवेदन गेय है, कबीर का बुद्धिगम्य तत्त्वनिदर्शन संगीत की मधुरता में बसा हुआ है, सूर के कृष्ण-जीवन का बिखरा इतिहास भी गीतमय है और मीरा की व्यथासिक्त पदावली तो सारे गीत-जगत् की सम्राज्ञी ही कही जाने योग्य है।

सुख-दुःख की भावावेशमयी अवस्था विशेष का, गिने-चुने शब्दों में स्वर-साधना के उपयुक्त चित्रण कर देना ही गीत है। इसमें कवि को संयम की परिधि में बँधे हुए जिस भावातिरेक की आवश्यकता होती है वह सहज प्राप्य नहीं, कारण हम प्रायः भाव की अतिशयता में कला की सीमा लाँघ जाते हैं और उसके उपरांत, भाव के संस्कारमात्र में मर्मस्पर्शिता का शिथिल हो जाना अनिवार्य है। उदाहरणार्थ—दुःखातिरेक की अभिव्यक्ति आर्त्त क्रंदन या हाहाकार द्वारा भी हो सकती है जिसमें संयम का नितांत अभाव है, उसकी अभिव्यक्ति नेत्रों के सजल हो जाने में भी है जिसमें संयम की अधिकता के साथ आवेग के भी अपेक्षाकृत संयत हो जाने की संभावना रहती है, उसका प्रकाशन एक दीर्घ निःश्वास में भी है जिसमें संयम की पूर्णता भावातिरेक को पूर्ण नहीं रहने देती और उसका प्रकटीकरण निःस्तब्धता द्वारा भी हो सकता है

जो निष्क्रिय बन जाती है।

वास्तव में गीत के कवि को आर्त्तक्रंदन के पीछे छिपे हुए भावातिरेक को, दीर्घ निःश्वास में छिपे हुए संयम से बाँधना होगा, तभी उसका गीत दूसरे के हृदय में उसी भाव का उद्रेक करने में सफल हो सकेगा।

गीत यदि दूसरे का इतिहास न रहकर वैयक्तिक सुख-दुःख ध्वनित कर सके, तो उसकी मार्मिकता विस्मय की वस्तु बन जाती है, इसमें संदेह नहीं। मीरा के हृदय में बैठी हुई नारी और विरहिणी के लिए भावातिरेक सहज प्राप्य था, उसके बाह्य राजरानीपन और आंतरिक साधना में संयम के लिए पर्याप्त अवकाश था। इसके अतिरिक्त वेदना भी आत्मानुभूत थी, अतः उसका—'हेरी मैं तो प्रेम दिवाणी मेरा दरद न जाने कोय', सुनकर यदि हमारे हृदय का तार-तार, उसी ध्वनि को दोहराने लगता है, रोम-रोम उनकी वेदना का स्पर्श कर लेता है तो यह कोई आश्चर्य की बात नहीं।

सूर का संयम भावों की कोमलता और भाषा की मधुरता के उपयुक्त ही है, परंतु कथा इतनी पराई है कि हम बहने की इच्छामात्र लेकर उसे सुन सकते हैं, बहते नहीं और प्रातः-स्मरणीय गोस्वामी जी के विनय के पद तो आकाश की मंदाकिनी कहे जा सकते हैं, हमारी कभी गंदली, कभी स्वच्छ वेगवती सरिता नहीं। मनुष्य की चिरंतन अपूर्णता का ध्यान कर उनके पूर्ण इष्ट के सम्मुख हमारा मस्तक श्रद्धा से, विनय से नत हो जाता है, परंतु प्रायः हृदय कातर क्रंदन नहीं कर उठता। इसके विपरीत कबीर के रहस्य भरे पद हमारे हृदय को स्पर्श कर सीधे बुद्धि से टकराते हैं। अधिकतर हममें उनके विचार ध्वनि हो उठते हैं, भाव नहीं, जो गीत का लक्ष्य है।

व्यक्तिप्रधान भावात्मक काव्य का वही अंश अधिक से अधिक अंतस्तल में समा जानेवाला, अनेक भूले सुख-दुखों की स्मृतियों में प्रतिध्वनित हो उठने के उपयुक्त और जीवन के लिए कोमलतम स्पर्श के समान होगा, जिसमें कवि ने गतिमय आत्मानुभूत भावातिरेक को संयत रूप में व्यक्त कर उसे अमर कर दिया हो या जिसे व्यक्त करते समय वह अपनी साधना द्वारा किसी बीते क्षण की अनुभूति की पुनरावृत्ति करने में सफल हो सका हो। केवल संस्कारमात्र भावात्मक कविता के लिए सफल साधन नहीं है और न किसी बीती अनुभूति की उतनी ही तीव्र मानसिक पुनरावृत्ति ही सबके लिए सब अवस्थाओं में सुलभ मानी जा सकती है।

हिंदी-काव्य का वर्तमान नवीन युग गीतप्रधान ही कहा जाएगा। हमारा व्यस्त और व्यक्तिप्रधान जीवन हमें काव्य के किसी और अंग की ओर दृष्टिपात करने का अवकाश ही नहीं देना चाहता। आज हमारा हृदय ही हमारे लिए संसार है। हम अपनी प्रत्येक साँस का इतिहास लिख रखना चाहते हैं, अपने प्रत्येक कंपन को अंकित करने के लिए उत्सुक हैं और प्रत्येक स्वप्न का मूल्य पा लेने के लिए विकल हैं। संभव है, यह उस युग की प्रतिक्रिया हो, जिसमें कवि का आदर्श अपने विषय में कुछ न

रहकर संसार भर का इतिहास कहना था, हृदय की उपेक्षा कर शरीर को आदृत करना था।

इस युग के गीतों की एकरूपता में भी ऐसी विविधता है, जो उन्हें बहुत काल तक सुरक्षित रख सकेगी। इसमें कुछ गीत मलयसमीर के झोंके के समान हमें बाहर से स्पर्श कर अंतर तक सिहरा देते हैं, कुछ अपने दर्शन के बोझिल पंखों द्वारा हमारे जीवन को सब ओर से छू लेना चाहते हैं, कुछ ऐसी अलक्ष्य डाली पर छिपकर बैठी हुई कोकिल के समान हमारे ही किसी भूले स्वप्न की कथा कहते रहते हैं और कुछ मंदिर के पूत धूप-धूम के समान हमारी दृष्टि को धुँधला, परंतु मन को सुरक्षित किए बिना नहीं रहते।

काव्य की ऊँची-ऊँची हिमालय-श्रेणियों के बीच में गीतिमुक्तक एक सजल कोमल मेघखंड है, जो न उनसे दबकर टूटता है और न बँधकर रुकता है, प्रत्युत् हर किरण से रंगस्नात होकर उन्नत चोटियों का शृंगार कर आता है और हर एक झोंके पर उड़-उड़कर उस विशालता के कोने-कोने में अपना स्पंदन पहुँचाता है।

साधारणतः गीत वैयक्तिक अनुभूति पर इतना आश्रित है कि कथा-गीत और नीति-पद तक अपनी संवेदनीयता के लिए, व्यक्ति की भावभूमि की अपेक्षा रखते हैं। अलौकिक आत्मसमर्पण हो या लौकिक स्नेह-निवेदन, तात्कालिक उल्लास-विषाद हो या शाश्वत् सुख-दुखों का अभिव्यंजन, प्रकृति का सौंदर्य-दर्शन हो या उस सौंदर्य में चैतन्य का अभिनंदन, सब में गेयता के लिए हृदय अपनी वाणी में संसार-कथा कहता चलता है। संसार के मुख से हृदय की कथा, इतिहास अधिक है, गीत कम।

आज हम ऐसे बौद्धिक युग में से जा रहे हैं, जो हृदय को मांसल यंत्र और उसकी कथा को वैज्ञानिक आविष्कारों की पद्धति मात्र समझता है, फलतः गीत की स्थिति कठिन से कठिनतर होती जा रही है।

गेयता में ज्ञान का क्या स्थान है, यह भी प्रश्न है। बुद्धि के तर्क-क्रम से जिस ज्ञान की उपलब्धि हो सकती है, उसका भार गीत नहीं सँभाल सकता; पर तर्क से परे इंद्रियों की सहायता के बिना भी हमारी आत्मा अनायास ही जिस सत्य का ज्ञान प्राप्त कर लेती है, उसकी अभिव्यक्ति में गेय स्वर सामंजस्य का विशेष महत्त्व रहा है। वेद-गीतों के विश्वचिंतन से संतों के जीवन-दर्शन तक फैली हुई हमारी गीत-परंपरा इस आत्मानुभूत ज्ञान की आभारी है। पर यह आत्मानुभूत ज्ञान आत्मा के संस्कार और व्यक्तिगत साधना पर इतना निर्भर है कि उसकी पूर्ण प्राप्ति और सफल अभिव्यक्ति सबके लिए सहज नहीं। इसी कारण वेदकालीन मनीषियों का आत्मानुभूत ज्ञान और उसकी सामंजस्यपूर्ण अभिव्यक्ति सब युगों में संभव न हो सकी।

रहस्य-गीतों का मूलाधार भी आत्मानुभूत अखंड चेतना है, पर यह साधक की मिलन-विरह की मार्मिक अनुभूतियों में इस प्रकार घुल-मिल सका कि उसकी अलौकिक स्थिति भी लोक-सामान्य हो गई। भावों के अनंत वैभव के साथ ज्ञान की अखंड

व्यापकता की स्थिति वैसी ही है जैसी, कहीं रंगीन, कहीं सितासित, कहीं सघन, कहीं हल्के, कहीं चाँदनीधौत और कहीं अश्रुस्नात बादलों से छाए आकाश की होती है। व्यक्ति अपनी दृष्टि को उस अनंत रूपात्मकता के किसी भी खंड पर ठहरा कर आकाश पर भी ठहरा लेता है। अतः आनंद और विषाद की मर्मानुभूति के साथ-साथ, उसे एक अव्यक्त और व्यापक चेतन का स्पर्श भी मिलता रहता है। पर ऐसे गीतों में निर्गुण ज्ञान और सगुण अनुभूति का जैसा संतुलन अपेक्षित है, वैसा अन्य गीतों में आवश्यक नहीं, क्योंकि आधार यदि बहुत प्रत्यक्ष हो उठे, तो बुद्धि उसे अपनी परिधि से बाहर न जाने देगी और भाव यदि अव्यक्त सूक्ष्म हो जावे, तो हृदय उसे अपनी सीमा में न रख सकेगा। रहस्य-गीतों में आनंद की अभिव्यक्ति के सहारे ही हम चित् और सत् तक पहुँचते हैं।

सगुणोन्मुख गीतों में सत्-चित् की रूप-प्रतिष्ठा के द्वारा ही आनंद की अभिव्यक्ति संभव हो सकती है, इसी से कवि को बहुत अंतर्मुखी नहीं होना पड़ता। वह रूपाधार के परिचय द्वारा हृदय के मर्म तक पहुँचने का सहज मार्ग पा लेता है। सगुण-नायक अनेक रंग लेकर एक सीमित चित्रफलक को रंगता है, अतः वह उस निर्गुण-गायक से भिन्न रहेगा, जिसके पास रंग एक और चित्रपट शून्य असीम है। एक की निपुणता रंगों के अभिनव चटकीलेपन पर निर्भर है और दूसरे की, रेखाओं की चिर नवीन अनंतता पर। भक्त यदि जीवनदर्शी है, तो उसके गीत की सीमित लौकिकता से असीम अलौकिकता वैसे ही बँधी रहेगी, जैसे दीप की लौ से आलोक-मंडल और यदि रहस्यद्रष्टा तन्मय आत्मनिवेदक है, तो उसके गीत की अलौकिक असीमता से, लौकिक सीमाएँ वैसे ही फूटती रहेंगी, जैसे अनंत समुद्र में हिलोरें।

वास्तव में सगुण-गीत में जीवन की विस्तृत कथात्मकता के लिए भी इतना स्थान है कि वह लोक-गीत के निकट आ जाता है। लोक-गीत की सुलभ इतिवृत्तात्मकता का इसे कम भय है और उसके भावों की अतिसाधारणता का खटका भी अधिक नहीं, पर उसकी सरल संवेदनीयता की सब सीमाओं तक उसकी पहुँच रहती है। हमारी गीत-परंपरा विविधरूपी है, पर उसका वही रूप पूर्णतम है, जो भावभूमि का सच्चा स्पर्श पा सकता है। गीत का चिरंतन विषय रागात्मिका वृत्ति से संबंध रखनेवाली सुख-दुःखात्मक अनुभूति का वह शब्दरूप है, जो अपनी ध्वन्यात्मकता में गेय हो सके।

पिछली दुःखरागिनी का वायुमंडल और आज की दुःख-कथा का धरातल भी ध्यान देने योग्य है। बाह्य संसार की कठोर सीमाओं और अंतर्जगत् की असीमता की अनुभूति ने उस दुःख को एक अंतर्मुखी स्थिति दे दी थी। ऐसा दुःख प्रायः जीवन के आंतरिक सामंजस्य की प्राप्ति का लक्ष्य लेकर चलता है। फलतः उसकी संवेदनीयता में गीत की वैसी ही मर्मस्पर्शिता रहती है, जिसे कालिदास ने–

रम्याणि वीक्ष्य मधुरांश्च निशम्य शब्दा-
न्पर्युत्सको भवति यत्सुखितोऽपि जन्तुः।...

आदि के द्वारा व्यक्त किया है और वैसी ही व्यापकता मिलती है, जिसकी ओर भवभूति ने 'एको रसः करुण एव निमित्तभेदात्' कहकर संकेत किया है। ऐसी वेदना को दूसरे के निकट संवेदनीय बनाने के लिए अपने हृदय की अतल गहराई की अनुभूति आवश्यक है और उसे व्यापकता देने के लिए जीवन की एकता का भावन।

आज के दुःख का संबंध जीवन के स्थूल धरातल की विषमता से रहता है, अतः समष्टि को आर्थिक आधार पर बाह्य सामंजस्य देने का आग्रह, इसकी विशेषता है। इस धरातल पर यह सहज नहीं कि एक की असुविधा की अनुभूति दूसरे में वैसी ही प्रतिध्वनि उत्पन्न कर सके। जिन क्षणों में भोजन की इच्छा नहीं, उनमें एक व्यक्ति के लिए अन्य दुःख, चिंता आदि की अनुभूति जैसी सहज है, वैसी भूख की व्यथा की नहीं। परंतु उन्हीं परिस्थितियों में यह अनुभूति तब स्वाभाविक हो जाएगी, जब वह दूसरे बुभुक्षित से सच्चा तादात्म्य प्राप्त कर सके। आँखों से दूर बाहर गानेवाले की करुण रागिनी हममें प्रतिध्वनित होकर एक अव्यक्त वेदना जगा सकती है, परंतु प्रत्यक्ष ठिठुरते हुए नग्न भिखारी का दुःख तब तक हमारा न हो सकेगा, जब तक हमारा उससे वास्तविक तादात्म्य न हो जावे। व्यावहारिक जीवन में भी हमारे भौतिक अभाव उन्हीं को अधिक स्पर्श करते हैं, जो हमारे निकट होते हैं; जो दूरत्व के कारण ऐसे तादात्म्य की शक्ति नहीं रखते, उनके निकट हमारी पार्थिव असुविधाओं का विशेष मूल्य नहीं।

लक्ष्यतः एक होने पर भी अंतर्जगत् के नियम को भौतिक जगत् नहीं स्वीकार करता। उसमें हमें अपनी गहराई में दूसरों को खोजना पड़ता है और इसमें दूसरों की अनेकता में अपने आपको खो देना। दूसरे की आँखें भर लाने के लिए हमें अपने आँसुओं में डूब जाने की आवश्यकता रहती है, परंतु दूसरे के डबडबाये हुए नेत्रों की भाषा समझने के लिए हमें अपने सुख की स्थिति को, दूसरे के दुःख में डुबा देना होगा। जब एक व्यक्ति दूसरे के दुःख में अपने दुःख को मिलाकर बोलता है, तब उसके कंठ में दो का बल होगा, जब तीसरा, उन दोनों के दुःख में अपना दुःख मिलाकर बोलता है, तब उसके कंठ में तीन का बल होगा। और इसी क्रम से जो असंख्य व्यक्तियों के दुःख में अपना दुःख खोकर बोलता है, उसके कंठ में असीम बल रहना अनिवार्य है।

अंतर्जगत् में यह व्यापकता गहराई का रूप लेकर व्यष्टि से समष्टि तक पहुँचती है। सफल गायक वही है, जिसके गीत में सामान्यता हो, अर्थात् जिसकी भावतीव्रता में दूसरों को अपने सुख-दुःख की प्रतिध्वनि सुन पड़े और यह तब स्वतः संभव है, जब गायक अपने सुख-दुःखों की गहराई में डूबकर या दूसरे के उल्लासविषाद से सच्चा तादात्म्य कर गाता है।

भारतीय गीति-परंपरा आरंभ में ही बहुत समृद्ध रही, अतः उसका प्रभाव सब

युगों के गीतों को विविधता देता रह सका। ऐसा गीति-साहित्य जिसने सूक्ष्म ज्ञान का असीम विस्तार, प्रकृति-रूपों की अनंतता और भाव का बहुरंगी जगत् सँभाला हो, आगत काव्य-युगों पर प्रभाव डाले बिना नहीं रहता।

तत्व की छाया और भाव की धरती पर विकास पाने के कारण यहाँ वाणी को बहुत परिष्कृत रूप और जीवन का निश्चित स्पंदन मिल सका। इसी से उच्चारण में एक वर्ण की भूल अक्षम्य और ध्वनि में एक कंपन की त्रुटि असह्य हो उठती थी।

पावका नः सरस्वती वाजे वाजिनवती

....

महो अर्णः सरस्वती प्रचेतयति केतुना

ऋग्वेद 1-3-10, 12

(हमारी वाणी पवित्र करनेवाली और ऐश्वर्य्यमती है। यह सरस्वती ज्ञान के महासागर तक पहुँचाने में समर्थ है।)

यही पवित्रता अधिक सूक्ष्म रूप में शब्द को ब्रह्म की संज्ञा तक पहुँचाने में सहायक हुई। गीत की शक्ति वाणी से अधिक थी, क्योंकि वह शब्दों के चयन को, लय में संतरण देकर उनकी व्यापकता और बढ़ा देता था। इसी से पूरा सामगान जीवन-समुद्र पर लय का लहराता हुआ पाल बन जाता है। ऋग्वेद का मनीषी गाता है—

'गीर्भि वरुण सीमहि' (हे मेरे वरणीय ! मैं गीत से तुम्हें बाँधता हूँ) इतना ही नहीं गीत गायक के प्रभु को भी प्रिय है—

सेमं नः स्तोमया गह्यु पेदं सवनं सुतम
गौरो न तृषितः पिव। **ऋ. 1-16-5**

(प्यासा गौर मृग जैसे जलाशय से जल पीता है, वैसे ही तुम मेरे गीत में तन्मय होकर तृप्ति का अनुभव करो।)

तत्त्व की सरल व्याख्या, प्रकृति की रूपात्मकता, सौंदर्य और शक्ति की सजीव साकारता, लौकिक जीवन के आकर्षक चित्र आदि इन गीतों को बहुत समृद्ध कर देते हैं। चिंतन के अधिक विकास ने गीत के स्थान में गद्य को प्रधानता दी, पर गीत का क्रम लोक-जीवन को घेरकर विविध रूपों में फैलता रहा।

बौद्धधर्म जीवन की विषमता से उत्पन्न है, अतः दुःखनिवृत्ति के अन्वेषकों के समान वह भाव के प्रति अधिक निर्मम रहा, पर उसकी विशाल करुणासिक्त पृथ्वी पर जो गीत के फूल खिले, वे जीवन से सुरभित और दुःख के नीहारकणों से बोझिल हैं। वैयक्तिक विरागभरी थेरगाथाएँ और सौंदर्य की करुण कथाएँ कहने वाली थेरीगाथाएँ, अपनी भाषा और भाव के कारण वेद-गीत और काव्यगीतों के बीच की कड़ी लगती हैं।

विशेषतः निवृत्ति प्रधान गाथाओं से वैराग्य-गीतों को बहुत प्रेरणा मिल सकी। इन वीतराग भिक्षुओं का विहग, वन, पर्वत आदि के प्रति प्रशांत अनुराग वेदकालीन प्रकृति-प्रेम का सहोदर है।

सुनीला सुसिखा सुपेखुणा सचित्तपत्तच्छदना विहंगमा,
सुमञ्जुघोसत्थ निताभिगज्जिनो ते तं रमिस्सन्ति वनम्हि झायिनं।

थेरगाथा–1136

(जब तुम वन में ध्यानस्थ बैठे होगे तब गहरी नीली ग्रीवावाले सुंदर शिखा-शोभी तथा शोभन चित्रित पंखों से युक्त आकाशचारी विहंगम अपने सुमधुर कलरव द्वारा, घोषभरे मेघ का अभिनंदन करते हुए तुम्हें आनंद देंगे।)

यदा बलाका सुचिपिण्डरच्छदा कालस्स मेघस्य भयेन तज्जिता,
पलेहिति आलयमालयेसिनी तदा नदी अजकरणी रमेति मं।

थेर. 307

(जब ऊपर (आकाश में) श्याम घनघटा से सभीत बगुलों की पाँत अपने उज्ज्वल श्वेत पंख फैलाकर आश्रय खोजती हुई बसेरे की ओर उड़ चलती है, तब (नीचे उनका प्रतिबिंब लेकर प्रवाहित) अजकरणी नदी मेरे हृदय में प्रसन्नता भर देती है।)

अंगारिनो दानि दुमा भदन्ते फलेसिनी छदनं विप्पहाय,
ते अच्चिमन्तो व पभासयन्ति समयो महावीर भगीरसानं।
दुमानि फुल्लानि मनोरमानि समन्ततो सब्बदिसो पवन्ति,
पत्तं पहाय फलमाससाना कालो इतो पक्कमनाय वीर।

थेर. 527-28

(नई कोंपलों से अंगारारुण वृक्षों ने फल की साध से जीर्णशीर्ण पल्लव-परिधान त्याग दिया है। अब वे लौ से युक्त जैसे उद्भासित हो रहे हैं। हे वीर श्रेष्ठ ! हे तथागत ! यह समय नूतन आशा से स्पंदित है।

द्रुमाली फूलों के भार से लदी है, सब दिशाएँ सौरभ से उच्छ्वसित हो उठी हैं और फल को स्थान देने के लिए दल झड़ रहे हैं। हे वीर ! यह हमारी यात्रा का मंगल मुहूर्त है।)

भिक्षुणियाँ भी अपने नश्वर सौंदर्य का परिचय देने के लिए प्रकृति को माध्यम बनाती हैं...

कालका भमरवण्णसदिसा वेल्लितग्गा मम मुद्धजा अहु,
ते जराय सालवाक सदिसा सच्चवादि वचनं अनञ्ञथा।
काननस्मिं वनखण्डचरिणी कोकिला व मधुरं निकूजितं,
तं जराय खलितं तहिं तहिं सच्चवादि वचनं अनञ्ञथा।

थेरीगाथा 252-61

(भ्रमरावली के समान सुचिक्करण काले और घुँघराले मेरे अलकगुच्छ जरा के

कारण आज सन और वल्कल जैसे हो गए हैं। परिवर्तन का चक्र इसी क्रम से चलता है) सत्यवादी का यह वचन मिथ्या नहीं।

वनखंड में संचरण करती हुई कोकिला की कुहुक के समान मधुर मेरे स्वर का संगीत आज जरा के कारण टूट-टूटकर बेसुरा हो रहा है। (ध्वंस का क्रम इसी प्रकार चलता है) सत्यवादी का यह कथन अन्यथा नहीं।)

संस्कृत-काव्य में क्रौंच की व्यथा से करुणार्द्र ऋषि गा नहीं उठा, जीवन के तार सँभालने लगा और इस प्रकार कुछ समय तक रागिनी मूक रहकर तारों की झंकार सुनती रही। पर काव्य का राग जब मौन हो जाता है, तब लोक उस लय को सँभाल लेता है, इसी से गीत की स्थिति अनिश्चित नहीं हो सकती। संस्कृत नाटकों और प्राकृत काव्यों में जो गीत हैं, वे तत्कालीन लोक-गीत ही कहे जाएँगे। यह प्राकृत-गीत लोक की भाषा और सरल मधुर शब्दावली के द्वारा प्रकृति और जीवन के बड़े सहज सुंदर चित्र अंकित कर सके हैं।

भाव की मार्मिकता तथा अभिव्यक्ति की सरल शैली की दृष्टि से हिंदी गीतिकाव्य प्राकृत-गीतों का बहुत आभारी है—

एक्कक्कमपरिक्खणपहार सँमुहे कुरङ्गमिहुणम्भि।
वाहेण मण्णुविअलंतवाह धोअं धणुं मुक्कम्।।

गाथा सप्तशती 7-1

(मृग-मृगी के जोड़े में से जब प्रत्येक दूसरे को बाण से बचाने के लिए लक्ष्य के सामने आने लगा, तब करुणार्द्र व्याध ने आँसुओं से धुला धनुष रख दिया।)

खरपवणरअगलत्थिअ गिरि ऊडावडणभिण्णदेहस्स।
धुक्काधुक्कईजीअं व विज्जुआ कालमेहस्स।

गाथा. 6-83

(जब प्रचंड पवन ने उसे गला पकड़कर पर्वतशिखर से नीचे फेंक दिया, तब छिन्न-भिन्न शरीरवाले काले मेघ के भीतर विद्युत् प्राण के समान धुकधुका उठी।)

उअ णिच्चलणिप्पन्दा भिसिणीपत्तम्मि रेहइ बलाआ।
णिम्मल मरगअ भाअण परिट्ठिआ संख-सुत्ति व्व।।

गाथा. 1-5

(देखो कमल के पत्र पर बलाका (वकी) कैसी निश्चल निःस्पंद बैठी है। वह तो निर्मल मरकत के पात्र में रखी हुई शंखशुक्ति जैसी लगती है।)

इस प्रकार के, कहीं करुण, कहीं सजीव और कहीं सुंदर चित्रों की सरल मार्मिकता ने हमारे लोक-गीतों पर ही नहीं, पद-साहित्य पर भी अपनी छाया डाली है।

हिंदी गीति-काव्य में भारतीय गीति-परंपरा की मूल-प्रवृत्तियों का आ जाना स्वाभाविक ही था। तत्त्व-चिंतन और उससे उत्पन्न रहस्यानुभूति, प्रकृति और मनुष्य का सौंदर्य-दर्शन, स्वानुभूत सुख-दुःखों की चित्रमय अभिव्यक्ति आदि ने इन गीतों

को विविधता भी दी है और व्यापकता भी।

कबीर के निर्गुण-गीतों ने ज्ञान को फिर गेयता देने का प्रयास किया है। 'मैं तैं तैं मैं ए द्वै नाहीं। आपै अघट सकल घट माँही।' जैसे पदों में वेदांत मुखरित हो उठा है और–

'गगन-मंडल रवि ससि दोइ तारा। उलटी कूँची लागि किवारा।' आदि चित्रों में साधनात्मक योग की रूप-रेखाएँ अंकित हैं।

रूपक-पद्धति के सहारे जीवन-रहस्यों का उद्घाटन भी हमारे तत्त्व-चिंतन में बहुत विकसित रूप पा चुका था।

कबीर की

पाँच सखी मिलि कीन्ह रसोई एक ते एक सयानी,
दूनो थार बराबर परसैं जेवैं मुनि अरु ज्ञानी।।

आदि पंक्तियों में व्यक्त रूपक-पद्धति का इतिहास कितना पुराना है, यह तब प्रकट होता है, जब हम उन्हें अथर्व के निम्न रूपक के साथ रखकर देखते हैं–

तन्त्रमेकं युवती विरूपे अभ्याक्राम वयतः षण्मयूखम्।
प्रान्या तन्तूस्तिरति धत्ते अन्या नापवञ्जाते न गमातो अंतम्।।

(दो गौर श्याम युवतियाँ (उषा रात्रि) क्रम से बार-बार आ-जाकर छः खूँटीवाले (ऋतुओं वाले) जाल को (विश्वरूप को) बुनती हैं। एक सूत्रों को (किरणों को) फैलाती है, दूसरी गाँठती (अपने में समेट लेती) है; वे कभी विश्राम नहीं करतीं, पर तो भी कार्य को समाप्ति तक नहीं पहुँचा पातीं।)

निर्गुण-उपासक तत्त्वद्रष्टा ही नहीं, तत्त्व-रूप का अनुरागी भी है, अतः उसका मिलन-विरह समस्त विश्व का उल्लास-विषाद बन जाता है। प्रकृति वहाँ एक परम तत्त्व की अभिव्यक्ति है। अतः उसके सौंदर्य में सौरभ जैसा स्पर्श है, जो प्रत्येक का होकर भी किसी एक का नहीं बन सकता और भाव में आलोक जैसा रंग है, जो किसी वस्तु पर पड़ कर उससे भिन्न नहीं रहता।

निर्गुण-गायक अपने सुख-दुःखों की अनुभूति को विस्तार देकर सामान्य बनाता है और सगुण-गायक अपने सुख-दुःखों को गहराई देकर उन्हें सबका बनाता है। एक ज्ञान के लिए हृदयवादी है, दूसरा भाव के लिए रूपवादी।

सगुण-गीतों का आधार सौंदर्य और शक्ति की पूर्णतम अभिव्यक्ति होने के कारण प्रकृति और जीवन का केंद्र-बिंदु बन गया है, अतः भावों की सबलता और रूपों की विविधता उसे घेरकर ही सफल हो सकती है। संस्कृत काव्यों के समान ही, इन चित्र और भाव गीतों में प्रकृति विविध-रूपी है। कहीं वह अपनी स्वतंत्र रूपरेखा में यथार्थ है, कहीं हृदय के हर स्वर में स्वर मिलाने वाली रहस्यमयी संगीनी है, कहीं मनुष्य के स्वानुभूत सुख-दुःखों की मात्रा बताने का साधन है और कहीं आराध्य के सौंदर्य, शक्ति आदि की छाया है।

बरसत मेघवर्त धरनी पर।

चपला चमकि चमकि चकचौंधति करति सबद आघात,

अन्धाधुन्ध पवनवर्तक घन करत फिरत उत्पात।

—सूर

उपर्युक्त गीत में मेघ की चित्रमयता यथार्थ है, पर जब घटा देखकर विरह-व्यथित मीरा पुकार उठती है—

मतवारो बादल आयो रे,

मेरे पी को संदेशो नहिं लायो रे।

तब हमें बादल की वही सजीव पर रहस्यमयी साकारता मिलती है, जो मेघदूत के मेघ में यक्ष ने पाई थी। 'निसिदिन बरसत नयन हमारे' में वर्षा, रुदन की चित्रमय व्याख्या बनकर उपस्थित होती है और 'आजु-घन श्याम की अनुहारि' जैसी पंक्तियों में मेघ कृष्ण की छाया से उद्‌भासित हो कृष्ण जैसा बन गया है। स्वानुभूति-प्रधान इन गीतों ने हृदयगत मर्म को चित्रमयता और बाह्य प्रकृति-रूपों को व्यापकता दी है।

इनकी स्वरलहरी हमारे जीवन के विस्तार और गहराई में कितने स्थायी रूप में बस गई है, इसका परिचय काव्य-गीत और लोकगीत दोनों देते हैं।

भारतेंदु-युग हमारे साहित्य का ऐसा वर्षाकाल है, जिसमें सभी प्रवृत्तियाँ अंकुरित हो उठी हैं, अतः गीत भी किसी भूली रागिनी के समान मिल जाते हैं तो आश्चर्य नहीं। ये गीत स्वतंत्र अस्तित्व न रखकर गद्य-रचनाओं के बीच में आए हैं, इसलिए विषय, भाव आदि की दृष्टि से इनका कुछ बँधा हुआ होना स्वाभाविक है, पर इनमें कुछ प्रवृत्तियाँ ऐसी मिलेंगी जो अतीत और वर्तमान गीति-मुक्तकों को जोड़ने में समर्थ हैं। प्रकृति के सहज चित्र, यथार्थ की गाथा, राष्ट्रीय उद्‌बोधन, और सामाजिक धार्मिक विकृतियों के प्रति व्यंग, भारतेंदु के गीतों को विविधता देते हैं।

भई आधि राति बन सनसनात,

पथ पंछी कोउ आवत न जात,

जग प्रकृति भई जनु थिर लखात,

पातहु नहिं पावत तरुन हलन।

उपर्युक्त पंक्तियों में रात की रेखाओं में निःस्तब्धता का रंग है; पर जहाँ कवि ने प्रकृति के संबंध में परंपरा का अनुसरण मात्र करना चाहा, वहाँ वह सजीव स्पंदन खो गया-सा जान पड़ता है—

अहो कुञ्ज वन लता विरुध तृन पूछत तोसों,

तुम देखे कहुँ श्याम मनोहर कहहु न मोसों!

भाव-गीतों में सगुण-निर्गुण गीतों की शैली ही नहीं, कल्पना का भी प्रभाव है—

मरम की पीर न जानत कोय।

....

नैनन में पुतरी करि राखौं पलकन ओटि दुराय,
हियरे में मनहूँ के अंतर कैसे लेउं लुकाय।

तत्कालीन जीवन और समाज की विषमता की अनुभूति और प्राचीन समृद्धि के ज्ञान ने व्यंगमय यथार्थ-चित्रों और विषादभरे राष्ट्र-गीतों को प्रेरणा दी है–

घन गरजै जल बरसै इन पर विपत्ति परै किन आई,
ये बजमारे तनिक न चौंकत ऐसी जड़ता छाई।

....

भारत जननी जिय क्यों उदास,
बैठी इकली कोउ नाहिं पास।
किन देखहु यह ऋतुपति प्रकाश,
फूली सरसो वन करि उजास।

पृथ्वी की मातृरूप में कल्पना हमारे बहुत पुराने संस्कार से संबंध रखती है। अथर्व का पृथ्वीगीत चित्रमय और यथार्थ होने के साथ-साथ मातृवंदना भी है–

गिरयस्ते पर्वता हिमवंतोरण्यं ते पृथिविस्योनमस्तु।

..

पवस्य माता भूमिः पुत्रो अहं पृथिव्या।

(ये तेरे पर्वत और तुषार से आच्छादित तुंग शिखर, ये तेरे वन हमारे लिए सुखकर हों। हे मातृ-भू ! तू मुझे पवित्र कर, मैं पृथिवि का पुत्र हूँ।)

खड़ी बोली के आरंभ में जीवन, प्रकृति, नीति, राष्ट्र आदि पर आश्रित मुक्तक लिखे गए, परंतु उनमें गेयता के लिए स्थान कम था। वास्तव में गीत सरल मधुर, परिचित और प्रयोग से मँजी हुई शब्दावली से आकार और भावतीव्रता से आत्मा चाहता है और किसी भाषा के आदियुग में गीत के रूप और प्राण को सामंजस्य पूर्ण स्थिति न मिलने के कारण उसका विकास कठिन हो जाता है। गीत अपनी धरती और आकाश से इस प्रकार बँधा है कि कुशल से कुशल गायक भी विदेशी भाषा में गा नहीं पाता।

खड़ी बोली के गीत हमें प्रबंध-काव्यों में तब प्राप्त हुए, जब उससे हमारा हृदय परिचित हो चुका था, भाषा मँज चुकी थी और भाव शब्द पर तुल चुका था। शुद्ध संस्कृत शब्दावली और उसके वर्णवृत्त अपनाने वाले कवियों पर संस्कृत-काव्यों का प्रभाव होना अनिवार्य ही था। रीतियुग के चमत्कार से सहानुभूति न रखने के कारण इन कवियों ने संस्कृत काव्यों की वह शैली अपनायी जिसमें प्रकृति की रेखाएँ स्पष्ट, सरल और जीवन के रंग जाने-पहचाने से लगते हैं। 'साकेत' में चित्रकूट की वनवासिनी सीता

किसलय-कर स्वागत हेतु हिला करते हैं।

..

तृण-तृण पर मुक्ता-भार झिला करते हैं।

गाकर प्रकृति का जो शब्दचित्र उपस्थित करती है, उसकी रेखा-रेखा हमारी जानी-बूझी है। इसी प्रकार विरहिणी उर्मिला–

न जा अधीर धूल में,
दृगम्बु आ दुकूल में ?

....

तुम्हारे हँसने में हैं फूल हमारे रोने में मोती !

आदि में अपनी व्यथा को जो ध्वनिमय साकारता देती है, उससे भी हमारा पुरातन परिचय है। यशोधरा के मर्म-गीत ही नहीं, कवि के रहस्य-गीत भी सरल शब्दावली और परिचित भावों के कारण इतने ही निकट जान पड़ते हैं। इनमें तीव्र भावावेग नहीं, जीवन का स्वाभाविक उच्छ्वास है, कभी-कभी अतिपरिचय से साधारण बन जाता है।

छायावाद व्यथा का सवेरा है, अतः उसके प्रभाती गीतों की सुनहली आभा पर आँसुओं की नमी है। स्वानुभूति को प्रधानता देनेवाले इन सुख-दुःख भरे गीतों के पीछे भी इतिहास है। जीवन व्यस्त तो बहुत था, पर उसके कर्माडंबर में सृजन का कोई क्रम न मिलता था। समाज-संस्कृति संबंधी आदर्शों और विश्वासों को एक पग में नापने के लिए, जिज्ञासा वामन से विराट् हुई जा रही थी। बहुत दिनों से शरीर का शासन सहते-सहते हृदय विद्रोही हो उठा था। नवीन सभ्यता हमें प्रकृति से इतनी दूर ले आई थी कि पुराना रूप-दर्शन जनित संस्कार खोई वस्तु की स्मृति के समान बार-बार कसक उठता था। राष्ट्रीयता की चर्चा और समय की आवश्यकता ने हमें पिछला इतिहास देखने के लिए अवसर दे दिया था। भारतेंदु-युग की विषादभरी ध्वनि–

'अब तजहु वीरवर भारत की सब आसा' ने असंख्य प्रतिध्वनियाँ जगाकर हमें अंतिम बार अपने जीवन की सूक्ष्म और व्यापक शक्ति की परीक्षा करने के लिए विवश कर दिया था।

आनंद से मनुष्य जब चंचल होता है, तब भी गाता है और व्यथा से जब हृदय भारी हो जाता है, तब भी गाता है, क्योंकि एक उसके हर्ष को बाहर फैलाकर जीवन को संतुलन देता है और दूसरा उसकी निःस्तब्धता में संवेदन की लहर पर लहर उठाकर जीवन को गतिरुद्ध होने से बचाता है।

गत महायुद्ध की तमसा के विषाद भरे प्रभात में रुधिर से गीली धरती और क्रूरता से सूखा निरभ्र आकाश देखकर कवि के हृदय में प्रश्न उठना स्वाभाविक हो गया–जीवन क्या विषम खंडों का समूह मात्र है, जिसमें एक खंड दूसरे के विरोध

में ही स्थिति रखेगा ? हृदय क्या मांसल यंत्र मात्र है, जिसमें परस्पर पीड़ा पहुँचाने के साधनों का ही आविष्कार होता रहेगा ? प्रकृति क्या लौहागार मात्र है, जिसमें एक दूसरे को क्षत-विक्षत करने के लिए अमोघ अस्त्र-शस्त्र ही गढ़े जाएँगे ?

भारतीय कवि को उनके सब प्रश्नों का उत्तर जीवन की उसी अखंडता में मिला, जिसकी छाया में लघु-गुरु, कोमल-कठोर, कुरूप-सुंदर सब सापेक्ष बन जाते हैं।

जीवन को जीवन से मिलाने के लिए तथा जीवन को प्रकृति से एक करने के लिए उसने वही सर्वात्मक हृदयवाद स्वीकार किया, जो सनकी मुक्ति में उसे मुक्त कर सकता था। जीवन की विविधरूप एकता के संबंध में छायायुग के प्रतिनिधि गायकों के स्वर भिन्न पर राग एक है—

अपने सुख-दुख से पुलकित,
यह मूर्त्त विश्व सचराचर,
चिति का विराट वपु मंगल,
यह सत्य सतत चिर सुंदर !

—प्रसाद

जिस स्वर से भरे नवल नीरद
हुए प्राण पावन गा हुआ हृदय भी गद्‌गद्
जिस स्वर वर्षा ने भर दिये सरित-सर-सागर
मेरी यह धरा हुई धन्य भरा नीलांबर !
वह स्वर शर्मद उनके कंठों में गा दो !

—निराला

एक ही तो असीम उल्लास
विश्व में पाता विविधाभास
तरल जलनिधि में हरित-विलास
शांत अंबर में नील विकास;

—पन्त

जीवन में सामंजस्य को खोजनेवाले कवि ने बाह्य विभिन्नता से अधिक अंतरतम की एकता को महत्त्व दिया और आधुनिक युग के मनुष्य-निर्मित आश्चर्यों के स्थान में प्रकृति की रहस्यमय स्वाभाविकता को स्वीकार किया। तत्त्वगत एकता और सौंदर्यगत विविधता ने एक ओर रहस्यगीतों के निराकार को अनंत रूप दिए और दूसरी ओर प्रकृति-गीतों के सौंदर्य को भाव के निरंतर श्वासोच्छ्वास में विस्तार दिया।

संगीत के पंखों पर चलनेवाले हृदयवाद की छाया में गीत विविधरूपी हो उठे। स्वानुभूत सुख-दुःखों के भाव-गीत, लौकिक मिलन-विरह, आशा-निराशा पर आश्रित जीवन-गीत, सौंदर्य को सजीवता देनेवाले चित्रगीत, सबकी उपस्थिति सहज हो गई।

पर इस भागवत सर्ववाद में इतिवृत्तात्मक यथार्थ की स्थिति कुछ कठिन हो जाती है। छायावाद की रूप-समष्टि में प्रकृति और जीवन की रेखाएँ उलझकर सूक्ष्म तथा रंग घुल-मिलकर रहस्यमय हो उठते हैं। इसके विपरीत इतिवृत्त को कठिन रेखाओं और निश्चित रंगों की आवश्यकता रहती है, क्योंकि वह केवल उसी वस्तु को देखता है, जिसका उसे चित्र देना है–आसपास की रूपसमष्टि के प्रति उसे कोई आकर्षण नहीं।

इसके अतिरिक्त गीत स्वयं एक भावावेश है और भावावेश में वस्तुएँ कुछ अतिशयोक्ति के साथ देखी जाती हैं। साथ ही गायक अपने सुख-दुःखों को अधिक से अधिक व्यापकता देने की इच्छा रखता है, अन्यथा गाने की आवश्यकता ही न रहे।

इस प्रकार प्रत्येक गीत भाव की गहराई और अनुभूति की सामन्यता से बंधा रहेगा। मिट्टी से ऊपर तक भरे पात्र में जैसे रजकण ही अपने भीतर पानी के लिए जगह बना देते हैं, वैसे ही यथार्थ के लिए भाव में ऐसी स्वाभाविक स्थिति चाहिए, जो भाव ही से मिल सके। इससे अधिक इतिवृत्त गीत में नहीं समा पाता।

छायावाद के गीतों का यथार्थ कभी भाव की छाया में चलता है और कभी दर्शनात्मक आत्मबोध की।

भाव की छाया मनुष्य और प्रकृति दोनों की यथार्थ रेखाओं को एक रहस्यमयता दे देती है–

लख ये काले काले बादल,
नील सिन्धु में खुले कमल दल !

–निराला

में मेघ की जिस अनंत समष्टि के साथ है–

गहरे धुँधले धुले साँवले
मेघों से मेरे भरे नयन;

–पन्त

में मनुष्य भी उसी समष्टि में स्थिति रखता है।

जीवन का तत्त्वगत भावन, बाह्य अनेकता पार कर अंतर की एकता पर आश्रित रहेगा, अतः–

चेतन समुद्र में जीवन
लहरों-सा बिखर पड़ा है।

–प्रसाद

मृण्मय दीपों में दीपित हम
शाश्वत प्रकाश की शिखा सुषम।

–पंत

जैसी अनुभूतियों में यथार्थ की रेखाएँ घुल-मिल जाती हैं।

इतना ही नहीं–

पीठ पेट दोनों मिलकर हैं एक
चल रहा लकुटिया टेक।

–निराला

जैसी पंक्तियों में भिखारी की, जो यथार्थ रेखाएँ हैं, उनका कठोर बंधन भी आत्मबोध की अंतःफल्गु को बाहर फूट निकलने से नहीं रोक पाता, इसी से ऐसे यथार्थ चित्र के अंत में कवि कह उठता है–

ठहरो अहो मेरे हृदय में है अमृत मैं सींच दूँगा।

–निराला

राष्ट्रगीतों में भी एक प्रकार की रहस्यमयता का आ जाना स्वाभाविक हो गया। भारतेन्दु-युग ने इस देश को सामाजिक और राजनैतिक विकृतियों के बीच में देखा, अतः 'सव भाँति दैव प्रतिकूल होइ एहि नासा' कहना स्वाभाविक हो गया। खड़ी बोली के वैतालिकों ने उसे प्राकृतिक समृद्धि के बीच में प्रतिष्ठित कर 'सूर्यचन्द्र युग मुकुट मेखला रत्नाकर है' कहकर मूर्त्तिमत्ता दी। छायावाद ने इस सौंदर्य में सूक्ष्म स्पंदन की अनुभूति प्राप्त की–

अरुण यह मधुमय देश हमारा।
बरसाती आँखों के बादल बनते जहाँ भरे करुणा-जल,
लहरें टकरातीं अनंत की, पाकर कूल किनारा।

–प्रसाद

भारतेन्दु-यग के–'चलहु वीर उठि तुरत सबै जयध्वजहिं उड़ाओ' आदि अभियान-गीतों में राष्ट्रीय जय पराजय-गान के जो अंकुर हैं, वे उत्तरोत्तर विकसित होते गए–

हिमाद्रि तुंग श्रृंग से,
प्रबुद्ध शुद्ध भारती,
स्वयंप्रभा समुज्ज्वला,
स्वतंत्रता पुकारती।

–प्रसाद

आदि अभियान-गीत संस्कृत के वर्णवृत्तों से रूप और अपने युग की रहस्यमयता से स्पंदन पाते हैं। राष्ट्रगीतों में वही निर्धूम करुण दीप्ति है, जो मोम-दीपों में मिलेगी।

पुरातन गौरव की ओर प्रायः सभी कवियों का ध्यान आकर्षित हुआ; क्योंकि बिना पिछले सांस्कृतिक मूल्यों के ज्ञान के मनुष्य नए मूल्य निश्चित करने में असमर्थ रहता है–

जगे हम लगे जगाने विश्व

लोक में फैला फिर आलोक,
व्योम-तम-पुञ्ज हुआ तब नाश
अखिल संस्कृति हो उठी अशोक।

—प्रसाद

भूतियौं का दिगंत छवि-जाल
ज्योति-चुंबित जगती का भाल ?

—पन्त

मन के गगन के
अभिलाष-घन उस समय
जानते थे वर्षण ही
उद्गीरण वज्र नहीं।

—निराला

इस प्रवृत्ति ने इन कवियों को एक ऐसी सांस्कृतिक पृष्ठभूमि दी, जिस पर उनके निराशा के गीत भी आशा से आलोकोज्ज्वल हो उठे और व्यक्तिगत सुख-दुःख भी विशाल होकर उपस्थित हो सके।

काव्य-गीतों के साथ-साथ समानांतर पर चलने वाली लोक-गीतों की परंपरा भी उपेक्षा के योग्य नहीं, क्योंकि वह साहित्य की मूल-प्रवृत्तियों को सुरक्षित रखती आ रही है। प्रायः जब प्रबंधों के शंखनाद में गीत का मधुर स्वर मूक हो जाता है, तब उसकी प्रतिध्वनि लोक-हृदय के तारों में गूँजती रहती है। इसी प्रकार गीत की रागिनी जब काव्य को कथा-साहित्य की ओर से वीतराग बना देती है, तब वे कथाएँ सरल आख्यान और किंवदंतियों के रूप में लोक-काव्यों में सुनी जाती हैं। जब आधुनिक जीवन की कृत्रिम चकाचौंध में प्रकृति पर दृष्टि रखना कठिन हो जाता है, तब लोक और ग्राम में वह जीवन के पार्श्व में खड़ी रहती है। जब बदली परिस्थितियों में रण-कंकण खुल चुकते हैं, केसरिया बाने उतर चुकते हैं, तब लोक-गीत वीररस को पुनर्जन्म देते रहते हैं।

इस प्रकार न जाने कितनी काव्य-समृद्धि हमें लोक-गीत लौटाते रहे हैं। इन गीतों के गायक जीवन के अधिक समीप और प्रकृति की विस्तृत स्पंदित छाया में विकास पाते हैं, अतः उनके गीतों में भारतीय काव्य-गीतों की मूल-प्रवृत्तियों का अभाव नहीं है। इन गीतों के संबंध में हमारी धारणा बन गई है कि वे केवल इतिवृत्तात्मक जीवनचित्र हैं, परंतु उनका थोड़ा परिचय भी इसे भ्रांत प्रमाणित कर सकेगा।

जैसे गीत के पद्य होने पर भी प्रत्येक तुकबंदी गीत नहीं कही जाएगी, इसी प्रकार लोक-जीवन के सब ब्योरे गेयता नहीं पा सकते। इसका सबसे अतर्क्य प्रमाण हमें ग्राम्य जीवन में मिलेगा, जहाँ लोक का सारा ज्ञान-कोष कंठ ही में रहता है। पशु संबंधी ज्ञान, खेती संबंधी विज्ञान, जीवन की अन्य स्थूल-सूक्ष्म समस्याओं के

समाधान, सब पद्य की रूपरेखा में बँधकर पीढ़ियों तक चलते रहते हैं। पर गेयता का महत्त्व इन तुकबंदियों में नहीं खो जाता। गीतों में उतना ही यथार्थ लिया जाता है, जितना भाव को भारी न बना दे। लोकगीतों में टेक की तरह आनेवाला यथार्थ सूक्ष्म वायुमंडल को घेरनेवाली दिशाओं के समान स्वर-लहरी को फैलाने के लिए अपनी स्थिति रखता है, उसे रूँध डालने के लिए नहीं।

हमारा यह बिना लिखा गीतकाव्य भी विविधरूपी है और जीवन के अधिक समीप होने के कारण उन सभी प्रवृत्तियों के मूल रूपों का परिचय देने में समर्थ है, जो हमारे काव्य में सूक्ष्म और विकसित होती रह सकीं।

प्रकृति को चेतन व्यक्तित्व देने की प्रवृत्ति लोक जीवन में अधिक स्वाभाविक रहती है, इसी से सूर्य-चंद्र से लेकर वृक्ष-लता तक सब एक ओर सजीव, स्वतंत्र अस्तित्व रखते हैं और दूसरी ओर जीवन के साथ सापेक्ष स्थिति में रहते हैं।

ग्राम की विरहिणी बाला अपने उसी रात लौटनेवाले पति के स्वागत का प्रबंध चंद्रमा को सौंपने में कुंठित नहीं होती—

आजु उऔ मोरे चंदा जुन्हइया आँगन लीपै,
झिलमिल होहिं तरइयाँ तौ मोतियन चौक धरैं।

(हे मेरे चंद्र तुम आज उदय हो ! तुम्हारी चाँदनी मेरे आँगन को लीपकर उज्ज्वल कर दे और ये झिलमिलाती तारिकाएँ मोतियों का चौक बन जावें।)

प्रकृति के जीवन के साथ उनके जीवन का ऐसा संबंध है कि वे अपने सुख-दुःख, संयोग-वियोग सब में उसी के साथ हँसना-रोना, मिलना-बिछुड़ना चाहते हैं—तभी तो पिता के घर से पतिगृह जाती हुई व्यथित बालिका वधू कहती है—

मोरी डोलिया सजी है दुआर बाबुल तोरी पाहुनियाँ !
फूलै जब अँगना की नीम फरै जब नारङ्गिया,
सुध कर लीजौ एक बार कूकै जब कोइलिया।
बौरे जब बगिय का अमवा झूलन डारैं सब सखियाँ,
पठइयो बिरन हमार घिरैं जब बादरियाँ।

(हे पिता द्वार पर मेरी डोली आ गई है ! अब मैं तुम्हारी अतिथि हूँ। पर जब आँगन का नीम फूलों से भर जाए, नारंगी जब फूलों से लद जाए और जब कोयल कूक उठे, तब एक बार तुम मेरी सुधि कर लेना।

जब बाग का रसाल बौराने लगे, उसकी डाल पर सखियाँ झूला डालें और पास की काली बदली घिर आवे, तब तुम मेरे भैया को मुझे लेने के लिए भेज देना।)

इस चित्र के पार्श्व में हमारी स्मृति उस करुण मधुर शकुंतला का चित्र आँक देती है, जो पिता से लता के फूलने और मृगशावक के उत्पन्न होने का समाचार भेजने के लिए अनुरोध करती है तथा जिसके लिए कण्व वृक्ष-लताओं से कहते हैं—

पातुं न प्रथमं व्यवस्यति जलं युष्माष्वपीतेषु या
नादत्ते प्रियमण्डनापि भवतां स्नेहेन वा पल्लवम्।
आद्ये वः कुसुमप्रसूतिसमये यस्या भवात्युसवः
सेयं याति शकुन्तला पतिगृहं सर्वैरनुज्ञायताम्।।

(जो तुम्हें पिलाए (सींचे) बिना स्वयं जल नहीं पीती, श्रृंगार से अनुराग रखने पर भी स्नेह के कारण तुम्हारे पल्लव नहीं तोड़ती, तुम्हारा फूलना जिसके लिए उत्सव है, वही शकुंतला आज पति के घर जा रही है, तुम सब इसे विदा दो।)

इन दो चित्रों के साथ जब हम इस ग्रामवधू का चित्र देखते हैं–

नहीं आँसुओं से आँचल तर
जन-विछोह से हृदय न कातर,
रोती वह रोने का अवसर
जाती ग्रामवधू पति के घर !

–ग्राम्या

तब अपने दृष्टिकोण की उस विषमता और हृदय के उस दारिद्र्य पर विस्मित हुए बिना नहीं रहते, जो हमी को जड़ नहीं बनाता, दूसरों को भी यंत्र के समान ही अंकित करना चाहता है।

रहस्य-गीतों की रूपकमय पद्धति भी इन गीतों को गंगायमुनी आभा में स्नात कर देती है–

नइया मोरी झाँझरिया–नइया मोरी...
घहरै बदरिया कारी हहर बहै पुरवइया;
छूट रही पतवार तौ रूठो खेवइया–नइया मोरी...

मेरी नाव जर्जर है, काली घटा घहराकर उमड़ आई है, पुरवइया पवन के झकौरे हहराते हुए बह रहे हैं, पतवार हाथ से छूट गई है और मेरा कर्णधार न जाने कहाँ रूठा बैठा है।

उपर्युक्त पंक्तियों में रहस्य के साथ जीवन की प्रत्यक्ष विपन्नावस्था का जो चित्र अंकित है, उसमें न रेखाओं की कमी है, न रंग में भूल। इतना ही नहीं, दर्शन जैसे गहन विषय पर आश्रित गीत भी न बाह्य यथार्थता में रहस्य की सूक्ष्मता खोते हैं, न अध्यात्म की गहनता में अपने लौकिक रूपों को डुबाते हैं।

एक कदम इक डार बसैं वे दुई पँखियाँ रे
सरग उड़न्ती एक उड़त फिरै दिन-रतियाँ रे;
चुगत-चुगत गयी दूर सो दूसर अनमनियाँ रे,
मारो बिधाया ने बान रोवन लागीं दोउ अँखियाँ रे।

(एक कदंब की एक ही डाल पर वे दो विहंग बसते हैं। उनमें एक अंतरिक्ष में रात-दिन उड़ता ही रहता है, दूसरा उन्मन भाव से चुगता-चुगता दूर निकल गया और उसे

एक व्याध ने बाण से वेध लिया। तब उसकी दोनों आँखें आँसू बरसाने लगीं।)

यह मण्डूकोपनिषद् के 'द्वा सुपर्णा सायुजा' आदि में व्यक्त भाव का अधिक भावगत रूप ही कहा जाएगा।

हमारे काव्य के भाव और चिंतन दोनों की अधिक सहज, स्वाभाविक प्रतिच्छाया लोकगीतों में मिलती है। इसका कारण हमारे सगुण-निर्गुण-गीतों की जीवन-व्यापी मर्मस्पर्शिता और सरलता ही जान पड़ती है।

यदि हम भाषा, भाव, छंद आदि की दृष्टि से लोकगीत और काव्यगीतों की सहायता के साथ परीक्षा करें, तो दोनों के मूल में एक-सी प्रवृत्तियाँ मिलेंगी।

हमारा देश और राष्ट्रभाषा

हमारा हिमालय से कन्याकुमारी तक फैला हुआ देश, आकाश और आत्मा दोनों दृष्टियों से महान् और सुंदर है। उसका बाह्य सौंदर्य विविधता की सामंजस्यपूर्ण स्थिति है और आत्मा का सौंदर्य विविधता में छिपी हुई एकता की अनुभूति है।

चाहे कभी न गलने वाला हिम का प्राचीर हो, चाहे कभी न जमने वाला अतल समुद्र हो, चाहे किरणों की रेखाओं से खचित हरीतिमा हो, चाहे एकरस शून्यता ओढ़े हुए मरु हो, चाहे साँवले भरे मेघ हों, चाहे लपटों में साँस लेता हुआ बवंडर हो, सब अपनी भिन्नता में भी एक ही देवता के विग्रह को पूर्णता देते हैं। जैसे मूर्ति के एक अंग का टूट जाना संपूर्ण देव-विग्रह को खंडित कर देता है, वैसे ही हमारे देश की अखंडता के लिए विविधता की स्थिति है।

यदि इस भौगोलिक विविधता में व्याप्त सांस्कृतिक एकता न होती, तो यह विभिन्न नदी, पर्वत, वनों का संग्रह-मात्र रह जाता। परंतु इस महादेश की प्रतिभा ने इसकी अंतरात्मा को एक रसमयता में प्लावित करके इसे विशिष्ट व्यक्तित्व प्रदान किया है, जिससे यह आसमुद्र एक नाम की परिधि में बँध जाता है।

हर देश अपनी सीमा में विकास पाने वाले जीवन के साथ एक भौतिक इकाई है, जिससे वह समस्त विश्व की भौतिक और भौगोलिक इकाई से जुड़ा हुआ है। विकास की दृष्टि से उसकी दूसरी स्थिति आत्म-रक्षात्मक तथा व्यवस्थापरक राजनीतिक सत्ता में है। तीसरी सबसे गहरी तथा व्यापक स्थिति उसकी सांस्कृतिक गतिशीलता में है, जिससे वह अपने विशेष व्यक्तित्व की रक्षा और विकास करता हुआ विश्व-जीवन के विकास में योग देता है। यह सभी बाह्य और स्थूल तथा आंतरिक और सूक्ष्म स्थितियाँ एक दूसरी पर प्रभाव डालती और एक दूसरी से संयमित होती चलती हैं।

एक विशेष भू-खंड में रहने वाले मानव का प्रथम परिचय, संपर्क और संघर्ष अपने वातावरण से ही होता है और उससे प्राप्त जय, पराजय, समन्वय आदि से उसका कर्म-जगत् ही संचालित नहीं होता, प्रत्युत् अंतर्जगत् और मानसिक संस्कार

भी प्रभावित होते हैं।

व्यवस्थापरक शासन, विधिनिषेधमयी आचार-नीति, दर्शन, साहित्य आदि एक अनंत विकास-क्रम में बँधकर ही एक विशेष भूमंडल में स्पंदित जीवन को विशेष व्यक्तित्व देते हैं। इस प्रकार राष्ट्र न केवल नदी, पर्वत, वन का समूह है, न शून्य में स्थिति रखनेवाले मानवों की भीड़ मात्र।

एक स्वस्थ मानव जैसे पार्थिव शरीर से सूक्ष्म चेतना तक और प्रत्यक्ष कर्म से अदृष्ट संकल्प-स्वप्न तक एक ही इकाई है, वैसे ही राष्ट्र भी विभिन्न स्थूल और सूक्ष्म रूपों और प्रत्यक्ष-अप्रत्यक्ष शक्तियों का एक जीवित गतिशील विग्रह है।

परिस्थितियाँ क्षणजीवी होती हैं; परंतु उनके संस्कारों का जीवन अक्षय ही रहता है। किसी जाति या देश की राजनीतिक पराजय आकस्मिक हो सकती है; परंतु उसका सांस्कृतिक अवरोध उसकी जीवनी शक्ति के अवरुद्ध होने पर ही संभव है।

वैसे व्यापक अर्थ में मानव-संस्कृति एक ही है, क्योंकि मनुष्य के बुद्धि और हृदय का संस्कार-क्रम उसके जीवन के समान ही व्यापक और निश्चित है परंतु जैसे विकास की दृष्टि से वृक्ष एक होने पर भी उसकी आँधियों से लोहा लेने वाला तना, मंद वायु के सामने झुकने वाली शाखाएँ, चिर चंचल पल्लव और झरझर बरसने वाले फूल, सबका अपना-अपना विकास है, जैसे शरीर एक होने पर भी अंगों का गठन और विकास एक रूप नहीं होता, वैसे ही मानव-संस्कृति एक होकर भी अनेक रूपात्मक ही रहेगी। उसकी विविधता का नष्ट होना उसके व्यक्तित्व का पाषाणीकरण है।

हमारा देश अपने प्राकृतिक वैभव में जितना समृद्ध है, अपनी आंतरिक विभूतियों में उससे कम गुरु नहीं। उसकी मूलगत समानता, लक्ष्यगत एकता और इन दोनों को जोड़ने वाली प्रदेशगत विविधता की तुलना के लिए ऐसी नदी को खोजना होगा, जो एक हिमालय से निकल कर एक समुद्र में मिलने के पहले अनेक धाराओं में बिखर बँट कर प्रवाहित होती है। जैसे विभिन्न दूर पास के अंगों से रक्त का एक हृदय में आना और एक से पुनः अनेक में लौट जाना ही शरीर की संचालक शक्ति है, इसी प्रकार भारतीय संस्कृति बार-बार एक केंद्र बिंदु को छू कर दूर प्रसार की क्षमता पाती रही है।

रूपात्मक प्रकृति के प्रति हमारी रागात्मक दृष्टि, जीवन के प्रति हमारी आस्था, समाज, देश और विश्व के विषय में हमारी नैतिक मान्यताएँ तत्वतः एक रही हैं, इसी से हमारे साहित्य, कला, दर्शन आदि अपनी विविधता में भी एक ही हैं।

जहाँ तक भाषा का संबंध है, प्रत्येक विद्वान् जानता है कि ध्वनि पर कंठ और कंठ पर वातावरण का अनिवार्य प्रभाव एक भाषा में भी एकरूपता नहीं रहने देता। हमारे विशाल राष्ट्र में विविध भाषाओं की स्थिति स्वाभाविक है; परंतु किसी भी जीवित जाग्रत देश की भाषा की तुलना उन सिक्कों से नहीं की जा सकती, जो बाजार में क्रय-विक्रय के जड़ माध्यम मात्र हैं। वस्तुतः भाषा जीवन की अभिव्यक्ति

भी है। सौरभ फूल का नाम और परिचय देता है; पर वह उसके विकास का व्यक्त रूप भी है, जो मिट्टी, धूप, पानी आदि के संयोग से प्राप्त होता है। विशेष भूभाग में रहने वाले मानव-समूह की भाषा उसके परस्पर व्यवहार का माध्यम होने के साथ-साथ इस समूह के जीवन, सुख-दुख, आकर्षण-विकर्षण, स्वप्न-आकांक्षा, यथार्थ-आदर्श, जय-पराजय आदि की स्वाभाविक अभिव्यक्ति भी है। अतः भाषा के साथ किसी जाति की संस्कृति भी अविच्छिन्न संबंध में बँधी रहती है, क्योंकि उसके अभाव में भाषा के विकास की आवश्यकता नहीं रहती। यदि हमारी थोड़ी-सी स्थूल आवश्यकताएँ हैं, तो उन्हें व्यक्त करने के लिए इने-गिने शब्द-संकेत ही पर्याप्त होंगे।

किसी हाट में क्रय-विक्रय के कार्य के लिए आवश्यक शब्दों की संख्या अधिक नहीं होती; परंतु जब हम अपने भाव-जगत् विचार-मंथन, सौंदर्यबोध आदि को आकार देने बैठते हैं, तब हमें ऐसी शब्दावली की आवश्यकता पड़ती है, जो भाव के हर हल्के गहरे रंग को व्यक्त कर सके, बुद्धि की हर क्षणिक और स्थायी प्रक्रिया को नाम दे सके, सौंदर्य की हर सूक्ष्म स्थूल रेखा को औक सके। हम भाषा के अध्ययन से यह निर्णय कर सकते हैं कि उसे बोलनेवाली जाति सांस्कृतिक दृष्टि से विकास का कौन-सा प्रहर पार कर रही है। संस्कृति या समकृति कोई निर्मित वस्तु न होकर विकास का अनवरत क्रम है। मनुष्य का प्रत्येक कर्म अपने पीछे विचार, चिंतन, संकल्प, भाव तथा अनुभूति की दीर्घ और अटूट परंपरा छिपाए रहता है, इसी से संस्कार-क्रम भी अव्यक्त और व्यक्त दोनों सीमाएँ छूता हुआ चलता है। भाषा संस्कृति का लेखा-जोखा रखती है, अतः वह भी अनेक संकेतों और व्यंजनाओं में ऐश्वर्यवती है।

हमारे देश ने आलोक और अंधकार के अनेक युग पार किए हैं; परंतु अपने सांस्कृतिक उत्तराधिकार के प्रति वह एकांत सावधान रहा है। उसमें अनेक विचारधाराएँ समाहित हो गईं, अनेक मान्यताओं ने स्थान पाया; पर उसका व्यक्तित्व सार्वभौम होकर भी उसी का रहा।

उसके अंतर्गत आलोक ने उसकी वाणी के हर स्वर को उसी प्रकार उद्‌भासित कर दिया, जैसे आलोक हर तरंग पर प्रतिबिंबित होकर उसे आलोक की रेखा बना देता है। एक ही उत्स से जल पाने वाली नदियों के समान भारतीय भाषाओं के बाह्य और आंतरिक रूपों में उत्सगत विशेषताओं का सीमित हो जाना ही स्वाभाविक था। कूप अपने अस्तित्व में भिन्न हो सकते हैं, परंतु धरती के तल का जल तो एक ही रहेगा। इसी से हमारे चिंतन और भावजगत् में ऐसा कुछ नहीं है, जिसमें सब प्रदेशों के हृदय और बुद्धि का योगदान और समान अधिकार नहीं है।

आज हम एक स्वतंत्र राष्ट्र की स्थिति पा चुके हैं, राष्ट्र की अनिवार्य विशेषताओं में दो हमारे पास हैं, भौगोलिक अखंडता और सांस्कृतिक एकता; परंतु अब तक हम उस वाणी को प्राप्त नहीं कर सके हैं, जिसमें एक स्वतंत्र राष्ट्र दूसरे राष्ट्रों के निकट अपना परिचय देता है। जहाँ तक बहु भाषाभाषी होने का प्रश्न है, ऐसे देशों

की संख्या कम नहीं है जिनके भिन्न भागों में भिन्न भाषाओं की स्थिति है। पर उनकी अविच्छिन्न स्वतंत्रता की परंपरा ने उन्हें सम-विषम स्वरों से एक राग रच लेने की क्षमता दे दी है।

हमारे देश की कथा कुछ दूसरी है। हमारी परतंत्रता आँधी तूफान के समान नहीं आई, जिसका आकस्मिक संपर्क तीव्र अनुभूति से अस्तित्व को कंपित कर देता है। वह तो रोग के कीटाणु लाने वाले मंद समीर के समान साँस में समा कर शरीर में व्याप्त हो गई है। हमने अपने संपूर्ण अस्तित्व से उसके भार को दुर्वह नहीं अनुभव किया और हमें यह ऐतिहासिक सत्य भी विस्मृत हो गया कि कोई भी विजेता विजित देश पर राजनीतिक प्रभुत्व पाकर ही संतुष्ट नहीं होता, क्योंकि सांस्कृतिक प्रभुत्व के बिना राजनीतिक विजय न पूर्ण है न स्थायी। घटनाएँ संस्कारों में चिर जीवन पाती हैं और संस्कार के अक्षय वाहक, शिक्षा, साहित्य, कला आदि हैं।

दीर्घकाल से विदेशी भाषा हमारे विचार-विनिमय और शिक्षा का माध्यम ही नहीं रही, वह हमारे विद्वान् और संस्कृत होने का प्रमाण भी मानी जाती रही है। ऐसी स्थिति में यदि हममें से अनेक उसके अभाव में जीवित रहने की कल्पना से सिहर उठते हैं, तो आश्चर्य की बात नहीं। पर रोग की स्थिति को स्थायी मान कर तो चिकित्सा संभव नहीं होती। राष्ट्र-जीवन की पूर्णता के लिए उसके मनोजगत् को मुक्त करना होगा और यह कार्य विशेष प्रयत्न साध्य है, क्योंकि शरीर को बाँधनेवाली शृंखला से आत्मा को जकड़नेवाली शृंखला अधिक दृढ़ होती है।

आज राष्ट्रभाषा की स्थिति के संबंध में विवाद नहीं है; पर उसे प्रतिष्ठित करने के साधनों को लेकर ऐसी विवादैषणा जागी है कि साध्य ही दूर से दूर तक होता जा रहा है। विवाद जब तर्क की सीधी रेखा पर चलता है, तब लक्ष्य निकट आ जाता है; पर जब उसके मूल में आशंका, अविश्वास और अनिच्छा रहती है, तब कहीं न पहुँचना ही उसका लक्ष्य बन जाता है।

आधुनिक युग में जब विज्ञान ने समुद्रों और पर्वतों का अंतर दूर कर एक देश को दूसरे के पास पहुँचा दिया है, जब अणुबम की अंतक छाया में भी अमर मानवता जाग उठी है और जब ध्वंस की लपटों के नीचे भी निर्माण के अंकुर सिर उठा रहे हैं, तब हम अपने मनों की दूरी बढ़ा कर, संदेह के प्राचीर खड़े कर और विरोध के स्वरों में बोल कर अपनी महान परंपराओं की अवज्ञा ही करेंगे।

एक सुंदर स्वप्न अनेक सुंदर स्वप्नों में समा कर जीवन को विराट् सौंदर्य देता है, एक शिव संकल्प अनेक शिव संकल्पों में लीन होकर मनुष्य को विशाल शिवता देता है, एक निष्ठामय कर्म अनेक निष्ठामय कर्मों से मिल कर विश्व को अक्षय गति देता है। इसके विपरीत एक दुर्भाव अनेक दुर्भावनाओं में मिल कर जीवन को विरूप कर देता है, एक अविश्वास अनेक अविश्वासों के साथ मनुष्य को असत्य कर देता है और एक आघात अनेक आघातों को पंक्तिबद्ध कर मनुष्यता को क्षत-विक्षत

कर देता है।

हम जीवन को सौंदर्य और गति देने वाली प्रवृत्तियों के साथ रह कर जिन प्रश्नों का समाधान करना चाहेंगे, वे स्वयं उत्तर बन जाएँगे।

जहाँ तक हिंदी का प्रश्न है, वह अनेक प्रादेशिक भाषाओं की सहोदरा और एक विस्तृत विविधता भरे प्रदेश में अनेक देशज बोलियों के साथ पल कर बड़ी हुई है। अवधी, बृज, भोजपुरी, मगही, बुँदेली, बघेलखंडी आदि उसकी धूल में खेलनेवाली चिर सहचरियाँ हैं। इनके साथ कछार और खेतों, मचान और झोपड़ियों, निर्जन और जनपदों में घूमघूम कर उसने उजले आँसू और रंगीन हँसी का संबल पाया है।

साधकों ने अपने कमंडल के पूत जल से इसे पवित्र बनाया है। साम्राज्यवाद का स्वर्ण मुकुट न इसकी धूल-धूसरित उन्मुक्त अलकों को बाँध सका है, न बाँध सकेगा। दीपक की लौ पर सोने का खोल क्या उसे बुझा नहीं देगा !

जब राजतंत्र के युग में भी वह द्वार-द्वार पर समानता का अलख जगाती रही, तब आज जनतंत्र के युग में उसके लिए प्रसाद की कल्पना उसकी मुक्त आत्मा के लिए कारागार की रचना ही कही जाएगी।

हिंदी के प्रादेशिक और भारतीय रूप भी चर्चा के विषय बन रहे हैं। यह प्रश्न बहुत कुछ ऐसा ही है, जैसे एक हृदय के साथ दो शरीरों की परिकल्पना।

हिंदी की विशेषता उसकी मुक्ति में रही है, इसका प्रमाण उसके शब्दकोष में मिल सकेगा। उसने देशज बोलियों तथा देशी-विदेशी भाषाओं से शब्द ग्रहण करने में न कभी संकीर्णता दिखाई और न उन्हें अपना बनाने में दुविधा का अनुभव किया। परंतु विकसित परिमार्जित और साहित्यवती भाषा का कोई सर्वमान्य रूप या मानदंड न हो, ऐसा संभव नहीं होता।

आज हिंदी में साहित्य सृजन करने वालों में कोई बिहार का मगही भाषी है, कोई मथुरा का ब्रजभाषी। परंतु बुंदेलखंडी बोलनेवाले राष्ट्रकवि मैथिलीशरण, वैसवाड़ी बोलनेवाले कविवर निराला और कुमाऊँनी बोलनेवाले श्री सुमित्रानंदनजी क्या समान रूप से हिंदी के वरद पुत्र नहीं कहे जाते ! यदि हिंदी को बिहारी हिंदी, अवधी हिंदी, बुंदेली हिंदी नहीं बनाया जा सकता है, तो इसका कारण हिंदी का वह संश्लिष्ट रूप और मूलगत गठन है, जिसके बिना कोई भाषा महत्व नहीं पाती।

अंग्रेजी भाषा-भाषी विश्व भर में फैले हैं, उनमें देशज संस्कार भी हैं; परंतु इससे अंग्रेजी का न सर्वमान्य गठन खंडित होता है और न उसे नए नामकरणों की आवश्यकता होती है। विश्व की सभी महत्वपूर्ण भाषाओं के संबंध में यह सत्य है। परिवर्तन भाषा के विकास का परिचय है; पर परिवर्तन में अंतर्निहित एक तारतम्यता उसके जीवन का प्रमाण है। शिशु से वृद्ध होने तक शरीर न जाने कितने प्रत्यक्ष-अप्रत्यक्ष परिवर्तनों का क्रम पार करता है; परंतु उसकी मूलगत एकता अक्षुण्य रहकर उसे एक संज्ञा से घेरे रहती है। भाषा केवल संकेत-लिपि नहीं है, प्रत्युत् उसके हर शब्द

के पीछे संकेतित वस्तु स्पंदित रहती है और प्रत्येक शब्द का एक सजीव इतिहास होता है। अतः एक जीवित भाषा का जीवन के साथ ही विकसित और परिमार्जित होते चलना स्वाभाविक है।

भाषा भी गढ़ी जाती है; परंतु वह कुंभकार का घट निर्माण नहीं, मिट्टी का अंकुर-निर्माण है। जिस प्रकार मनुष्य की मूलगत प्रवृत्तियों को नए लक्ष्य से जोड़ कर हम उसके अप्रत्यक्ष आदर्श और प्रत्यक्ष कर्म का निर्माण कर सकते हैं, इसी प्रकार भाषा की नैसर्गिक वृत्तियों से नए भाव, नई वस्तु, नए विचार जोड़ कर हम उसे नए रूपों से समृद्ध करते रहते हैं। हिंदी का प्राकृत से बृज-अवधी तथा उनसे खड़ी बोली तक आने का क्रम जितना आश्चर्यजनक है, उतना ही अनायास, क्योंकि जिस लोकहृदय के साथ यह विकसित हुई, उससे इसका धरती और बीज का सा संबंध था, जिसमें एक दे कर पाता है और दूसरा पाकर देता है।

हिंदी अपना भविष्य किसी से दान में नहीं चाहती। वह तो उसकी गति का स्वाभाविक परिणाम होना चाहिए। जिस नियम से नदी नदी की गति रोकने के लिए शिला नहीं बन सकती, उसी नियम से हिंदी भी किसी सहयोगिनी का पथ अवरुद्ध नहीं कर सकती।

यह आकस्मिक संयोग न होकर भारतीय आत्मा की सहज चेतना ही है, जिसके कारण हिंदी के भावी कर्त्तव्य को जिन्होंने पहले पहचाना वे हिंदी भाषा भाषी नहीं थे। राजा राममोहन राय से महात्मा गांधी तक प्रत्येक सुधारक, साहित्यकार, धर्म-संस्थापक, साधक और चिंतक हिंदी के जिस उत्तरदायित्व की ओर संकेत करता आ रहा है, उसे नतशिर स्वीकार कर लेने पर ही हिंदी लक्ष्य तक नहीं पहुँच जाएगी, क्योंकि स्वीकृति मात्र न गति है न गंतव्य। वस्तुतः संपूर्ण भारत संघ को एकता के सूत्र में बाँधने के लिए उसे दोहरे संबल की आवश्यकता है। एक तो आंतरिक जो मन के द्वारों को उन्मुक्त कर सके और दूसरा बाह्य जो आकार को सबल और परिचित बना सके। अन्य प्रदेशों के लोकहृदय के लिए तो वह अपरिचित नहीं है, क्योंकि दीर्घकाल से वह संत-साधकों की मर्मबानी बन कर ही नहीं, हाट बाजार की व्यवहार बोली के रूप में भी देश का कोना-कोना घूम चुकी है।

यदि आज उसे अन्य प्रदेशों से अविश्वास मिले, तो उसका वर्तमान खंडित और अतीत मिथ्या हो जाएगा।

उसकी लिपि का स्वरूप भी मतभेदों का केंद्र बना हुआ है। सुदूर अतीत की ब्राह्मी से नागरी लिपि तक आते-आते उसके बाह्य रूप को समय के प्रवाह ने इतना माँजा और खरादा है कि उसे किसी बड़ी शल्य चिकित्सा की आवश्यकता नहीं है। नाम मात्र के परिवर्तन से ही वह आधुनिक युग के मुद्रण-लेखन यंत्रों के साथ अपनी संगति बैठा लेगी; परंतु तत्संबंधी विवादों ने उसका पथ प्रशस्त न करके उसके नैसर्गिक सौष्ठव को भी कुंठित कर दिया है। यदि चीनी जैसी चित्रमयी दुरूह लिपि अपने

राष्ट्र-जीवन का संदेश वहन करने में समर्थ है, तो हमारी लिपि के मार्ग की बाधाएँ दुर्लंघ्य कैसे मानी जा सकती हैं !

स्वतंत्रता ने हमें राजनीतिक मुक्ति देकर भी न मानसिक मुक्ति दी है और न हमारी दृष्टि को नया क्षितिज। हमारा शासन-तंत्र और उसके संचालक भी उसके अपवाद नहीं हो सकते; परंतु हमारे पथ की सबसे बड़ी बाधा यह है कि हमारी स्वतंत्र कार्य-क्षमता राज्यमुखापेक्षी होती जा रही है। पर अंधकार आलोक का त्योहार भी तो होता है। दीपक की लौ के हृदय में पैठ सके ऐसा कोई बाण अँधेरे के तूणीर में नहीं होता। यदि हमारी आत्मा में विश्वास की निष्कंप लौ है, तो मार्ग उज्ज्वल रहेगा ही।

भाषा को सीखना उसके साहित्य को जानना है, और साहित्य को जानना मानव-एकता की स्वानुभूति है। हम जब साहित्य के स्वर में बोलते हैं, तब वे स्वर दुस्तर, समुद्रों पर सेतु बाँध कर, दुर्लंघ्य पर्वतों को राजपथ बनाकर मनुष्य की सुख-दुःख-कथा मनुष्य तक अनायास पहुँचा देते हैं।

अस्त्रों की छाया में चलने वाले अभियान निष्फल हुए हैं, चक्रवर्तियों के राजनीतिक स्वप्न टूटे हैं; पर मानव-एकता के पथ पर पड़ा कोई चरण-चिह्न अब तक नहीं मिटा है। मनुष्य को मनुष्य के निकट लाने का कोई स्वप्न अब तक भंग नहीं हुआ है।

भारत के लोक-हृदय और चेतना ने अनंत युगों में जो मातृमूर्ति गढ़ी है, वह अथर्व के पृथ्वीसूक्त से वंदेमातरम् तक एक, अखंड और अक्षत रही है। उस पर कोई खरोंच, हमारे अपने अस्तित्व पर चोट है।

हिंदी केवल कंठ का व्यायाम न होकर हृदय की प्रेरणा बन सके तभी उसका संदेश सार्थक हो सकेगा। हम माता से जो क्षीर पाते हैं, वह उसके पार्थिव शरीर का रसमात्र न होकर आत्मा का दान भी होता है। इसी से वह हमारे शरीर का रसमात्र बन कर निःशेष नहीं हो जाता, वरन् आत्मा से मिलकर अनंत स्वप्न-संकल्पों में फूलता-फलता रहता है।

हिंदी के धरातल पर संत रविदास और भक्त सूरदास पग मिला कर चले हैं और निर्गुणवादी कबीर और सगुणवादी तुलसी कंधा मिला कर खड़े हुए हैं।

जहाँ संप्रदायों की कठिन सीमाएँ भी तरल होकर गल गईं, उसी भूमि पर भेद की कल्पित दीवारें कैसे ठहर सकेंगी !

साहित्य और साहित्यकार

मनुष्य का विकास समस्याओं का विस्तार है, यह आज के युग में जितना सत्य है, उतना कदाचित् ही किसी अन्य युग में रहा हो।

विज्ञान एक ओर मनुष्य की भौतिक समस्याओं को हल करता है, दूसरी ओर उसकी मानसिक समस्याओं को जटिलतर बनाता चलता है। उसने मनुष्य की, हानि पहुँचाने वाली प्रवृत्ति को उसकी शक्ति का मापदंड बनाकर जीवन में एक चिंतनीय स्थिति उत्पन्न कर दी है। आतंक के पंखों पर आने वाली ध्वंसात्मक प्रवृत्तियाँ अपने वेग के कारण तुरंत दृष्टि का केंद्र बन जाती हैं; पर नियामक प्रवृत्तियों का अस्तित्व उनके निर्माण में ही व्यक्त हो सकता है। हम आँधी, वज्रपात के समय आकाश की ओर जितने उन्मुख होते हैं, उतने सुनहली धूप में नहाते समय नहीं। किसी ज्योतिःपिंड का टूटना, हमें जितना विचलित करता है, उतना अंकुर का धरती से फूटना नहीं। वैसे ज्योतिःपिंड के टूटने में सनातन ऋत नियम टूटता है, अंकुर फूटने में वह नियम अखंड रहता है। इसी से आलोकित आकाश से धरती पर गिर कर ज्योतिःपिंड आलोकरहित शिलाखंड मात्र रह जाता है और अंकुर पल्लवित होकर धरती के अंधकार से आकाश के आलोक की ओर बढ़ता है।

साहित्य मूलतः निर्माण है, व्यक्ति के लिए भी और समष्टि के लिए भी, अतः उसे सृजन के किसी विराट् ऋत की परिधि में चलने वाले एक जीवन-ऋत की ही संज्ञा दी जा सकती है। सृजन के अन्य महान् ऋतों के समान ही यह वरदान और अभिशाप का भागी है।

वरदान है कि मानव जीवन की विकास परंपरा को खंड-खंड बिना किए उसे खंडित नहीं किया जा सकता। अभिशाप है कि उसकी स्थिति में दूसरों की आस्था ही उसकी उपेक्षा का कारण बन जाती है।

आज के विज्ञान समृद्ध और राजनीति अनुशासित युग में भी यदि किसी देश से कहा जावे कि उसे साहित्य के बिना जीना चाहिए तो वह विस्मित भी होगा और

रुष्ट भी। उसे यह सुझाव जीवन के निषेध जैसा भी लग सकता है और बर्बरता के लांछन जैसा भी। परंतु यदि संसार के सब महान् साहित्यकार समवेत् स्वर में घोषणा करें कि वे साहित्य-सृजन नहीं करेंगे, तो न कोई उनका विश्वास करेगा और न उन्हें इस निश्चय से विरत करने का प्रयत्न करेगा। इसके विपरीत यदि किसी अन्य क्षेत्र के व्यक्ति, चाहे वे वैज्ञानिक हों चाहे श्रमिक, यदि अपने कार्य से विरत होने की घोषणा करें, तो उन्हें रोक सकने के लिए दंड और पुरस्कार दोनों के विविध उपयोग किए जाएँगे।

इस प्रत्यक्षतः उपेक्षित स्थिति के मूल में साहित्य के प्रति कोई अटूट आस्था नहीं है, यह मान लेना उचित न होगा।

हम रात भर सूर्य से लौटने के लिए प्रार्थना नहीं करते। हम ग्रीष्म की दोपहरियों में समुद्र तट पर बैठ कर उसे बादल भेजने के लिए निहोरा नहीं करते। हम साँस के लिए पवन के पास दूत नहीं भेजते; पर क्या इससे यह प्रमाणित नहीं होता कि हमें उनकी निरंतर उपलब्धि में अखंड विश्वास है। साहित्य का प्रश्न बहुत कुछ ऐसा ही है। साहित्य की स्थिति में आस्था रखने के कारण ही हम उसके स्रष्टा के अस्तित्व के विषय में आश्वस्त रहते हैं। साहित्य हमारे निकट जीवन की गंभीर अभिव्यक्ति है, उसका अलंकार मात्र नहीं, अतः उसकी प्राप्ति की दिशा में हमारे सावधान प्रयत्न मात्र पर्याप्त नहीं होते।

पर इस आस्था ने साहित्यकार के जीवन के सभी प्रश्नों को दोहरे समाधानों से बाँध दिया है। उसकी महानता और लघुता की कसौटी समाधानों के चुनाव में है। वह व्यक्ति भी है और संस्था भी। व्यक्ति किसी निर्माण को समग्रता में न देखते हुए भी श्रम कर सकता है; परंतु संस्था को तो समग्रता में ही निर्माण करना होता है।

व्यक्ति यदि जीवन के किसी अंश का मूल्यांकन है, तो संस्था अनेक मूल्यांकनों का मूल्यांकन कही जाएगी। साहित्यकार यदि व्यक्तिगत सीमाओं को सर्वथा भुला दे, तो वह भीड़ का अंग मात्र रह जाता है और यदि वह समष्टि का विस्तार भूल जावे, तो एकाकी रह जाता है। इसी से जीवन के सरल प्रश्न भी उसकी सीमा में आते ही जटिल हो जाते हैं, तो आश्चर्य की बात नहीं।

साहित्य-सृजन केवल रुचि, इच्छा या विवशता का परिणाम नहीं है, क्योंकि उसके लिए एक विशेष प्रतिभा और उसे संभव करने वाले मानसिक गठन की आवश्यकता होती है।

किसी अनिवार्य विवशता, किसी सर्वथा प्रतिकूल परिस्थिति में यह प्रतिभा कुंठित हो सकती है, यह मानसिक गठन विघटित हो सकता है; परंतु केवल स्ववशता और अनुकूल परिस्थिति मानसिक गठन का निर्माण कर इस प्रतिभा का सृजन करने में समर्थ नहीं होती। इसी से हम महान् प्रतिभाओं को इच्छानुसार बाजीगर के चमत्कार

के समान प्रत्यक्ष और तिरोहित नहीं कर पाते।

मनुष्य अपनी रागात्मक व्याप्ति के बिना समष्टि में पहचाना नहीं जा सकता। वह अपने बौद्धिक विस्तार के बिना माना नहीं जा सकता और इस व्याप्ति और विस्तार के मूल्यांकन के अभाव में मानव जाति की प्रगति का लेखा-जोखा अमिट नहीं रह सकता। नदी जिस प्रकार दोनों तटों को अलग-अलग स्पर्श करके भी अपनी एकता में एक रखती है, उसी प्रकार साहित्य भी जीवन की भिन्न जान पड़ने वाली वृत्तियों को अपने स्पर्श की एकता में एक रखता है।

वह बहुमुखी दायित्व देने वाला ऐसा रागात्मक कर्म है जिसके कारण साहित्यकार की स्थिति को एक कोण से देखना कठिन हो जाता है।

उसका सृजन न केवल श्रम है और न आजीविका के लिए स्वीकृत कोई पेशा या व्यापार मात्र। न वह व्यक्ति का निरानंद आत्मदान है और न समाज से औपचारिक आदान।

केवल श्रमिक की स्थिति स्वीकार कर लेने पर मूल्य की माँग मात्र उसके हाथ रहती है। श्रम का प्रकार दूसरे की इच्छा और आवश्यकता पर निर्भर हो जाता है। श्रम लेने वाले और देने वाले की स्थिति का व्यावहारिक आधार निश्चित और स्पष्ट होने के कारण श्रम और मूल्य के अनुपात संबंधी प्रश्नों को सुलझाना कठिन नहीं हो सकता।

यदि साहित्य को आजीविका की दृष्टि से स्वीकृत कोई एक व्यापार मान लिया जावे, तो न व्यक्ति की प्रतिभा विशेष के लिए मुक्त क्षितिज मिल सकता है और न उक्त कर्म से उसके अविच्छिन्न लगाव को उचित कहा जा सकता है।

यदि उसमें एक व्यापार के लिए आवश्यक कुशलता का अभाव है, तो दूसरे क्षेत्र से अपनी पटुता की परीक्षा उसके लिए अनिवार्य हो जाएगी।

साहित्य को समाज के प्रति व्यक्ति का निरानंद दान या समाज का व्यक्ति को बलात सौंपा हुआ कर्म मान लेने पर वह विवशता का पर्याय हो जाता है और हर विवशता के लिए मनुष्य के मनोजगत् में विद्रोह ही स्वाभाविक है।

वस्तुतः साहित्य की समस्याएँ जीवन की समस्याओं के समान एक परिधि में एक दूसरे की कड़ी बनकर घूमती हैं। इनका एक छोर पकड़ने का प्रयास, वृत्त का छोर खोजने के समान स्पर्श से निकट; पर दृष्टि से दूर रहता है।

साहित्यकार क्यों लिखता है, वह अपनी तृप्ति के लिए लिखता है अथवा समष्टि के संतोष के लिए। साहित्य-सृजन साहित्यकार का स्वेच्छा से किया आत्मदान है अथवा समाज की माँग की पूर्ति मात्र।

साहित्य-सृजन अपने स्रष्टा के लिए जीवन है या जीवनयापन का साधन मात्र। साहित्य युग-सापेक्ष है या निरपेक्ष। साहित्य के प्रेय और श्रेय की परीक्षा किसे दृष्टि में रख कर की जावे, आदि-आदि प्रश्न ऐसे हैं, जिनके समाधान जीवन की समग्रता

में ही प्राप्त हो सकते हैं, उसे अंशतः देखने में नहीं।

प्रत्येक युग और प्रत्येक देश में साहित्य की उत्कृष्टता की कसौटी उसकी व्यापकता ही मानी गई है और यह व्यापकता स्वयं व्यक्तिगत रुचि का निषेध है।

मनुष्य एक विशेष सामाजिक परिवेश में उत्पन्न होता है और कुछ संस्कार उसे अपने परिवेश से उत्तराधिकार में प्राप्त होते हैं और कुछ उसके व्यक्तिगत मधुरकटु अनुभवों से बनते हैं। उसके कुछ व्यक्तिगत स्वार्थ होते हैं और कुछ समष्टिगत दायित्व, जिन्हें वह सामाजिक प्राणी के नाते स्वीकार करता है। व्यक्तिगत स्वार्थ और समष्टिगत स्वार्थों में संघर्ष की संभावना जिस सीमा तक कम होती जाती है, उसी सीमा तक हम किसी समाज को और उसके सदस्यों को संस्कृत कहते हैं।

मनुष्य की महानता उसके दायित्व की विशालता का पर्याय है, क्योंकि ऐसे व्यक्ति का स्वार्थ समाज विशेष के स्वार्थ में ही लय नहीं हो जाता, वरन् मानव समष्टि के स्वार्थ या हित से एकाकार हो जाता है।

मनुष्य केवल प्राण-संवेदनयुक्त जीव ही नहीं है, वह असंख्य मानसिक संभावनाओं और संवेदन के विविध स्तरों का संघात है। बुद्धि की सचेतन प्रक्रिया और अंतःकरण की वृत्तियों में सामंजस्य लाने का सचेतन प्रयास और उससे आनंद की अनुभूति उसकी अपनी विशेषता है, जो उसे शेष सृष्टि से भिन्न कर देती है। केवल शारीरिक यात्रा के साधन और आत्मरक्षण की सहज चेतना उसमें अन्य प्राण-संवेदनयुक्त जीवों के समान होना स्वाभाविक है। परंतु अपनी सामान्य स्थिति से असंतोष, अज्ञात स्थिति विषयक जिज्ञासा, अनुभूत तथ्यों के आधार पर सर्वथा अननुभूत सत्यों तक पहुँचने का प्रयास, प्रयास में आनंदमयी स्थिति की परिकल्पना और अप्राप्त लक्ष्य में आस्था आदि विशेषताओं के कारण ही वह विशिष्ट है। अपनी इस विकासनिष्ठ क्रिया को अबाध रखने के लिए वह अपने बौद्धिक और मानसिक स्तरों का संगठन और संशोधन नए-नए प्रकारों से करता आ रहा है। अपने सहज प्राप्त परिवेश से ही संचालित न होकर वह उस पर अपने अंतर्जगत् को भी प्रतिफलित करता चलता है; इस प्रकार उसकी गति से भौतिक विश्व की एक मानसिक सृष्टि भी होती आ रही है।

दर्शन, धर्म, विज्ञान, कला, साहित्य सभी ने जीवन के इस दोहरे विकास में योग दिया है। पर मनुष्य की व्यक्ति और समष्टिनिष्ठ तथा बुद्धि और भावनिष्ठ अभिव्यक्तियाँ, साहित्य की अधिक ऋणी हैं। जीवन को समग्रता से स्पर्श करने के कारण और बुद्धि तथा अंतःकरण की विभिन्न वृत्तियों को संश्लिष्ट करने की क्षमता के कारण साहित्य सहज ही मनुष्य के रहस्य का उद्गीथ बन गया है।

यह तो सर्व स्वीकृत है कि साहित्य-सृजन का कार्य विशेष व्यक्ति कर पाते हैं जिन्हें उनके परिवेश तथा बुद्धि, अंतःकरण की वृत्तियों ने उपयुक्त साधनों से संपन्न कर दिया है। वे न अमानव हैं, और न अतिमानव, प्रत्युत् विकास के ऐसे बिंदु पर

सामान्य मानव हैं कि जीवन और परिवेश में अव्यक्त हलचल भी उनकी अनुभूति में व्यक्त हो जाती है। साहित्य को चाहे किसी ने जीवन का अनुकरण माना हो, चाहे कल्पनासृष्टि, चाहे जीवन नीति का संचालक कहा हो, चाहे सौंदर्य बोध मात्र परंतु उसके स्रष्टा की विशिष्ट प्रतिमा को सभी ने स्वीकार किया। अभ्यास मात्र से उत्कृष्ट साहित्य-सृजन संभव है, यह आज का वैज्ञानिक युग भी स्वीकार नहीं करता, अन्य अतीत युगों की चर्चा ही व्यर्थ है।

ऐसी स्थिति में साहित्य को व्यक्तिगत रुचि मात्र मान लेना, उसके युगांतर व्यापी प्रभाव को अस्वीकार करना है।

साहित्य विशेष व्यक्तित्व का परिणाम है, इसी अर्थ में उसे व्यक्तिगत कहा जा सकता है; पर इस अर्थ में मानसिक ही नहीं, भौतिक विकास भी वस्तुनिष्ठ रहेगा। विकास के रहस्यमय क्रम में एक वस्तु विकसित होकर विकसित करती है, इसी प्रकार विकास की परंपरा अबाध चलती हुई विकास का मानदंड निर्मित करती है।

अपने सृजन से साहित्यकार स्वयं भी बनता है, क्योंकि उसमें नए संवेदन जन्म लेते हैं, नया सौंदर्यबोध उदय होता है और नए जीवन दर्शन की उपलब्धि होती है। सारांश यह है कि वह जीवन की दृष्टि से समृद्ध होता जाता है, इसी से साहित्य-सृष्टि का लक्ष्य स्वांतः सुखाय का विरोधी नहीं हो सकता। पर यह क्रिया अपने कर्त्ता को बनाने के साथ उसके परिवेश को भी बनाती चलती है, क्योंकि समष्टि में इन्हीं नवीन संवेदनों, सौंदर्यबोधों और विश्वासों का स्फुरण होता रहता है।

फूल का विकास अपनी ही रूप-रंग-रसमयता नहीं है, क्योंकि वह अपनी मिट्टी और परिवेश की शक्तियों का संयोजन और संवर्द्धन भी करता है। पौधा, मिट्टी, धूप, पानी आदि नहीं बनाता; परंतु उनकी सम्मिलित शक्तियों का रसायन ग्रहण कर स्वयं बनता और व्यक्त करने के लिए अपने परिवेश को बनाता है। मूर्तिकार न पाषाण बनाता है न छेनी का लोहा। वह केवल प्राकृतिक उपादानों और उनकी शक्तियों को संयोजित कर अपनी मानसी सृष्टि को प्रत्यक्ष कर स्वयं संतोष पाता और समष्टिगत परिवेश का संवर्द्धन करता है। संगीतकार भी स्वरों का और तारों की धातु का सृजन नहीं करता। चित्रकार भी प्रकृति में बिखरे रंग और रेखाओं का सृजन नहीं करता। नृत्यकार भी गति का सृजन नहीं करता।

शिल्पी पाषाण में अव्यक्त आकारों को व्यक्त आकार देकर, चित्रकार प्रत्यक्ष रंग-रेखाओं के संयोजन में किसी अंतर्निहित सामंजस्य को अवतार देकर और नृत्यकार व्यापक गति को जीवन की विविध चेष्टाओं में छंदायित कर जो सृजन करता है, वह व्यक्ति सीमित नहीं हो सकता, क्योंकि न माध्यम व्यक्तिनिष्ठ है और न बौद्धिक प्रक्रियाएँ और मानसिक वृत्तियाँ केवल उसकी हैं। इसी से मनुष्य की अव्यक्त संभावनाएँ और संवेदन किसी न किसी बिंदु पर सब के हो जाते हैं और सब के हो जाने में ही उनकी कृतार्थता है।

व्यक्ति से जिस सत्तगत अभिव्यक्ति अथवा अस्तित्वगत विशेषता का बोध होता है, वह भौतिक जगत् में अधिक है; पर ज्यों-ज्यों हम उसके भीतर प्रवेश करते हैं, त्यों-त्यों ये कठिन रेखाएँ गल-गल कर तरल होने लगती हैं। दो पत्ते भी समान नहीं हैं; पर दो मनुष्य आकार में भिन्न होकर भी संवेदन के स्तर पर समान हो सकते हैं।

इस मूलगत एकता के कारण ही साहित्यिक उपलब्धियाँ कालांतर व्यापिनी हो जाती हैं। ऐसी स्थिति में उसके स्रष्टा मात्र ही उसके उपभोक्ता कैसे माने जा सकते हैं। जीवन के परिष्कार और परिवर्तन के हर अध्याय में साहित्य के चिह्न हैं, अतः उसे व्यापक सामाजिक कर्म न कहना अन्याय होगा। पर, जब हम उसे सामाजिक कर्म मान लेते हैं, तब यह समस्या मानसिक क्षेत्र से उतर कर सामाजिक धरती पर प्रतिष्ठित हो जाती है और उसका समाधान भी नए रूप में उपस्थित होता है।

यदि सामाजिक कर्म व्यक्ति का समष्टि को दान है, तो वह दान वाले और पाने वाले के मानसिक तथा भौतिक परिवेश के अनुसार ही कम या अधिक महत्व पाता है और ये दोनों परिवेश कभी-कभी एक दूसरे से इतने भिन्न जान पड़ते हैं कि देने वाले तथा पाने वाले में कोई संबंध खोज लेना कठिन हो जाता है। ऐसी स्थिति में ही साहित्य रुचि विशेष की भ्रांति उत्पन्न कर देता है।

यह स्वीकार कर लेने पर कि साहित्य-सृजन व्यक्तिगत रुचिमात्र न होकर महत्वपूर्ण सामाजिक कर्म है, साहित्यकार की सामाजिक प्राणी की, और विशेष कार्यक्षम सामाजिक सदस्य की समस्या हो जाती है। समाज केवल भीड़ का पर्याय नहीं होता। समानाः अजंति समान संचरणशील व्यक्ति ही समाज है। इन व्यक्तियों में, व्यष्टिगत स्वार्थ की समष्टिगत रक्षा के लिए अपने विषम आचरण में साम्य उत्पन्न करने वाले समझौते की स्थिति अनिवार्य रहेगी। व्यक्ति और व्यक्ति के स्वार्थों में संघर्ष की संभावना ज्यों-ज्यों घटती जाती है, त्यों-त्यों व्यक्ति का परिवेश समष्टि के परिवेश तक फैलता जाता है और पूर्ण विकसित समाज में व्यक्ति के सीमित परिवेश की कल्पना ही कठिन हो जाती है। मनुष्य अपनी क्रियाशीलता को समाज को सौंप देता है और इस समर्पण से वह स्वयं एक विशाल और निरंतर सृजन का अंशभूत हो जाता है। पर स्वस्थ समाज में व्यक्ति की क्रिया शक्ति की स्वाभाविक परिणति जीवन के विकास की सुविधा ही रहती है। जब ऐसा तारतम्य नहीं रहता, तब ऐसी विच्छिन्न क्रिया कभी विद्रोह का पर्याय मानी जाती है, कभी अपराध की संज्ञा पाती है।

स्वयं को शासित रखने के लिए समाज एक लिखित विधि-निषेधमय विधान रखता अवश्य है; पर वह संचालित ऐसे अलिखित विधान से होता है, जो परंपरा, रुचि, आस्था, संस्कार, मनोविकार आदि का संश्लिष्ट योगदान है।

पूर्ण से पूर्ण समाज भी व्यक्ति के जीवन को सब ओर से नहीं घेर सकता, क्योंकि मानव-स्वभाव का बहुत-सा अंश समाज की सीमा-रेखा के बाहर मुक्त और

उसकी दृष्टि से ओझल रहता है।

मनुष्य के जीवन का जितना अंश नीति, शिक्षा, आचार आदि सामाजिक संस्थाओं के संपर्क में आता है उतना ही समाज द्वारा शासित माना जाएगा। समाज यदि मनुष्यों के समूह का नाम नहीं है, तो मनुष्य भी केवल क्रियाओं का संघात नहीं है, दोनों के पीछे सामूहिक और व्यक्तिगत इच्छा, हर्ष और विषाद की प्रेरणा रहती है। आचरण को सेना के समान कवायद सिखा देना ही जीवन नहीं है, वरन् कर्म को प्रेरित करने वाले मनोविकारों के उद्गम खोजकर उनमें विकास की अनुकूलता पा लेना जीवन का लक्ष्य है।

साहित्य का उद्देश्य समाज के अनुशासन के बाहर स्वच्छंद मानव-स्वभाव में, उसकी मुक्ति को अक्षुण्ण रखते हुए, समाज के लिए अनुकूलता उत्पन्न करना है।

एक ओर वह विधि-निषेध से बाहर उड़ने वाले मानव मन को समष्टि से बाँध कर उसकी निरुद्देश्य उड़ान को थाम लेता है और दूसरी ओर समाज की दृष्टि से ओझल मानव-स्वभाव की विविधताओं को उसके सामने प्रस्तुत कर सामाजिक मूल्यांकन को समृद्ध करता है। इस प्रकार निर्बंध कुछ बँध जाता है और बद्ध के बंधन कुछ शिथिल हो जाते हैं।

मनुष्य को अपने लिए विशेष वातावरण ढूँढ़ने नहीं जाना पड़ता। वह एक विशेष परिवेश में जन्म लेकर वृद्धि के साथ-साथ सामाजिक संस्थाओं से परिचित और अनुशासित होता चलता है। जैसे उसे साँस के लिए वायु अनायास मिल जाती है, उसी प्रकार समाज का दान भी अयाचित और अनजाने ही उसे प्राप्त हो जाता है। जब तक वह अपने आपको जानने की स्थिति में पहुँचता है, तब तक समाज उसे एक साँचे में ढाल चुकता है; परंतु यदि मनुष्य अपने इसी निर्माण पर संतुष्ट हो सके, तो उसमें और जड़ में अंतर ही क्या रहेगा। वह दर्जी के सिले कपड़ों के समान समाज के विधि-निषेध को धारण कर लेता है तब उनके तंग या ढीले होने पर, सुंदर या कुरूप होने पर संतुष्ट-असंतुष्ट होता है।

यह संतोष-असंतोष समाज के शासन की परिधि में नहीं आता; पर साहित्य इसी का मूल्यांकन करता है। दूसरे शब्दों में समाज के दान की जहाँ इति है, साहित्य का अर्थ इसी बिंदु से चलता है।

अतः साहित्यकार का सामाजिक कर्म अन्य कर्मों को तोलने वाले तुला और बाटों से नहीं तुल सकता। अन्य क्षेत्रों में समाज अपने सदस्यों की क्रियाशक्ति को अपने अधीन कर उनकी प्रतिभा और कुशलता के अनुसार उनका कार्य निश्चित कर देता है और उसके प्रतिदान में उन्हें जीवन-यात्रा की सुविधाएँ देता है। दोनों पक्षों का आदान-प्रदान इतने स्थूल धरातल पर स्थित है कि उसकी उपयोगिता के विषय में किसी संदेह का अवकाश कम रहता है।

भारी पैनी तलवार गढ़ने वाले लौहकार के कार्य का महत्व भी समाज जानता

है और हल्की अँगूठी में रत्नों की बारीक जड़ाई करने वाले स्वर्णकार की कुशलता का मूल्य भी उससे छिपा नहीं है। कष्टलभ्य वस्तुओं का क्रय-विक्रय करने वाले व्यापारी की प्रत्यक्ष योग्यता का भी उसे ज्ञान है और मंदिर में मौन जप करने वाले पुजारी की अप्रत्यक्ष रचना में भी उसका विश्वास है। न्यायासन पर दंड-पुरस्कार का वितरण करनेवाले न्यायाचार्य के कार्य के विषय में उसे संदेह नहीं है और समाज की नई पीढ़ी को परंपरानुसार शांत-दांत बनाने में लगे शिक्षाशास्त्री के कार्य का भी उसके पास लेखा-जोखा है।

इन विविध कर्त्तव्यों को, उसने अधिकारी व्यक्तियों को स्वयं सौंपा है और इन कर्त्तव्यों के विषय में एक परंपरागत शास्त्र भी निश्चित है। वे कैसे करते हैं यह दूसरा प्रश्न है परंतु वे क्या करें और क्या न करें, के विषय में द्विविधा नहीं है। कठिन दंड के पात्र को दंड कम मिले, या न मिले यह मतभेद का विषय हो सकता है; परंतु दंड-पुरस्कार-विधान समाज-स्वीकृत है और न्याय का कार्य समाज द्वारा किसी को सौंपा गया है। हर सामाजिक संस्था समाज का अंग है और वह मनुष्य-जीवन के उन्हीं अंशों से संबद्ध रहती है, जिस पर समाज की सत्ता है। मानव-स्वभाव का जो अंश समाज के विधि-निषेध की परिधि के बाहर अस्तित्व रखता है, उसके लिए सामाजिक संस्था नहीं बनाई जा सकती; पर उस तक समाज के सुख-दुखों की अनुभूति पहुँचाकर उसे समाजोन्मुख किया जा सकता है। पर यही कार्य व्यक्ति करता है, जिसे समाज के सौंदर्य और विरूपता, सुख और दुःख की व्यष्टिगत; पर तीव्र अनुभूति होती है। समाज अपने अन्य क्षेत्रों के समान उसके हाथ में कोई विधि-निषेध शास्त्र देकर नहीं कह सकता, मैं तुम्हें कवि, नाटककार आदि कर्त्तव्य पर नियुक्त करता हूँ, तुम मेरे विधान के स्थायित्व के लिए कार्य करो।

वस्तुतः समाज किसी साहित्यकार के अंतर्जगत् की हलचल से परिचित तब होता है, जब वह अभिव्यक्ति पा लेती है। इस अभिव्यक्ति से पहले अनुभावक शक्तियों से और उसकी अनुभूति की तीव्रता से समाज अपरिचित रहता है और यह अपरिचय एक सीमा तक व्यक्ति और समाज को विरोधी पक्षों में भी खड़ा कर सकता है।

साहित्य समाज की अपराजेय शक्ति है; पर क्या उसी तरह निर्झर, पर्वत की अपराजेय शक्ति नहीं है ? क्या पर्वत की शक्ति होने के कारण उसे उसकी कठोर शिलाओं से संघर्ष नहीं करना पड़ता ? पर्वत से सर्वथा अनुकूल स्थिति रखने के लिए तो प्रपात को जमकर शिलायित होना पड़ेगा। संतान का जन्म माता की पीड़ा का भी जन्म है। इसी प्रकार साहित्य भी, समाज में, समाज के लिए निर्मित होकर भी उसमें कोई उद्वेलन, कोई असंतोष उत्पन्न करता ही है। ऐसी स्थिति में समाज, साहित्य को सामाजिक और श्रेष्ठ सामाजिक कर्म के रूप में स्वीकार न करे, तो आश्चर्य नहीं। जिस युग से समाज की दबी हलचलें उसके अन्य क्षेत्रों में भी कुछ असंतोष उत्पन्न करने लगती हैं, उसमें साहित्य सहज ही नेतृत्व प्राप्त कर लेता है; पर जिन

युगों में समाज के अवचेतन मन पर जड़ता का स्तर कठिन हो जाता है, उनमें साहित्य को अकेले जूझना पड़ता है।

परंतु साहित्य चाहे जिस भूमिका में उपस्थित हो, वह मानव जाति का, विव.ास के समान ही अविच्छिन्न साथी रहता है। प्रत्यक्ष वस्तु सत्य से अप्रत्यक्ष संभाव्य सत्य तक उसकी सीमाएँ इस प्रकार फैली रहती हैं कि मनुष्य उसे अपने अतीत विकास का प्रमाण भी मानता है, वर्तमान का मापदंड भी और अनागत भविष्य का संकेतघर भी। सभी देशों में साहित्य का सृजन विशेष प्रतिभा से संबद्ध है, और विशेष प्रतिभा-संपन्न साहित्यकार का विशेष महत्व भी सर्व-स्वीकृत है। आज तक प्रतिभा को समान रूप से बाँटने का उपाय विज्ञान को उपलब्ध नहीं हो सका है, अतः साम्योपासक देशों में भी प्रतिभा-संपन्न साहित्यकारों को असामान्य स्थिति प्राप्त है।

वस्तुतः साहित्य-सृजन समग्र जीवन, समस्त शक्तियों का संश्लिष्ट दान है। जीवन में कुछ कार्य जीवन-निर्वाह के साधन मात्र हैं, कुछ जीवन के साध्य हैं और कुछ साधन-साध्य दोनों का एकीकरण है। केवल बाह्य जीवन में सीमित क्रिया साधन हो सकती है, केवल अंतर्जगत् में मुक्त साध्य हो सकती है; परंतु अंतर्जगत् की प्रक्रिया का बाह्य रमात्मक अवतरण साधन और साध्य को एकाकार कर सकता है। यह ऐसा दान है, जिसे देकर भी हम पाते हैं। यह ऐसा स्वार्थ है, जिसे पास रख कर भी हम देते हैं। पर इस दोहरी स्थिति के कारण ही साहित्यकार के जीवन के साधन और साध्य कुछ रहस्यमय हो जाते हैं। इस स्थिति को समझने के लिए ऐसे संस्कृत समाज की आवश्यकता रहती है, जो अपने दिए मूल्य को अधिक न समझे और उससे प्राप्त सृजन को न्यून न माने।

साहित्य की दृष्टि से हमारा देश इतना अधिक समृद्ध है कि उसकी मूल्यांकन-शक्ति के विषय में संदेह कठिन हो जाता है। जीवन के विविध क्षेत्रों में विशेष उपलब्धियाँ सुलभ करने वालों की जीवन-यात्रा के साधन उसने उस सहज भाव से दिए कि उसके मन में अहंकार का कोई संस्कार नहीं बन सका। व्यक्ति के विशिष्ट सृजन को उसने इतना महत्वपूर्ण और महार्घ माना कि स्रष्टा को याचक का दैन्य कभी स्पर्श नहीं कर सका।

इस स्थिति ने विषम युगों में समस्याएँ भी उत्पन्न कीं; पर साधारणतः समाज और साहित्यकार में खरीदने और बेचने वालों की आपाधापी के लिए अवकाश कम रहा। आज भी लोक-जीवन और उसके साहित्यकारों की ऐसी स्थिति है, जिसमें एक अहंकार से शून्य है और दूसरा दैन्य से अपरिचित।

जिन युगों में हमारा सांस्कृतिक ह्रास अपनी चरम स्थिति में था उनमें भी 'माँग के खैबो मसीद को सोइबो' कहने वाले साहित्य-साधक समाज के गुरु और शास्ता रहे।

उनकी जीवन-यात्रा की व्यवस्था करने वाले लोक के अवचेतन मन में भी कभी

यह प्रश्न नहीं उठा कि जीवन-यात्रा के लिए हमारे आश्रित होकर भी ये हमारे शाइस्ता होने का अहंकार क्यों करते हैं। जिन साहित्यकारों ने लोक अवज्ञा कर व्यक्ति का आश्रय लिया, उनकी स्थिति की मर्यादा भी इसी परंपरागत संस्कार ने बाँधी। जिस प्रकार घर के छोटे झरोखे से थोड़ा प्रकाश पाने वाला भी प्रकाश की असीमता की अवज्ञा नहीं कर सकता, उसी प्रकार संकीर्ण सीमा में निर्मित साहित्य ने भी विराट् मानवता में फैले साहित्य से अपने संबंध का परिचय देकर अपने रचयिता को क्षुद्र होने से बचाया। नदी तट बनाती है; पर तटों के साथ तो वह समुद्र में स्थिति नहीं रख सकती और यही मुक्ति उसके बंधन को क्षुद्र नहीं होने देती।

आज हम विशेष युग में हैं और संस्कार के नाम पर हमें परंपरा के परिणाभ से संघर्ष करना पड़ रहा है। जुआ उतार कर फेंका जा सकता है; पर जुआ वहन करने के परिणाम या प्रमाण तो गर्दन के क्षत या काठिन्य में अंकित हो जाते हैं, उन्हें काट कर फेंक देना संभव नहीं रहता। उस कठोर या आहत स्थान को स्वाभाविक स्थिति में लाने के लिए समय और उपचार दोनों अपेक्षित रहते हैं।

काठिन्य, भार के अति सह्य होने का प्रमाण या स्वाभाविक संवेदनशीलता के न्यून होने की सूचना है, जिसकी उपस्थिति में भार उतारना व्यर्थ जान पड़ता है। क्षत, संवेदनशीलता में अस्वाभाविक वृद्धि है, जिसके कारण स्वाभाविक सहनशक्ति नष्ट हो कर तंतुओं को अक्षम बना देती है।

हमारे जीवन की स्थिति भी बहुत कुछ ऐसी ही है। कहीं हम रूढ़ियों के अंबार लाद कर भी भार का अनुभव नहीं करते और कहीं हमारे लिए संस्कार का हल्का स्पर्श तक असह्य हो जाता है। दोनों ही स्थितियाँ अस्वाभाविक हैं।

हमारी स्वतंत्रता के कई वर्ष व्यतीत हो चुके हैं। उसे हम अपने राष्ट्र-जीवन का तुतला उपक्रम मात्र नहीं कह सकते। किसी अन्य अतीत युग में कहना संभव था; परंतु आज जब समय बैलगाड़ी रथ छोड़कर वायुयान पर उड़ने लगा है, एक केंद्र में मुखर होकर संसार भर से बोलने लगा है, एक क्षण को छूकर इतिहास के असंख्य पृष्ठ लिखने लगा है, तब हमें अपनी समय संबंधी धारणाएँ भी बदलनी चाहिए।

धरती, समुद्र, पर्वत, नक्षत्र तब जब परिवर्तन के अंक बनते जा रहे हैं, तब 'उत्पस्यते मम कोपि समानधर्मा' कहकर अनंत प्रतीक्षा की समस्या नहीं रह गई है। लक्ष्य की दिशा में उठाया पग और लक्ष्य प्राप्ति आज इतने निकट और एक दूसरे के पर्याय हैं कि मार्ग खोजने, भटकने, पाने की अनेक स्थितियों का एक हो जाना स्वाभाविक है।

इस भूमि में जब हम अपने साहित्य और उसके स्रष्टाओं को रख कर देखते हैं, तब साहित्य के भविष्य के लिए चिंता स्वाभाविक हो जाती है। कुछ प्रतिष्ठित वयोवृद्ध, अतः सरकारी पदों के लिए अनुपयुक्त तथा कुछ अति साधारण, अतः सरकारी

कार्यों के लिए अयोग्य लेखकों को छोड़कर प्रायः सभी लेखक सरकारी विभाग में आश्रय पा गए हैं। उनके जीवन-यापन की समस्या अवश्य ही सुलझ गई है; परंतु सुलझाने की विधि ने इस देश की वाणी के अवतरण के मार्ग में एक सबसे बड़ी समस्या उत्पन्न कर दी है।

क्या साहित्य केवल व्यक्तिगत रुचि—हॉबी-मात्र है। क्या उसे विशेष प्रतिभा द्वारा संपादित और स्थायी महत्व का सामाजिक कर्म मानकर अतीत युगों ने भूल की है। क्या अन्य युगों और देशों की उक्त भूल का परिमार्जन करने के लिए ही हमारे यहाँ ऐसी व्यवस्था हो रही है। क्या इस व्यवस्था से साहित्य का लक्ष्य, राजनीतिक लक्ष्य से एकाकार हो सकेगा और क्या इस ऐक्य से साहित्य के मूल्यों की रक्षा और वृद्धि हो सकेगी—ये सभी प्रश्न सामयिक हैं और हमारे चिंतन से कोई-न-कोई समाधान चाहते हैं।

विश्वासी बुद्धि और विवेकी हृदय अपने आप में सब शंकाओं का समाधान है। यदि आज हम इन दो विशेषताओं को सुलभ करने की साधना में लग जाएँ, तो अन्य समस्याएँ स्वयं सुलझ जाएँगी।

साहित्यकार की आस्था

जीवन के गूढ़ रहस्यों को अंशतः व्यक्त करने के लिए मनुष्य ने जिन भाषा-संकेतों का आविष्कार किया है, वे प्रायः अपनी रूढ़ परिभाषाओं की सीमा पार कर हृदय और बुद्धि के अनेक स्तरों तक फैल जाते हैं। जल पृथ्वी पर तट बनाता है, ऊँचे-नीचे कगारों में बँधता है; पर धरती के नीचे जल, जल से, ज्वाला से, शिला-खंडों से और अनेक धातुओं से अनायास ही मिल जाता है, इनके बीच तट-रेखाओं का प्रश्न नहीं उठता।

आस्था शब्द भी इसी प्रकार का संकेत में एक, पर संकेतित लक्ष्य में विविध-रूपात्मक कहा जाएगा। आस् और स्था, अस्तित्व और स्थिति दोनों का उसमें ऐसा समन्वय है कि धर्म के आस्तिक से लेकर वैज्ञानिक युग के नास्तिक तक सब उसे स्वीकृति देते हैं।

जहाँ तक आस्था की भावभूमि का प्रश्न है वह जीवन की सहजात चेतना के विकास-क्रम में ही निर्मित होती चलती है।

हमारे चारों ओर जो प्रत्यक्ष जगत है उसमें सब कुछ निरंतर परिवर्तित होता, बनता मिटता रहता है। पर अबोध बालक के लिए भी यह शंका स्वाभाविक नहीं कि सूर्य सबेरे लौटेगा या नहीं।

इस धारणा के पीछे अनंत युगों के अनुभवजन्य संस्कार हैं। मनुष्य अपनी जीवन-यात्रा के लिए जो पाथेय लेकर चलता है उसका बहुत-सा अंश उसे जन्म के साथ उत्तराधिकार में प्राप्त हो जाता है। शेष की उपलब्धि उसे यात्राक्रम में अपने अनुभव, कल्पना, चिंतन आदि से होती रहती है।

इस प्रकार आधुनिक अणुयुग का मानव भी अपने अनेक संस्कारों के लिए आदिम पूर्वज का आभारी है।

आस्था के संबंध में भी यही सत्य है—उसका मूल्य संस्कार-जन्य है, पर प्रसार और व्याप्ति व्यक्तिगत अनुभवों की उपलब्धि है। कोई भी अस्तित्व, चाहे वह भौतिक

हो चाहे भावात्मक, अकेला नहीं हो सकता, क्योंकि अनेक अस्तित्वों के साथ होने के कारण ही उसे एक संज्ञा प्राप्त है और वह ज्ञेय कहा जा सकता है। इसी प्रकार कोई भी स्थिति एकाकी नहीं है, क्योंकि उसे स्थिति विशेष बनने के लिए स्थितियों की समष्टि में अपना परिचय देना पड़ता है; अतः आस्था व्यक्तिगत होने पर भी सीमित नहीं हो सकेगी। वस्तुतः आस्था मानव के युगांतर से प्राप्त दार्शनिक लक्ष्य पर केंद्रित रागात्मक दृष्टि है। हर मानव में किसी-न-किसी रूप और सीमा तक इसका होना अनिवार्य है। पर पात्र की सीमा और रेखारंग के अनुसार परिवर्तित जल के समान व्यक्तिगत सीमा में उसका विकास सीमित रहे, यह स्वाभाविक ही है।

आस्था, जिसका एक अर्थ स्वीकारोक्ति भी है, वस्तुतः व्यक्ति के द्वारा समष्टि की स्वीकृति है। इस स्वीकृति के लिए मनुष्य को अपने से बाहर स्थित जीवन से परिचित होना पड़ता है, अनेक परोक्ष और प्रत्यक्ष अनुभवों के आधार पर एक जीवन दर्शन बनाना और उससे रागात्मक संबंध स्थापित करना पड़ता है।

व्यक्तिगत आस्था का किसी सामाजिक रूढ़ि से विरोध हो सकता है, पर विकासगत सामाजिक या व्यापक जीवन-लक्ष्य से नहीं।

'मैं केवल अपने सुख में आस्था रखता हूँ', 'मैं केवल अपने जीने की उपयोगिता में आस्था रखता हूँ' आदि भौतिक तथ्य होने पर भी आस्था के विरोधी हैं। पर 'मैं दिव्य जीवन में आस्था रखता हूँ', 'मैं जीवन की आध्यात्मिक परिणति में आस्था रखता हूँ', आदि भावात्मक स्थिति रखने पर भी आस्था के निकट हैं। कारण स्पष्ट है। पहले तथ्य में समष्टि की अस्वीकृति और दूसरी भावना में उसकी स्वीकृति है।

जीवन की दृष्टि से आस्तिक और नास्तिक दोनों एक ही रेखा के दो छोरों पर रहते हैं। एक जीवन के उदात्तीकरण के लिए अलौकिक साधनों की शोध में लगा रहता है और दूसरा उसी की भौतिक स्थिति में सामंजस्य लाने के लिए लौकिक माध्यमों का उपयोग करता है।

देवता एक होने के कारण पूजा के उपकरणों की भिन्नता भी उन्हें लक्ष्यतः एक रखती है।

समष्टि की इकाई होने के कारण साहित्यकार के जीवन-दर्शन और आस्था का निर्माण भी समाज विशेष और युग विशेष में होता है। पर उसका सृजन-कर्म उसकी आस्था के साथ जैसा अभिन्न और प्रगाढ़ संबंध रखता है वैसा अन्य व्यक्तियों और उनके व्यवसायों में नहीं रहता।

एक लौहकार अच्छी तलवार गढ़ कर भी मारने में आस्था नहीं रखता। एक व्यापारी को, सफलता के लिए सत्य में आस्था की आवश्यकता नहीं होती।

पर साहित्यकार का सृजन आस्था की धरती से इतना रस ग्रहण करता है कि उसे अस्वीकार करके वह स्वयं अपने निकट असत्य बन जाता है। आस्था किसी अन्य कर्म व्यापार के परिणाम को प्रभावित कर सकती है, परंतु साहित्य को तो वह

स्पंदित और दीप्त जीवन देती है। साहित्य जीवन का अलंकार नहीं है, वह स्वयं जीवन है। साहित्यकार सृजन के क्षणों में इस जीवन में जीता है और पाठक पढ़ने के क्षणों में।

इस प्रकार साहित्य में हम जीवन के अनेक गहरे अपरिचित स्तरों में, मनोवृत्तियों के अनेक अज्ञात छायालोकों में जीवित होकर अपने जीवन को विस्तार, अनुभूतियों को गहराई और चिंतन को व्यापकता देकर उसे समष्टि से आत्मीय संबंधों में जोड़ते हैं। इस प्रकार एक जीवन में अनेक जीवन जीने के उल्लास के पीछे यदि कोई गंभीर विश्वास नहीं है तो यह बाजीगर का खेल मात्र रह जाएगा।

हमारे चिंतकों ने जीवन और जगत की गतिमय और परिवर्तनशीलता को संभालने वाले जिस महान् नियम को ऋत् की संज्ञा दी है, आस्था उसी की रागात्मक स्वीकृति है।

अतः जीवन की गतिशीलता से आस्था का कोई विरोध संभव नहीं--वैसे ही जैसे अनेक पथों पर चलनेवालों का क्षितिज से कोई विरोध संभव नहीं।

आस्था में और विशेषतः साहित्यकार की आस्था में समसामयिक तत्व कितना है और शाश्वत कितना, यह प्रश्न भी कुछ कम उलझन नहीं उत्पन्न करता।

आस्था जीवन-क्रम में निर्मित होती है, अतः उसे कोई जड़ीभूत तत्व मान लेना उचित न होगा।

जब मनुष्य के हृदय और बुद्धि की परिधि परिवार ही था, तब उसी के प्रसाधन-संरक्षण तक उसकी आस्था सीमित थी। जैसे-जैसे उसकी बुद्धि और हृदय ने समाज, ग्राम, नगर, देश आदि के क्रम पार कर विश्व की सत्ता को स्वीकार किया, उससे रागात्मक संबंध जोड़े, वैसे-वैसे ही उसकी आस्था नये क्षितिजों को अपनाती गई। व्यक्ति जैसे विश्व तक फैल गया है, वैसे ही उसके सुख-दुःखों का विस्तार हुआ है। दुःख भोजन-वस्त्र के प्रत्यक्ष अभाव से लेकर परतंत्रता, उपेक्षा, अप्रतिष्ठा आदि की अप्रत्यक्ष भावना तक फैल गया है। सुख शरीर की आवश्यकताओं की पूर्ति से लेकर स्नेह, समता, बंधुता, आत्मीयता जैसी भावनाओं में सूक्ष्म व्यापकता पा गया है। आज किसी को भोजन-वस्त्र देना मात्र पर्याप्त नहीं है, उसे स्नेह और बंधुता की छाया भी देनी होगी। और यह एक की नहीं विश्व भर की आवश्यकता है।

इस प्रत्यक्ष के अतिरिक्त जीवन के विकास की अन्य रहस्यमय सूक्ष्म दिशायें भी हैं।

अतः आज के व्यक्ति को अपनी आस्था में विराट् मानव का कर्त्तव्य सँभालना पड़ता है। विज्ञान ने भू-खंडों को एक दूसरे के इतना निकट पहुँचा दिया है कि यह कर्त्तव्य हर व्यक्ति को प्राप्त हो गया है। ध्वंस और निर्माण दोनों ही के लिए पहले अधिक संख्या की आवश्यकता थी। आज देशविशेष के ध्वंस के लिए उद्जन बम

ले जाने वाला कोई भी एक व्यक्ति पर्याप्त है। पर इसी प्रकार उसे रोकने के लिए भी कोई एक पर्याप्त हो सकता है। यह एक, समष्टि का कोई भी व्यक्ति हो सकता है। परिणामतः समय के आवाहन का उत्तर देने के लिए समष्टि को एक व्यक्ति की तरह तैयार रहना पड़ता है। ऐसी स्थिति में साहित्यकार का कर्त्तव्य कितना गुरु हो सकता है, इसका अनुमान सहज है।

समसामयिक और शाश्वत् परस्पर विरोधी स्थितियाँ नहीं हैं। उनमें 'है' और 'होना चाहिए' का अंतर मात्र है। अनेक समसामयिक, अतीत बनकर ही शाश्वत् का सृजन करते हैं। एक इतिवृत्त है और दूसरा अनेक इतिवृत्तों के अनुभव-संघात से निर्मित भावात्मक लक्ष्य है। कोई भी व्यापक लक्ष्य स्वयं तक पहुँचाने वाले साधनों का विरोध नहीं करता और साधनों का अस्तित्व समसामयिक परिस्थितियों में रहता है।

'गंगा सीधे समुद्र में गिरती है' का अर्थ यह नहीं होता कि उसका मार्ग बाण की तरह सीधा है और उसे कोई टीला, गर्त्त, मोड़ पार नहीं करना पड़ता। तट लक्ष्य होने पर क्या हर लहर से नाव को संघर्ष नहीं करना होगा ?

मनुष्यता का सर्वांगीण विकास, मनुष्य के जीवन की दुःख दैन्य-रहित गरिमा, शिवता और सौंदर्य हमारा लक्ष्य है। और इस विराट् शाश्वत् का सृजन उस क्षण आंरभ हुआ होगा जब कि आदिम युग के दो अहेरियों ने एक दूसरे के आघातों को देखकर अस्त्र फेंक दिए होंगे और एक दूसरे को गले लगा लिया होगा।

जिन युगों में एक भू-खंड दूसरे से परिचित नहीं था, उनमें भी मनुष्य ने वसुधा को कुटुंब के रूप में स्वीकार कर अनदेखे सहयात्रियों के प्रति आस्था व्यक्त की है। तब आज के मंगल-ग्रह खोजी वैज्ञानिक युग को आस्था का अभाव क्यों हो ? आज साहित्यकार की आस्था का क्षेत्र अधिक व्यापक हो गया है, पर यह व्यापकता उसे समसामयिक परिस्थितियों से संघर्ष कर उन्हें लक्ष्योन्मुख बना लेने की शक्ति दे सकती है।

उसे विस्तृत मानव परिवार को ममता देनी है। इतना ही नहीं यदि मंगल-ग्रह-निवासियों को विज्ञान खोज ले तो उन्हें भी उसकी ममता की आवश्यकता पड़ सकती है। और ममता श्रद्धामय आत्मदान है।

माता जिस प्रकार आस्था के बिना अपने रक्त से संतान का सृजन नहीं कर सकती, धरती जिस प्रकार ऋत् के बिना अंकुर को विकास नहीं दे सकती, साहित्यकार भी उसी प्रकार गंभीर विश्वास के बिना अपने जीवन को अपने सृजन में अवतार नहीं दे पाता।

यह आस्था सृजन की दृष्टि से व्यक्तिगत पर प्रसार की दृष्टि से समष्टिगत ही रहेगी।

साहित्य, संस्कृति और शासन*

राज्यपाल महोदय के संबोधन में औपचारिक रूप से ही कुछ पंचवर्षीय योजनाओं का संकेत मिलता है। वैसे तो जब एक-एक दिन में अनेक देशों के इतिहास बदल रहे हैं, जीवन के मान मिट-बन रहे हैं तब पाँच वर्ष की लंबी अवधि का औचित्य भी विचारणीय है, पर इस लंबी अवधि की अपेक्षा रखनेवाली योजनाओं में जिसका अभाव मुखर है वह साहित्य, कला, संस्कृति और शिक्षा संबंधी योजना है। संबोधन में मुझे ऐसा कोई संकेत नहीं मिलता जिससे जाना जा सके कि इस प्रदेश की सरकार के सम्मुख साहित्य, कला, संस्कृति जैसे महत्त्वपूर्ण विषयों के संबंध में कोई निश्चित योजना भी है। सरकार की अन्य योजनाएँ पूर्ण हैं, अपूर्ण हैं अथवा त्रुटिपूर्ण हैं, इस संबंध में मतभेद हो सकता है पर जिस अत्यंत आवश्यक कार्यक्रम का अभाव है इसके संबंध में मतभेद का स्थान नहीं। प्रत्युत किसी भी निर्माणोन्मुख प्रदेश में यह अभाव चिंता का कारण बन सकता है।

उत्तर प्रदेश हमारे राष्ट्र का हृदय है, जिससे देश की दूर-दूर तक फैली शिराओं में रस का संचार होता है। हिमालय से कन्याकुमारी तक पूर्व से पश्चिमीय तटों तक जो संस्कृति व्याप्त है वह गंगा यमुना और सरस्वती के तटों पर पली और विकसित हुई है। सामंजस्य और समन्वय का जो स्वर हमारे साहित्य और दर्शन में ध्वनित प्रतिध्वनित होता जा रहा है उसमें इस भू-भाग के साधक सरस्वती-पुत्रों के हृदय और बुद्धि का कितना योग है यह कहने की आवश्यकता नहीं है।

हम उसी धरातल पर खड़े होकर अपनी अनेक समस्याएँ सुलझा सकते हैं जिस पर तुलसीदास और कबीर, सूर और रैदास साथ खड़े हो सके थे और जो साहित्य-कला-साधकों तथा चिंतकों की भूमि है।

अपने स्पर्श को मूल्यवान बना देने वाले पारस जैसे उत्तराधिकार को पाकर भी यदि हमारे पास उसके उपयोग के लिए कोई योजना नहीं हो सकती है तो हमारे

* उत्तर प्रदेश विधान परिषद में भाषण

समकालीन चाहे भ्रम में पड़ जावें पर आने वाली पीढ़ियाँ हमें क्षमा न करेंगी।

आज हिंदी जब राष्ट्रभाषा के पद पर अभिषिक्त हो चुकी है तब हमारा कर्त्तव्य और भी गुरुतर और गंभीर हो जाता है। हम दीर्घकालीन दासता की गहरी तमिस्रा पार करके जागरण के द्वार पर पहुंचे हैं। हमारे सामने अभी धुँधला क्षितिज है। उस पर अब तक भविष्य का ऐसा सुनहला चित्र नहीं आँका जा सकता है जिसके अनुरूप हमें जीवन का निर्माण करना है।

हमारी परतन्त्रता हमारी विकासशील सांस्कृतिक परंपराओं को नष्ट करने में सहायता देती रही है जैसा कि स्वाभाविक भी था। कोई भी विजेता किसी विजित जाति पर राजनीतिक विजय प्राप्त करके संतुष्ट नहीं होता। वह तो सांस्कृतिक विजय भी चाहता है और इसकी प्राप्ति के लिए वह विजित के हृदय और बुद्धि पर अधिकार पाने का प्रयत्न करता रहता है। हमारे विदेशी शासकों ने इस दिशा में जो सफलता पाई है उसका प्रमाण हमें अपने जीवन में पग-पग पर मिल सकेगा।

आज हम राजनीतिक दृष्टि से स्वतन्त्र हैं पर हमारी मानसिक दासता अब तक दूर नहीं हो सकी है, न हमारी बुद्धि जड़ता से मुक्त हो सकी है और न हमारी संकीर्णता से त्राण पा सकी है। परिणामतः हमारे सामने नव-निर्माण की कोई रूपरेखा नहीं है।

हमारी राजनीति दलों में गतिशील है। हमारा धर्म रूढ़ियों में अचल है और हमारा समाज विषमता में मूर्छित है।

हमें इस अंधकार के पार गंतव्य खोज लेना है, अन्यथा हमारी गति एक विषम वृत्त में होती रहेगी जैसी कोल्हू के बैल की होती है जो निरंतर चलते रहने पर भी कहीं नहीं पहुँचता।

नवीन जीवन के स्वप्न अधिकारियों के आदेश से नहीं बनेंगे और और न उन्हें सत्य करने के संकल्प फ़ाइलों में बंद मिलेंगे। स्वप्न और आदर्श प्रेरणा और संकल्प तो इस देश के साहित्यकार, कलाकार, विद्वान और चिंतक ही दे सकते हैं जो आज सरकारी योजनाओं में उपेक्षित हैं वे ही नवीन राष्ट्र के अलिखित विधान के निर्माता हैं।

मुझसे प्रश्न किया जा सकता है कि जब राष्ट्र के सामने खाद्य और वस्त्र जैसी आवश्यक समस्याएँ हैं तब साहित्य, कला, संस्कृति आदि के प्रश्न क्यों उठाए जा रहे हैं ? उनकी ओर ध्यान देने का हमें अवकाश ही कहाँ है ?

उत्तर में मैं निवेदन करूँगी कि जीवन की प्रगति सर्वांगीण होती है। हम यह नहीं कह सकते कि जब हम साँस ले रहे हैं तब विचार नहीं कर सकेंगे, जब विचार कर रहे हैं तब देखेंगे नहीं और जब देख रहे हैं तब चल नहीं सकेंगे क्योंकि देखने, सुनने, सोचने, विचारने, चलने के कार्य साथ होकर ही हमें सार्थक गति देते हैं।

यदि हमारा शरीर चलता है और मन उसका साथ नहीं देता तो हम विक्षिप्त

कहे जाएँगे और यदि मन चलता है पर शरीर उसका साथ देने में असमर्थ है तो हम पक्षाघात के रोगी कहे जाएँगे। स्वस्थ शरीर और मन के समान ही राष्ट्र का मानसिक और भौतिक विकास साथ चलता है।

समस्याएँ हमारे सामने ही नहीं अन्य देशों के सामने भी हैं और थीं, पर उनके कारण उनका मानसिक विकास नहीं रुद्ध हो गया। उदाहरण के लिए हम जीवन और मरण के संघर्ष में लगे हुए रूस और चीन को ले सकते हैं। युद्ध की स्थिति में भी चीन के साहित्यकार, कलाकार, विद्वान और जिज्ञासु सब खाइयों में, पर्वतों पर, वनों में अपना कार्य करते थे और शत्रु के आने का समाचार पाते ही पीठ पर पुस्तकें और कलाकृतियाँ बाँध कर एक स्थान से दूसरे सुरक्षित स्थान तक पहुँचाते थे। उस समय आरंभ किया हुआ कार्य आज वहाँ किस पूर्णता तक पहुँचा है यह सब पर प्रकट है। इसी प्रकार रूस जब जीवन-मरण के संघर्ष में उलझा हुआ था तब भी उसके साहित्यकार, कलाकार कार्य कर रहे थे और उसकी विजय में उनका भी पर्याप्त योग है जिन्होंने जूझने वालों को निराश नहीं होने दिया। अन्य गतिशील देश भी इसका अपवाद नहीं हैं।

यह कहना साहित्यकार का अपमान करना है कि वह जीवन के संघर्ष में साथ नहीं दे सकता। जो जीवन को आदर्श देते हैं, स्वप्न देते हैं, अनुभूति देते हैं वे तो जीवन के निरंतर साथी हैं ही। वे जीवन के मूल्यों की स्थापना भी करते हैं और इन मूल्यों की रक्षा के लिए जीवन की बाजी लगाने की प्रेरणा भी देते हैं।

हमारा देश निराशा के गहन अंधकार में साधक साहित्यकारों से ही आलोक दान पाता रहा है। जब तलवारों का पानी उतर गया, शंखों का घोष विलीन हो गया तब भी तुलसी के कमंडल का पानी नहीं सूखा और सूर के एकतारे का स्वर नहीं खोया। आज भी जो समाज हमारे सामने है वह तुलसीदास का निर्माण है। हम पौराणिक राम को नहीं जानते, तुलसीदास के राम को जानते हैं।

हमारे स्वतन्त्रता के संग्राम में भी जिन्होंने राजनीतिक मोर्चे पर संघर्ष किया है उनसे कम महत्त्व उन साधकों का नहीं है जिन्होंने हमारी सांस्कृतिक निधियों की रक्षा का भार संभाला है। उस घोर संघर्ष में से जो कुछ वे बचा लाए हैं उनका अभी मूल्याँकन नहीं हो सकता है, पर इसमें संदेह नहीं कि उसके कारण हम साहित्य और संस्कृति में समृद्ध देशों के सामने मस्तक ऊँचा करके खड़े रह सकते हैं। जिन वाणी पुत्रों के स्वरों में हमारे पराजय-क्लांत देश की अपराजित आत्मा बोलती रही है उनका मूल्य घटा कर हम अपना ही मूल्य घटा देंगे। उनमें से अनेक आज भी जब देश को राजनीतिक स्वतन्त्रता प्राप्त हो चुकी है एक लोटा गंगाजल से अपने उपवास का पारायण करते हैं और उनके मस्तक पर झोपड़ी की छाया भी नहीं है। पर उनकी पुस्तकों पर शोध का कार्य हो रहा है और उनके श्रद्धालु पाठकों की संख्या उत्तरोत्तर अधिक हो रही है। ऐसी विषमता का परिणाम सबके लिए अहितकर है। राज्य

की योजनाओं में ऐसी निश्चित योजना होनी चाहिए जिससे साहित्य और राजनीति मिलकर निर्माण का कार्य कर सके।

संस्कृति और साहित्य के साथ शिक्षा का संबंध अटूट है। विदेशी शासकों ने हमारे शिक्षालयों को ऐसा कारखाना बना डाला था जिसमें निर्जीव क्लर्क मात्र गढ़े जाते हैं। उन्हें अपना शासन-यन्त्र चलाने के लिए ऐसे ही पुतलों की आवश्यकता थी जिनमें न अपनी सांस्कृतिक विशेषताओं का ज्ञान होता था, न अपने चरित्र का बल होता था।

हम आज भी उसी ढाँचे को चला रहे हैं जिसमें मनुष्य को मनुष्यता देने की कोई शक्ति नहीं है। आज भी हमारी शिक्षा का लक्ष्य प्रमाण पत्र देना मात्र है। हम विश्वविद्यालयों के गगनचुंबी भवन, कीमती फर्नीचर और ऊँचे-ऊँचे वेतन पाने वाले शिक्षकों को जानते हैं और गाँव की उस पाठशाला से भी परिचित हो सकते हैं जहाँ मेघ से अधिक छप्पर बरसता है, फटा टाट ही धरती की एकमात्र सजावट है और तीन-तीन मास वेतन न पाने वाले तथा विद्यार्थियों से एक-एक मुट्ठी चने माँग कर अपनी क्षुधा शांत करने वाले गुरु हैं। भाव और अभाव की चरम सीमाओं पर स्थित ऐसे विश्वविद्यालयों और ऐसी पाठशालाओं में एक ही समानता मिलेगी और वह है उचित ज्ञान के आदान-प्रदान का अभाव जिसके लिए शिक्षक और विद्यार्थी एकत्र होते हैं और जिसकी सफलता विद्यार्थी को पूर्ण बनाना है।

किस विषय का कितना अंश कंठाग्र करा दिया जावे इसकी हमें चिंता हो सकती है पर वह कैसे और किन परिस्थितियों में हृदयंगम किया जावे जिससे विद्यार्थी रजिस्टर मात्र न बन जावे इसकी ओर हमारा ध्यान नहीं जाता। परिणाम स्पष्ट है। जिस व्यावसायिक नियम से हम महँगा प्रमाण पत्र देने का व्यापार करते हैं उसी से खरीददार वैध-अवैध, उचित-अनुचित किसी भी साधन से सस्ता प्रमाण पत्र चाहता है। इसमें बाधा डालने पर विद्यार्थियों द्वारा शिक्षकों की हत्याएँ हो चुकी हैं। मारपीट के समाचार तो नित्य ही मिलते रहते हैं।

मनुष्य यन्त्र नहीं है कि उसके सब कल पुर्जे खोल कर ठीक कर दिए जाएँगे और तेल या ग्रीज डाल कर पुनः चालू कर दिया जाएगा। प्रत्येक मनुष्य विशेष परिस्थितियों में, विशेष संस्कारों के साथ उत्पन्न होता है। इन परिस्थितियों और संस्कारों में कुछ अनुकूल हो सकते हैं और कुछ प्रतिकूल। शिक्षालय ऐसे कारखाने हैं जहाँ विषम प्रभावों का संशोधन होता है और सामंजस्य भावना का विस्तार। दूसरे शब्दों में यहाँ मनुष्य की बुद्धि और हृदय खराद पर चढ़ते हैं। और तब नए रूप से समाज के सम्मुख आते हैं। किसी सुंदर स्वप्न, आदर्श या अनुभूति को दूसरे को देना सहज नहीं होता। इस आदान-प्रदान में देने वाले और पाने वाले में समान रूप से पात्रता होनी चाहिए जो ज्ञान देने वाले और पाने वाले दोनों को धन्य कर देता है। उसे देने और पाने की परिस्थिति और होती है और वातावरण और होता है। हमारी शिक्षा

चाहे वह प्राथमिक हो चाहे उच्च, उसने मनुष्य की संभावनाओं की ओर कभी ध्यान नहीं दिया। वह तो केवल नौकरी दिलाने के लिए प्रमाण-पत्र देती है और उसे भी नहीं दिला पाती। हमारा विद्यार्थी वर्ग जो घोर अर्थ संकट और सामाजिक कुंठा में पलता है, शिक्षा की समाप्ति पर अपने जीवन की समाप्ति के निकट पहुँच जाता है। इस प्रकार की निराशा और आत्मघाती प्रवृत्तियों से घिरी नवीन पीढ़ी से देश को क्या नया निर्माण मिल सकेगा यह विचारणीय है।

प्रेरणा, स्फूर्ति और ज्ञान की दृष्टि से हमारी शिक्षा में ऐसा क्रांतिकारी परिवर्तन चाहिए जो नवीन पीढ़ी को चारित्रिक दृढ़ता और सांस्कृतिक दृष्टि दे कर उन्हें इस महान देश के गौरव के अनुरूप सशक्त और उदार मनुष्य बना सके।

जीवन की वर्तमान विषमता दूर करने का जो रसायन हमारे साहित्य में है उसका शिक्षा में उपयोग न करना भूल होगी। इतिहास बताता है कि जब-जब एक देश दूसरे देश से शक्ति के घोष में बोलता है तब-तब एक दास और दूसरा स्वामी हो जाता है। एक विजित और दूसरा विजेता बन जाता है। परंतु जब-जब एक देश दूसरे से साहित्य के स्वर में बोलता है तब-तब सात समुद्र का अंतर पार कर, उन्नत पर्वतों को लाँघ कर उनके हृदय एक दूसरे के निकट आ जाते हैं। एक दूसरे के सुख दुःखों से तादात्म्य कर लेते हैं।

साहित्य की भूमि पर कालिदास और तुलसीदास जितने हमारे हैं, उतने सारे विश्व के हैं और शेक्सपियर, गोर्की, टालस्टाय आदि जितने अपने देशों के हैं उतने ही हमारे हैं। हम धरती पर दीवारें खड़ी कर के, उसे बाँट सकते हैं, पर उन दीवारों की ऊँचाई से आकाश खंड-खंड में नहीं बट सकता है। हम तोल कर बादलों का बँटवारा नहीं कर सकते, नाप कर किरणों को विभाजित नहीं कर सकते और गिन कर तारों को नहीं ले दे सकते। वे सब के होने के लिए ही प्रत्येक के हैं। इसी प्रकार की एकता साहित्य में मिलती है। यदि आज के विषम जीवन में हम नई पीढ़ी की एकता बनाए रखना चाहते हैं तो हमें शिक्षा में साहित्य और संस्कृति को ऐसा महत्त्वपूर्ण स्थान देना होगा जिससे विद्यार्थी को मानव एकता और विश्वबंधुत्व का संदेश प्राप्त हो सके और वह अधिक पूर्ण मनुष्य बन सके। इसके साथ-साथ हमें अपनी नवीन पीढ़ी के विधाता साहित्यकारों तथा शिक्षकों को भी उपेक्षणीय स्थिति से मुक्त करना होगा।

कुछ विचार*

अंकों की वर्णमाला जीवन की अपूर्णतम संकेतलिपि है। जब हम उसके अतीत की उपलब्धि वर्तमान की आवश्यकता और भविष्य की रूपरेखा के साथ रख कर देखते हैं तभी हमें अर्थ बोध प्राप्त होता है। जनता शासन-तंत्र को करों के रूप में कुछ अर्थ ही देती है परंतु प्रतिशत में वह ऐसे साधन और उपकरण चाहती है जो उसके समग्र जीवन को स्पर्श कर उसे विकास दे सके। कोई भी सरकार और किसी प्रकार का भी शासन-तंत्र खाद्य को तो महत्व देगा ही। माता अपने बालक को भोजन देती है और इक्केवाला अपने टट्टू की भी व्यवस्था करता है परंतु दोनों के लक्ष्य में अंतर है। माँ बालक में अपनी आत्मा का अवतार देखना चाहती है, उसमें अपने स्वप्नों को साकारता देती है और पशु का पालक केवल उससे भार वहन का कार्य लेना चाहता है। विदेशी सरकार के संबंध में यह कहा जा सकता है कि वह हमारा सांस्कृतिक उत्थान नहीं चाहती थी। हमारे चरित्र का निर्माण उसे अभीष्ट नहीं था। परंतु आज अपने शासन-तंत्र से तो हम ऐसी अपेक्षा नहीं करते। मनुष्य केवल समूह जीवी नहीं है। वह ऐसे समाज का अंग है जिसमें व्यक्तिगत स्वार्थ को समष्टि के स्वार्थ की छाया में चलना पड़ता है। अतः मनुष्य के हृदय और बुद्धि को ऐसे परिष्कार की आवश्यकता होती है जिससे वह इस सहयोग को सामंजस्यपूर्ण बना सके। विदेशी शासन तो हमें अपनी सत्ता की स्थिति के लिए जीवित रखना चाहता था परंतु आज हम अपने राष्ट्र की प्रतिष्ठा के लिए जीवित रहना चाहते हैं। स्वतंत्रता के इतने वर्षों में हम अपने नैतिक, सांस्कृतिक, बौद्धिक धरातल को ऐसा नहीं बना सके कि हम विवेकशील मानव कहे जा सकें। हमारे शासन-तंत्र की दृष्टि में शिक्षा प्राथमिक आवश्यकता नहीं है, दूसरी भी नहीं है, तीसरी भी नहीं है। इसका हमारे जीवन में कहाँ और कौन-सा स्थान है यह कहना कठिन है।

जहाँ तक मुझे स्मरण है सन् 1938-39 के अनुमान पत्रक में शिक्षा पर 16

---

* उत्तर प्रदेश विधान परिषद में भाषण

प्रतिशत के लगभग व्यय किया गया था और आज हम 11 प्रतिशत से अधिक नहीं कर सके और हम विश्वास करते हैं कि इससे अधिक किया ही नहीं जा सकता। इस सत्य को स्वीकार करके भी हमें परिणाम से ही इसका मूल्याँकन करना चाहिए। जब हम किसी बीज को बो देते हैं तो धूप, हवा या जल की नाप-तौल कर उसे नहीं देते परंतु उसके विकास से ही अपने प्रयत्न का परिणाम निकाल लेते हैं। जब उसमें हरे पत्ते निकलते हैं, फूल आते हैं, शाखाएँ फैलती हैं तब हम समझते हैं कि हमारा प्रयत्न ठीक था। हम जो दे रहे हैं उससे विकास में प्रगति हो रही है। जब ऐसा नहीं होता तो हम समझते हैं कि हमारे साधनों में कहीं विषमता है। गत कुछ वर्षों में हमारे जीवन का स्तर निम्न से निम्नतर हुआ है। हमारा बुद्धिजीवी वर्ग चाहे वह साहित्यकार हो, चाहे पत्रकार, चाहे अध्यापक हो, चाहे विद्यार्थी, ऐसी स्थिति में पहुँच गया है जिसे बनाए रख कर हम एक पग भी आगे नहीं बढ़ सकते और संभव है कि यह स्थिति परिणाम में हमारे लिए दुःखद ही सिद्ध हो। शिक्षा के संबंध में हमारी नीति अनिश्चित है। हमारे कुछ स्कूल खुलते हैं और कुछ बंद होते हैं। पढ़ाई की जाए या न की जाए इस पर विवाद होते हैं और परिणाम अनिश्चित रहता है। यह विवाद बहुत कुछ वैसा ही है जैसा यह विवाद कि बीज पहिले हुआ या वृक्ष पहिले हुआ। यह भी सत्य है कि बीज से वृक्ष उत्पन्न होता है और यह भी असत्य नहीं कि वृक्ष से बीज की सृष्टि होती है। शिक्षा के संबंध में कोई निश्चित योजना न होने के कारण ही हम यह नहीं कह सकते कि आगामी पाँच वर्षों में हम कितने प्रगतिशील व्यक्तियों को साक्षर बना लेंगे अथवा अपने बौद्धिक विकास के लिए किस दिशा में प्रयत्न करेंगे। अतीत के ज्ञान की नींव पर बना हुआ हमारा शिक्षा का प्रासाद कलश तक हिल उठा है। उसके मूल में ऐसा भूकंप है कि जिसकी ओर ध्यान न देने से उसका ठहरना कठिन होगा।

यह कहना कि हमारे विद्यार्थी अनुशासनहीन हैं और उनकी अनुशासनहीनता का कारण हमारे अयोग्य अध्यापक हैं, हमारी समस्या का कोई हल नहीं माना जा सकता। हमें यह देखना होगा कि हमारी शिक्षा में कहाँ भूल है। व्यक्ति एक सामाजिक क्षेत्र में एक मनोवैज्ञानिक पृष्ठभूमि में कार्य करता है। जब हम किसी बड़े अभाव से पीड़ित और चिंतित होते हैं तब सामान्यतया सुंदर और रम्य दृश्यों की ओर भी हमारी दृष्टि नहीं जाती। आत्मीय जनों के प्रति भी हम खीजते हैं। जब मैं ऐसे अध्यापकों की कल्पना करती हूँ कि जो अपने बच्चों को दवा नहीं दे सकते, उसको पुस्तकें खरीद कर नहीं दे सकते तो उनकी मानसिक स्थिति की कल्पना भी सहज हो जाती है। ऐसी स्थिति में स्वाभाविक है कि वह दूसरों के स्वस्थ बालकों को देख कर प्रसन्न न हों, उसके वस्त्र और खिलौने देख कर अपनी असमर्थता पर क्षोभ हो। वे उस स्नेह को न दे सकें जो अध्यापक से विद्यार्थी को प्राप्य हैं। जीवन में अनेक दुर्वह कष्ट जिन्हें घेरे हुए हैं वे दूसरे को स्वस्थ विकास के साधन देने में समर्थ नहीं

होते। हमारी प्राथमिक शिक्षा जिस वातावरण में चल रही है, उस वातावरण में बालक को विकास के साधन अप्राप्त ही रहेंगे।

माध्यमिक शिक्षा की स्थिति भी इससे भिन्न नहीं, अनिश्चय उसकी भी रूपरेखा को अस्पष्ट बनाए हुए है। वैसे सैनिक का जीवन भी और विशेषतः मोर्चे पर खड़े सैनिक का जीवन भी अनिश्चित होता है परंतु उस अनिश्चय के साथ कोई महान आदर्श हो तो मृत्यु का कारण जीवन से अधिक मूल्यवान जान पड़ता है। हमारी अनिश्चित स्थिति के साथ किसी ऊँचे आदर्श की पृष्ठभूमि नहीं है। इसी से उसके लिए किसी त्याग का महत्व नहीं रह जाता। आज न अध्यापक यह विश्वास कर पाता है कि वह समाज का आवश्यक अंग है और न विद्यार्थी, और बिना इस आस्था के कष्ट सहिष्णुता उसके लिए एक प्रकार की यातना ही है। हम यह कहने के अभ्यस्त हो गए हैं कि उनमें त्याग की कमी है परंतु हम यह भूल जाते हैं कि जो वस्तु उनके पास नहीं है उसका त्याग कैसे करेंगे। जब तक वह वस्तु प्राप्त नहीं कर लेते तब तक त्याग की बात कल्पना-मात्र है। विश्वविद्यालय का प्रश्न भी समस्या बन जाता है। समस्या को सुलझाने के लिए या भूल जाने के लिए हम सोचते हैं कि उन्हें बंद कर दें या जिज्ञासुओं की संख्या कम कर दें। हमारा विश्वास है कि हम, महान होने वाले हैं, विद्यार्थियों को पहिले से चुन लेंगे और अपने प्रयत्न से उन्हें महान बना लेंगे। शिक्षा के क्षेत्र में ऐसा संभव नहीं होता जब अनेक व्यक्ति दर्शन पढ़ेंगे तो एक राधाकृष्णन् जैसा दार्शनिक पैदा होगा। जब अनेक व्यक्ति विज्ञान के खोजी होंगे तब कोई एक जगदीश चंद्र वसु उत्पन्न होगा। ज्ञान के क्षेत्र में किसी महान व्यक्तित्व को पाने के लिए हमें अनेक व्यक्तियों को सुविधा देनी पड़ती है। पर्वत को तोड़ कर ही हम रेडियम का एक कण पाते हैं। यदि हम इसके लिए प्रस्तुत नहीं हैं तो हमें कुछ मूल्यवान् प्राप्त नहीं हो सकेगा। ज्ञान के क्षेत्र में काम करने वालों को न हम आर्थिक सुविधा दे सके हैं न सम्मान दे सके हैं। हमसे उन्हें केवल उपेक्षा और निंदा ही प्राप्त होती है। जहाँ तक साहित्यकार का प्रश्न है उसकी स्थिति इससे भी दयनीय है। साहित्य के माध्यम से संस्कृति का विकास होता है और आज उसके लिए न समाज में कोई महत्वपूर्ण स्थान है और न शासन-तंत्र में। सरकार साहित्य के विकास के लिए 50,000 रुपए की निधि रखती है और इस निधि से पुरस्कार दिए जाते हैं। वस्तुतः स्थिति ऐसी है कि साहित्यकार यदि अपनी पुस्तक प्रतियोगिता में भेजना चाहता है तो या तो उसे चार प्रतियाँ टाइप करानी होती हैं या उसे किसी प्रकाशक का सहारा लेना पड़ता है। टाइप कराने में 150-200 रुपया तक व्यय हो जाना सहज है और प्रकाशक तो उसकी आवश्यकता जान कर बिना कुछ दिए ही उसकी पुस्तक छापना चाहता है। इस प्रकार पुरस्कार की निधि से उन्हें 300 या 500 जो कुछ प्राप्त हो जाता है उन्हें भी इसके अतिरिक्त कोई लाभ नहीं होता। पहले प्रकाशक कुछ देकर पुस्तकों का कापीराइट खरीदता था और अब सरकार कुछ

देकर उनके लिए कापीराइट सुलभ कर देती है। एक विशिष्ट विद्वान ने एक कोष बनाया है, प्रकाशक उसका कापीराइट 200 रुपए में खरीदने के लिए प्रस्तुत है। यदि वह दे देता है तो उसके जीवन भर की पूँजी चली जाती है और यदि नहीं देता तो पुस्तक अप्रकाशित रह जाती है। इस प्रकार के उदाहरण एक दो नहीं असंख्य हैं। सरकार को ऐसी निधि अवश्य रखनी चाहिए जिससे पुस्तकों का प्रकाशन किया जा सके। प्रकाशन की योजना को कार्यान्वित करने के लिए वह विद्वानों, साहित्यकारों की सरकारी और गैरसरकारी संस्था बना सकती है। गत वर्ष मैंने श्री निराला जी की स्थिति के विषय में सदन में विस्तार से कहा था किंतु उनकी स्थिति आज भी वैसी ही है। गोली से मरना साहस का काम है किंतु यह भी कम साहस का काम नहीं है कि हम अपने आत्मीयजनों को बूँद-बूँद विष पीकर दम तोड़ते देखें और इस प्रकार का साहस आज प्रत्येक साहित्यकार को करना पड़ता है। पत्रकार की स्थिति तो इससे भी कठिन हो जाती है। साहित्यकार यह सोचकर संतोष कर सकता है कि कालोहियम् निरवधि विपुला च पृथ्वी किसी समय कोई समानधर्मा उत्पन्न हो सकता है जो हमारे ग्रन्थ को समझेगा परंतु पत्रकार को तो तात्कालिक समस्या पर लिखना पड़ता है और उसका महान से महान लेख भी दूसरे दिन महत्व खो देता है। यदि उसे जीवन की सुविधा और समाज का विश्वास न मिले तो उसका कार्य दुर्गम हो जाता है। आज हमें मनस्वी पत्रकार कम मिलते हैं, क्योंकि ऐसे वातावरण में इनका उत्पन्न होना उत्तरोत्तर असंभव होता जाता है।

विदेशी शासन तंत्र से हमारा सक्रिय विरोध था। उस समय शिक्षा के क्षेत्र में जितना निर्माण हुआ वह उसी विरोध का परिणाम था। महाकवि टैगोर का शांति निकेतन, गुरुकुल, काशी विद्यापीठ और अनेक राष्ट्रीय विद्यालय उत्पन्न हुए जिन्होंने बौद्धिक तथा सांस्कृतिक दृष्टि से देश को बहुत आगे बढ़ाया। जब किसी देश का बौद्धिक, नैतिक और सांस्कृतिक स्तर गिरता है तब समझना चाहिए कि वह जाति रसातल की ओर जा रही है क्योंकि मनुष्य केवल बाहर से नहीं बनता, वह यंत्र मात्र नहीं है। उसके समग्र निर्माण के लिए अंतर्जगत का निर्माण होना अनिवार्य है। एक दिन हमारी दृष्टि का केंद्र स्वतंत्रता थी परंतु जब से हमारी दृष्टि उस केंद्र से हटी है तब से हमारे पास कोई केंद्र नहीं रहा। हम स्वयं नहीं जानते कि हम क्या करना चाहते हैं। हमारे जीवन के प्रत्येक क्षेत्र में अपराधों की आवृत्तियाँ हो रही हैं। इसके प्रतिकार के लिए हम यही चिंता करते हैं कि पुलिस बढ़ावें, सेना बढ़ाएं परंतु इन साधनों से मन के भीतर बढ़नेवाली विषमता और अपराधों की प्रवृत्ति की रोकथाम नहीं हो सकती। हम कटघरा बना कर इतने अधिक व्यक्तियों को अभियुक्त के रूप में नहीं खड़ा कर सकते। बौद्धिक विकास की इस स्थिति के समान ही हमारी सामाजिक संस्थाओं की दुर्गति है। आज भी हमारे यहाँ ऐसे अनाथालय हैं जिनके बच्चे भीख माँगते घूमते रहते हैं। जिस दिन वह भिक्षाटन

में कुछ माँग कर नहीं लाते अनाथालय का प्रबंधक उन्हें भोजन नहीं देता। स्वतंत्र देश में कोई अनाथ क्यों कहा जाए और भिक्षुक बनाने वाली संस्थाएँ क्यों रहें ? हमारे विधवा आश्रमों की स्थिति भी भीषण है। जीवन का गर्हित व्यापार-मात्र उनकी विशेषता है। ऐसी स्थिति में यह कल्पना करना कि शिक्षा हमारी प्राथमिक आवश्यकता नहीं है और जब जीवन के अन्य क्षेत्र विकास कर चुकेंगे तब हम इसके विकास पर ध्यान देंगे, कितनी बड़ी भूल है यह कहना व्यर्थ है। मनुष्य का सबसे बड़ा निर्माण मनुष्य ही है। शासन-तंत्र का भी सबसे बड़ा सृजन मनुष्य में ही मिलता है। सुंदर प्रासाद बनाने वाले को समाज भूल जाता है और प्रासाद भी खंडहर हो जाता है परंतु जिन्होंने राष्ट्र को बनाया मनुष्य को बनाया उनके निकट मनुष्यता कृतज्ञ रहती है।

आज विचार और विचार का संघर्ष है और विश्व दो खेमों में बँट गया है। विचारों की लड़ाई में वही सफल होता है जिसकी दृष्टि जीवन को गहराई में पकड़ती है। यदि हम यह विचार करें कि व्यक्ति की विकृतियाँ सामूहिक विकृतियाँ नहीं हैं तो हमारा यह विश्वास हमारे लिए आत्मघाती सिद्ध होगा। यंत्र में यदि एक पुरजा भी खराब है तो वह कार्य नहीं कर सकता। व्यक्ति भी समाज में ऐसी ही इकाई है। जिस समाज के इतने अंग खराब हों उसे चला लेना संभव न होगा। हमें अपने सामाजिक धरातल को ऊंचा उठाने के लिए अविलंब कोई योजना बनानी है। आज से कुछ पहिले जितने कलाकार, विद्वान, तपस्वी थे, आज वे हमें नहीं दीखते क्योंकि हम उन विशेषताओं को महत्व देना भूल गए हैं। समय हमारे लिए रुक नहीं सकता। समय के प्रवाह के साथ हमें अपनी गति की संगति बैठानी होगी। इसमें विवाद का, मतभेद का अवसर नहीं है। दो खंभे नहीं मिल सकते किंतु जल की दो धाराएँ मिल सकती हैं और उन धाराओं से बनने वाली नदी समुद्र में मिल सकती है। जीवन में ऐसी ही तरलता गतिशील होती है। शासक और शासित दोनों मिल कर एक ऐसी नदी बन जाएँ तो जीवन को विकास के महान समुद्र तक पहुँचा सकें।

शिक्षा का उद्देश्य*

स्नातक अनुजों को उपदेश देने की स्थिति में मैं अपने आपको नहीं पाती, क्योंकि मैं स्वयं एक जिज्ञासु विद्यार्थिनी हूँ। जीवन की पुस्तक का अभी एक पृष्ठ भी मैं समाप्त नहीं कर पाई। वैसे मेरे विचार से, मनुष्य चिंतन और अनुभूति की चिर नवीन उद्भावनाओं की दृष्टि से आजीवन विद्यार्थी ही रहता है। इस स्थिति में परिवर्तन के लिए उसे बुद्धि और हृदय के द्वार ही बंद कर लेने पड़ते हैं।

भारत अपने भौगोलिक परिवेश में जितना विविध रूपात्मक है, सांस्कृतिक दृष्टि से उतना ही संश्लिष्ट। और उसके सांस्कृतिक मूल्य जीवन के लिए मंगलविधायक तथा आलोकवाही रहे हैं।

जिन युगों तक इतिहास की किरणें नहीं पहुँच पातीं, उन युगों में भी भारत ने आचार्यकुलों को अपनी मूल्यात्मक उपलब्धियों का संरक्षक तथा अंतेवासियों को उनका उत्तराधिकारी स्वीकार कर दोनों को समान महत्व दिया था।

जन्म से लेकर शिक्षा की समाप्ति तक व्यक्ति के निर्माण के लिए, जो जटिल, परंतु गंभीर संवेदनमयी व्यवस्था की शृंखला मिलती है, उसकी प्रत्येक कड़ी दीर्घ चिंतन और परीक्षण का परिणाम है।

तत्कालीन दीक्षांत अनुष्ठान ऐसी संधिवेला थी, जिसमें शिष्य की परीक्षा समाप्त और गुरु की परीक्षा का आरंभ होता था। स्नातक में कुलगुरु का ज्ञान ही नहीं, उसकी महिमा भी संक्रमित होती थी। इसी से स्नातक अपने आचार्य कुल से ही पहचाना जाता था। उनमें अनेक कुलगुरु अपनी अत्यंत क्रांतिकारिणी जीवन-दृष्टि के लिए प्रख्यात थे और उनकी शिष्य परंपरा समाज को गतिरुद्ध करनेवाली रूढ़ियों को खंड-खंड करने का संकल्प लेकर कर्मक्षेत्र में प्रवेश करती थी।

सा विद्या या विमुक्तये

(वही विद्या है जो मुक्ति के लिए है) विद्या की उपर्युक्त परिभाषा से अधिक

---

* विक्रम विश्वविद्यालय, उज्जैन में दीक्षांत भाषण।

प्रगतिशील परिभाषा खोज लेना कठिन होगा।

शिक्षा-संस्थानों में राष्ट्र बनता है, अतः आश्चर्य का विषय नहीं है कि भारतीय मनीषा ने, प्रत्येक अतीत युग में, शिक्षा के क्षेत्र को विशेष सम्मान की दृष्टि से देखा तथा तत्कालीन शासन-व्यवस्था के नियन्त्रण से उसे मुक्त रखा।

सहस्रों वर्ष पूर्व की शैक्षणिक उपलब्धियों का आज क्या उपयोग है यह जिज्ञासा भी स्वाभाविक है। यह निर्विवाद सत्य है कि हम अतीत युगों के जीवन और परिस्थितियों की आवृत्ति नहीं कर सकते। जब एक बीते क्षण, एक तीव्र संवेदन तक को लौटा लेना संभव नहीं है, तब सुदूर अतीत में जीने का प्रश्न कल्पनातीत है।

परंतु मानव के अतीत, वर्तमान और भावी संवेदनों को सँभालने वाला समय तो अखंड ही रहता है।

विकास-क्रम में एक युग का मानव-समूह अपने पूर्वजों से जो उत्तराधिकार पाता है, वह शारीरिक, मानसिक, सामाजिक, सांस्कृतिक आदि दृष्टियों से विविध और उपयोग के परिप्रेक्ष्य में चिर नूतन ही रहता है। जब अतीत युगों के दर्शन, कला, साहित्य आदि, भिन्न वर्तमानयुगीन परिस्थितियों में जीवन को समृद्ध कर सकते हैं, तब उन्हें जन्म देने वाली दृष्टि और सामाजिक संस्थाओं का ज्ञान भी उपयोगी हो सकता है।

विकासक्रम में यह सत्य और भी स्पष्ट हो जाता है। व्यापक अर्थ में विश्व का समस्त मानव-समूह एक परिवार है, परंतु विभिन्न प्राकृतिक परिवेशों में विकास के कारण वह वर्ण, आकृति, संस्कार, जीवन-पद्धति आदि की दृष्टि से अनेक जातियों में विभाजित हो गया है।

अपने विशेष भौगोलिक परिवेश के रागात्मक लगाव, संस्कार-क्रम में उत्पन्न जीवन पद्धतियों की समानता आदि ही किसी मानव समूह को राष्ट्र की संज्ञा से अभिषिक्त करते हैं। नदी-पर्वत-समतल मात्र राष्ट्र नहीं बन जाते और न मानवों की विषम भीड़ ही राष्ट्र की गरिमा की अधिकारिणी हो जाती है।

वस्तुतः राष्ट्र शब्द से प्रबुद्ध चेतन, किंतु, स्वेच्छया एकताबद्ध मानव-समूह और उसका परिवेश दोनों का बोध होता है।

माता भूमिः पुत्राऽहम् पृथिव्याः

—अथर्व.

से लेकर 'मुकुट शुभ्र हिमतुषार' तक जो भाव-समुद्र लहरा रहा है, उसका तट बनाने की क्षमता किसी युग को प्राप्त नहीं हो सकी है।

अनेक बौद्धिक उपलब्धियों के संबंध में भी यही सत्य है। वास्तव में किसी भी युग में जीवन अपने आपको धोई-पोंछी स्लेट के समान नहीं प्रस्तुत करता। उसमें अनिवार्यतः अनेक विगत युगों के भौतिक, मानसिक, सामाजिक, आदि संस्कारों के चिह्न रहना स्वाभाविक है। जिन संस्कारों की रेखाओं में मानव-प्रगति का इतिहास

निबद्ध है, उन्हें नवीन युग की परिस्थितियों से जोड़ कर हम अपने युगांतर दीर्घ विकास की स्वर्णिम शृंखला में नवीन कड़ी जोड़ते हैं, उसे तोड़ते नहीं।

माला में चाहे मोती गुम्फित हों चाहे फूल, उन्हें सँभालने का कार्य सूत्र ही करता है, जिसके टूटने पर बहुमूल्य और सुंदर सब कुछ धूल में बिखर जाता है।

अपनी धरती की गहराई में जड़ें रखनेवाले पौधे किसी भी दिशा से आनेवाले पवन के उष्ण या शीतल झोंकों से खेल लेते हैं। वर्षा की झड़ी और कठिन धूप को भेंट लेते हैं। यदि वे अपनी धरती का आधार छोड़ दें तो न मलय समीर उन्हें जीवित रख सकेगा और न वर्षा का अमृत जल। धनुष पर बाण को संधान कर जब तक उसे पीछे तक नहीं खींचा जाता, तब तक उससे लक्ष्यवेध संभव नहीं होता। पीछे का पग धरती पर जमाए बिना न आगे का उठाया जा सकता है और न एक डग आगे बढ़ा जा सकता है।

गत युगों की उपलब्धियों के प्रति उपेक्षा-भाव को, अपनी भावी प्रगति की शपथ मान कर हमने अपने-आपको दिग्भ्रांत ही किया है, क्योंकि बिना वर्तमान के अतीत गतिहीन है और अतीत से विच्छिन्न वर्तमान दिशा-निर्देशहीन हो जाता है।

मानव के सूक्ष्म मनोजगत से लेकर उसके प्रत्यक्ष कर्म तक जो परिष्कार-क्रम आदिमयुग से चलता आ रहा है, वही मानव-संस्कृति है और यह समः कृति निर्मित वस्तु न होकर निर्माण-परंपरा ही रहती है।

ऐसी स्थिति में एक युग की उपलब्धियाँ दूसरे युग में संक्रमित होकर ही सार्थकता पाती हैं। इस संक्रमण क्रम के टूटने पर अनेक संस्कृतियाँ तिरोहित हो चुकी हैं, यह तथ्य इतिहास से प्रमाणित हो सकता है।

संस्कृति का स्वभाव मूल्यात्मक या धनात्मक ही होने के कारण उसे निषेधात्मक या ऋणात्मक रूप में अनुभव नहीं किया जा सकता। हम किसी भी सांस्कृतिक मूल्य को उसके अभाव में नहीं अनुभव करते। उदाहरण के लिए, हम सामाजिक मूल्य के रूप में सत्य का अनुभव कर सकते हैं, परंतु उसका अभाव, असत्य हमारे अनुभूति क्षेत्र से बाहर बुद्धि का विषय है।

संस्कृति के विकास-क्रम में प्राप्त मूल्य, नैतिक, सामाजिक, आध्यात्मिक, राजनीतिक आदि विविध क्षेत्रों में विभाजित होकर भी व्यक्ति और समष्टि की दृष्टि से एक संश्लिष्ट और व्यापक प्रभाव उत्पन्न करते हैं।

इन जीवन मूल्यों के साथ अनेक मान्यताओं तथा प्रयोगजनित रूढ़ियों का संक्रमित हो जाना अनिवार्य है। अतः प्रत्येक युग में नवीन परिस्थितियों की कसौटी पर खरे उतरने पर ही वे अपने मूलरूप में प्रतिष्ठित हो पाते हैं।

भारत विशाल और पुरातन महादेश है। और उसकी सहस्रमुखी संस्कृति गंगोत्री के गोमुख से समुद्र तक प्रवाहित गंगा के समान अनेक धाराओं को समेटती रही है। उसे अंधकार के ऐसे अनेक प्रहर पार करने पड़े हैं, जिनमें किसी जीवन-मूल्य

तथा मान्यता की परीक्षा से अधिक आवश्यक उसका संरक्षण था। परिणामतः कहीं मूल्यवान खो गया, कहीं मूल्यहीन संरक्षित हो गया।

राष्ट्र-जीवन के जिन क्षेत्रों को कुछ मूल्यवान खोना पड़ा है, उनमें शिक्षा का क्षेत्र विशेष स्थिति रखता है। शिक्षा किसी भी राष्ट्र का मेरुदंड कही जा सकती है। वह अतीत युगों की उपलब्धियों तथा वर्तमान परिस्थितियों का संधि-स्थल ही नहीं, ऐसा आलोक भी है, जिसमें भविष्य की रूपरेखा निखरती और स्पष्ट से स्पष्टतर होती चलती है।

जिस प्रकार शरीर में हृदय सब अंगों को स्वस्थ रक्त पहुँचाने का कार्य करता है, उसी प्रकार शिक्षा-क्षेत्र समाज, शासन, विज्ञान, कला, साहित्य आदि सभी क्षेत्रों में नवीन प्रतिभाएँ भेजता है। यदि शिक्षा-क्षेत्र द्वारा पहुँचाया गया नवीन रक्त स्वस्थ है, तो सभी क्षेत्र स्वस्थ और क्रियाशील रहते हैं। यदि नवीन रक्त में व्याधियों के कीटाणु प्रवेश कर जाते हैं, तो राष्ट्र-जीवन के सभी क्षेत्र सांघातिक रूप से पीड़ित हो उठते हैं।

प्रबुद्ध राष्ट्र की जीवन पद्धति में शिक्षा-क्षेत्र का उत्तरदायित्व विद्वानों, चिंतकों और आचार्यकुलों पर रहता है।

शिक्षाक्षेत्र के अंतःगठन में दो परस्पर पूरक पक्ष अनिवार्य हैं—ज्ञातव्य, विषय या विद्या और उसका संप्रेषण या शिक्षा और उसके बहिर्गठन में गुरु, शिष्य, पाठ्यक्रम और परिवेश अन्योऽन्याश्रित महत्वपूर्ण स्थिति रखते हैं।

शिक्षा कमल के इन षट्दलों को संग्रथित रखनेवाला कुड्मल भाषा है, जिसके अभाव में सब दल बिखर जाते हैं।

भारत के तत्वदर्शी चिंतकों ने जीवन के किसी भी क्षेत्र या लक्ष्य को इतनी सावधानी से गठित नहीं किया है, जितनी शिक्षा क्षेत्र के गठन में मिलती है। कारण स्पष्ट है। इस क्षेत्र में मानव का दुहरा निर्माण होता है। अन्य क्षेत्रों में जब वह पहुँचता है, तब बुद्धि और हृदय से प्रबुद्ध और संवेदनशील सदस्य के रूप में प्रतिष्ठित होने योग्य बन चुकता है; परंतु शिक्षा के क्षेत्र में वह समस्त अनगढ़ पशुवृत्तियों और मानवीय संभावनाओं के साथ ही प्रवेश करता है। उसकी पशुप्रवृत्तियों को संयमित तथा मानवीय संभावनाओं को साकार बनाने का कठिन कार्य जहाँ होता है, उस क्षेत्र की उपेक्षा मानव समाज को बर्बरता की ओर लौटा देती है।

जीवन के गहन मूल्यकोष को भारतीय मनीषा ने विद्या नाम से अभिहित किया था। वेद के समान ही विद् (जानना) धातु से बनी यह संज्ञा, समय के बहुत से आँधी-तूफान पार कर आई है और मानव द्वारा अनेक सदुपयोग-दुरुपयोग के अमिट चिह्नों से चित्रमयी है। परंतु तत्वतः यह जीवन की ऐसी मूल्यात्मक उपलब्धियों का प्रतीक रही है, जो मानव-संसृति की युगांतर दीर्घ यात्रा में भी धूमिल न होकर अपनी दीप्ति से पथ को आलोकित करती रही है।

विद्या का लक्ष्य व्यक्ति और समष्टि दोनों को सामंजस्यसूत्र में बाँध कर संपूर्णता देना है तथा शिक्षा हृदय और बुद्धि के परिष्कार और समन्वय द्वारा मानव को लक्ष्य तक पहुँचने की क्षमता प्रदान करती है।

ज्ञान से अधिक कठिन उसकी संप्रेषणीयता है, अतः शिक्षा का क्षेत्र ज्ञान की दोहरी और रहस्यमयी प्रयोगशाला बन जाता है। उसे व्यक्ति के अंतर्जगत को संपूर्ण तथा मुक्त विकास भी देना पड़ता है और उसे समष्टि से सामंजस्यपूर्ण बंधन में बाँधना भी पड़ता है। उसे मनुष्य की मूलभूत प्रवृत्तियों को परिष्कार और दिशा भी देनी पड़ती है और उसके बहिर्जगत की समस्याएँ भी सुलझानी पड़ती हैं।

इसी कारण चिंतकों ने विद्या को परा और अपरा या परमार्थकरी और अर्थकरी में विभाजित कर, उसे लक्ष्यतः स्पष्ट से स्पष्टतर करना उचित समझा।

परा विद्या मानव के आत्मबोध तथा सहजात प्रवृत्तियों के ऊर्ध्वगमन का माध्यम है और अपरा उसकी लौकिक स्थिति में विकास का साधन।

परमार्थकरी विद्या से मानव की मानसिक वृत्तियों के उदात्तीकरण का बोध होता है और अर्थकरी उसे लौकिक दृष्टि से जीवनयापन के लिए उपयुक्त और संतुलित विकास देती है।

मानव प्रकृति तत्वतः नैतिक है। हम पशुविशेष को बल से विवश करके अपना इच्छित आचरण सिखा सकते हैं, परंतु उस क्रिया की असंख्य आवृत्तियाँ कर के भी पशु न उसमें सुख का अनुभव करने में समर्थ है और न स्वतंत्र होने पर वैसा आचरण करेगा। सर्कस में अनेक प्रकृत्या हिंस्र अहिंस्र जीव साथ रहकर सिखाए हुए आचरण के अनुसार कार्य करते हैं, परंतु इससे उनकी वृत्तियों में कोई अंतर नहीं आता।

मानव की विकास-गाथा इससे भिन्न है। उसमें तत्वगत नैतिक प्रकृति के जागरण के साथ एक असीम आनंद उद्वेलित हो उठता है, जिसे हम, आस्था, सौंदर्यबोध, और समष्टि में अपने-आपको विसर्जित करने की इच्छा कह सकते हैं। समष्टि के साथ अनुभव करने, विचार विनिमय करने और उससे एकात्म होने की इच्छा ही, मानव जाति के धर्म, दर्शन, साहित्य, कला आदि की जननी रही है।

एकोऽहम् बहुस्याम—मैं एक हूँ अनेक हो जाऊँगा, ब्रह्म के लिए कहा गया वाक्य मनुष्य के लिए भी सत्य है। यह इच्छा मनुष्य के सीमित व्यक्तित्व की समष्टिगत असीमता है।

शिक्षा अपने सीमित अर्थ में जीवन के लिए तैयारी मानी जा सकती है, परंतु व्यापक अर्थ में वह जीवन का चरम उद्देश्य ही रहेगी। इन सीमित और व्यापक अर्थों में कोई अंतर्विरोध संभव नहीं है, क्योंकि सीमित, व्यापक अर्थ में अंतर्भूत रहता है। मनुष्य व्यापक समष्टि का अंग और विश्व नागरिक होकर भी किसी देश-विशेष का नागरिक और समाज विशेष का अंग होता है और इस नाते विशेष कर्त्तव्यों तथा अधिकारों से घिरा रहता है। विसंगति तब उत्पन्न होती है, जब शिक्षा निरुद्देश्य तैयारी

मात्र रह जाती है, क्योंकि वह परिणामहीन क्रियाशीलता है।

जिस प्रकार नींव की कंपन के साथ समस्त भवन हिल जाता है, उसी प्रकार उद्देश्य या लक्ष्य की अस्थिरता से शिक्षा के सभी सोपान अस्थिर हो जाते हैं।

शिक्षा के उच्च स्तर पर लक्ष्यहीनता का परिणाम अधिक सांघातिक हो, यह स्वाभाविक है।

शैशव में व्यक्तित्व अविकसित रहता है, अतः लक्ष्य के प्रश्न अनदेखे कर दिए जाते हैं, किशोरावस्था में व्यक्तित्व निर्माण के क्रम में रहता है, अतः उसकी परिणति के संबंध में विचार नहीं किया जाता, परंतु कर्मक्षेत्र के प्रवेशद्वार पर जब शरीर से अस्वस्थ और मन से हताश तरुण पहुँचता है, तब जीवन और समाज दोनों की स्थिति संकटापन्न हो जाती है।

हमारे महादेश को पराजय की तमिस्रा के दीर्घ युग पार करने पड़े हैं और इस अभिशप्त यात्रा में उसने जीवन के लिए आवश्यक पाथेय का जो मूल्यवान अंश खोया है वह शिक्षा का दर्शन है। यह निर्विवाद है कि कोई भी विजेता विजित देश पर शासन-मात्र का अधिकार प्राप्त कर संतुष्ट नहीं होता। वह विजित पर सांस्कृतिक विजय भी चाहता है, जिसका सहज पर अव्यर्थ माध्यम शिक्षा ही रहती है। परशासित देश में शिक्षा का उद्देश्य वही नहीं हो सकता, जो स्वशासित देश के लिए आवश्यक है।

स्वशासित देश को अपनी सांस्कृतिक, सामाजिक, राष्ट्रीय आदि मूल्यात्मक निधियों के लिए उपयुक्त उत्तराधिकारियों का निर्माण करना होता है और परतंत्र देश के परशासकों को अपनी स्थिति यथावत बनाए रखने के लिए आवश्यक सहायक। दोनों स्थितियों में शिक्षा लक्ष्यतः कार्यतः और परिणामतः भिन्न हो तो आश्चर्य नहीं।

भावी नागरिक के व्यक्तित्व का ऐसा विकास, जिसमें उसका स्वाभिमान, राष्ट्र-भावना, अन्याय के विरुद्ध संघर्ष की इच्छा आदि विशेषताएँ विकसित हो सकें, स्वतंत्र देश के लिए उपयोगी हो सकता है। किंतु विजेता शासकवर्ग के लिए शासितों की नई पीढ़ी का ऐसा विकास अस्त्र-शस्त्रों से अधिक शंकाजनक है, क्योंकि वह विकास विजेता की निर्णीत जय को अनिर्णीत करने और उसे पराजय में बदलने की शक्ति रखता है।

भारत में स्वतंत्रता प्राप्ति के उपरांत भी शिक्षा के क्षेत्र में लक्ष्यतः और कार्यतः परिवर्तन नहीं किया जा सका, परिणामतः आज निर्माण की बेला में वही क्षेत्र अधिक अशांत, अस्थिर और विघटनशील है।

आधुनिक युग में छात्रवर्ग का असंतोष विश्व-व्यापक हो गया है, परंतु उसके देशज कारणों और परिस्थितियों में अंतर है। जिन देशों में शरीर मुक्त हैं, पर मन बंधन में है वहाँ भी, और जहाँ मन मुक्त है, पर शरीर पर कठिन नियन्त्रण है वहाँ भी, शिक्षा का क्षेत्र ही हलचलों का केंद्र है। कहीं सामाजिक बंधन टूटते हैं, कहीं

मानसिक नियन्त्रण शिथिल होता है, किंतु टूटने के क्रम में निरंतरता है।

स्पष्ट ही मानव के अंतर्जगत में कुछ नवीन जन्म ले रहा है, जिसकी पीड़ा नई पीढ़ी को अधिक अशांत कर रही है। सामान्यतः यह पीड़ा देश-विशेष की परिस्थितियों से उसी प्रकार रंग-रूप पाती है, जैसे काँच के रंगीन पात्र में भरा जल अपने आधार से ही आकृति और रंगमयता ग्रहण करता है।

कभी-कभी इस नियम में अपवाद भी देखा जा सकता है। अमेरिका जैसे भौतिक दृष्टि से सर्व सुविधा-संपन्न और वैज्ञानिक दृष्टि से अग्रगामी देश के पचास लाख से अधिक उच्चस्तरीय छात्रों की अशांति, केवल भौतिक सुविधाओं के अभाव से उत्पन्न नहीं कही जा सकती।

तत्वतः आज का युग प्राचीन और नवीन जीवन मूल्यों की ओर मान्यताओं की संक्रांति का, टकराहट का है।

विज्ञान ने एक नवीन प्रकृति-धर्म की प्रतिष्ठा की है, जिसके कारण विश्व एक हो गया है। राजनीतिक विचारधाराओं ने एक नए नीतिशास्त्र का निर्माण किया है, जिसके कारण विश्व लघु खंडों में विभाजित होता जा रहा है। दोनों में संगति या समन्वय की स्थिति अभी उत्पन्न नहीं हो सकी है। उसे जीवन का उच्चतर लक्ष्यबोध ही संभव कर सकता है, जिसकी अभी खोज ही आरंभ नहीं हुई।

जहाँ तक भारत के छात्रवर्ग का प्रश्न है, वह सामाजिक ही नहीं, मनो-वैज्ञानिक संक्रांति के मध्य में है। उसके व्यक्तित्व की बाह्य और अंतःस्थिति इतनी विघटित है कि उसमें निर्माण की प्रेरणा जगाना दुष्कर नहीं तो कठिन अवश्य है।

आज के छात्र या स्नातक ने स्वतंत्रता के आलोक में आँखें खोली थीं और जीवन की धड़कन के साथ ही भारत का जयगान सुना था। उसकी आशाएँ, कल्पनाएँ पूर्व पीढ़ी से भिन्न हों, तो उसे स्वाभाविक ही माना जाएगा। पिछली पीढ़ी ने दासता का अभिशाप झेला था; उसकी आशाओं और कल्पना में सफलता का अंतिम बिंदु और एकमात्र केंद्र विदेशियों के शासन से मुक्त होना मात्र था। स्वतंत्र होने के उपरांत पूर्व केंद्रों से मुक्त दृष्टि कुछ प्रसन्नता और कुछ कुतूहल से नवीन केंद्र की खोज में ही भटकती और थकती रही। लौह बेड़ियाँ कट जाने पर भी पैर पर उसके चिह्न नहीं कट जाते और वे दाग ही प्रायः मुक्त बंदी की बंधनजनित वेदना की कथा कहते रहते हैं। पिछली पीढ़ी के साथ भी यही घटित हुआ।

उसने न मानसिक दासता से मुक्ति पाई, न मुक्ति पाने को आवश्यक समझा। इसके विपरीत वह मुक्ति के प्रमाण में अतीत बंधन के चिह्नों के प्रदर्शन करती रही। नवीन पीढ़ी ने इस स्थिति को पहले कुतूहल से देखा, फिर जिज्ञासा से और अंत में विरोध व्यक्त किया।

छात्रवर्ग के असंतोष के अनुमानित कारण कई हैं। यह भी कहा जाता है कि शिक्षा के क्षेत्र में अशांति का कारण, वे पिछड़े वर्ग के विद्यार्थी हैं, जिनके परिवारों

में शिक्षा संबंधी कोई संस्कार नहीं था और जो अब तक शिक्षा से वंचित थे। छात्र आंदोलन का कारण, शिक्षा के उपरांत जीविकोपार्जन का कोई साधन प्राप्त न होना है, यह विश्वास भी सकारण है।

राजनीतिक दलों की प्रेरणा छात्रों के असंतोष के मूल में है यह भी प्रचलित मान्यता है। जीवन की मान्यताओं और मूल्यों में परिवर्तन ही छात्रवर्ग को अशांत कर रहा है, यह भी चिंतकों का निष्कर्ष है।

इन सभी अनुमानों में आंशिक सत्य है, संपूर्ण नहीं, क्योंकि ऐसे सामूहिक असंतोष अनेक प्रत्यक्ष-अप्रत्यक्ष, अंतःबाह्य परिस्थितियों की विषमता के परिणाम होते हैं। वे विषमताएँ तत्काल विस्फोटक रूप नहीं पा लेतीं। जैसे भूकंप के पहले पृथ्वी के गहरे अंतराल में ज्वाला जल की विषम स्थितियाँ उत्पन्न होकर बल प्राप्त करती रहती है, वैसी ही मानव समष्टि के असंतोष की कथा है। उसका कारण न एक स्थिति है, न एक विषय। लोकतंत्र की सफलता का आधार शिक्षा है, जिसके अभाव में जनसमूह को प्रबुद्ध करना संभव नहीं होता। इस दृष्टि से भारत ने, जिसमें शिक्षा की परंपरा प्राचीन और उज्ज्वल रही है, शिक्षा के प्रसार की दिशा में अधिक प्रयत्न नहीं किया है।

स्वतंत्रता के बीस वर्षों में शिक्षा की जो प्रगति हुई है, उसमें किसी प्रदेश में विद्यार्थियों की संख्या में 6 प्रतिशत किसी में 8 और किसी में 9 प्रतिशत वृद्धि हुई है। समय का विस्तार देखते हुए और अन्य स्वतंत्र देशों की शिक्षण व्यवस्था की तुलना में यह वृद्धि आशाजनक नहीं कही जा सकती। अब भी 77 से 88 प्रतिशत के लगभग शिक्षा पाने योग्य किशोर वर्ग उससे वंचित है।

पिछड़े वर्ग से आने वाले और शिक्षा संस्कार से रहित विद्यार्थी ही शिक्षा-व्यवस्था में अराजकता के कारण हैं, यह धारणा भी सत्य से दूर है। वास्तव में पिछड़े वर्ग के विद्यार्थी को दोहरा परिश्रम करना पड़ता है। उच्चवर्ग का विद्यार्थी कम शिक्षित और कम मेधावी होने पर भी संस्कृत और संभ्रांत माना जाता है। पिछड़े वर्ग के विद्यार्थी को अपने आपको संस्कृत कहलाने के योग्य भी बनाना पड़ता है और अच्छा विद्यार्थी भी प्रमाणित करना पड़ता है। उसे छात्रवृत्ति संबंधी कुछ सुविधाएँ भी प्राप्त हैं और उत्तीर्ण होने पर आजीविका के लिए बहुत भटकना भी नहीं पड़ता। उसने अपने जीवन का स्तर भी इतना उन्नत नहीं बना लिया कि वह दुर्वह हो जावे।

बालिकाओं के शिक्षाक्षेत्र में प्रवेश को भी ऐसी ही शंका की दृष्टि से देखा गया था, क्योंकि उनकी युगांतर दीर्घ दोहरी दासता में शिक्षा के संस्कार भी मिट गए थे। परंतु उन्होंने अपने सुविधासंपन्न सहपाठियों से अधिक कठिन श्रम करके समता ही नहीं श्रेष्ठता भी प्राप्त कर ली। वस्तुतः वर्तमान युग पीड़ितों और गिरे हुओं का है और यह वर्ग जब उठता है तब उसका वेग शिलाएँ तोड़ कर निकलनेवाले निर्झर के समान अप्रतिहत गति होता है।

शिक्षा के उपरांत भी आजीविका के प्रश्न का समाधान न पाना और इस स्थिति के लिए समाज द्वारा उसी को दोषी ठहराया जाना, विद्यार्थी की उद्भ्रांति का विशेष कारण है। पहले प्राविधिक शिक्षा के उपरांत उत्तीर्ण विद्यार्थी को बेकारी का अभिशाप नहीं झेलना पड़ता था, परंतु अब वे भी सैकड़ों की संख्या में निष्फल भटकाव की स्थिति में हैं।

भविष्य के संबंध में आश्वस्त किए बिना विद्यार्थी वर्ग के असंतोष का उपचार न संभव है न सुकर।

जहाँ तक राजनीतिक विचारधाराओं का प्रश्न है, उससे न आज के विद्यार्थी को अपरिचित रखा जा सकता है न दूर, क्योंकि वे भावी शासन व्यवस्था संबंधी स्वप्नों की प्रयोगात्मक कसौटी हैं। परंतु यदि विद्यार्थी की प्रतिभा और उसके कृतित्व को उसकी रुचि के अनुसार दिशा और लक्ष्य प्राप्त हो सके तो वह राजनीति में सक्रिय भाग लेने को आवश्यक न समझेगा। यह प्रश्न विद्यार्थी जीवन में नहीं, कर्मक्षेत्र में प्रवेश के अवसर पर उठेगा और तभी उसका समाधान समाज के लिए हितकर होगा। उससे पहले विद्यार्थी की रुचि की दिशा और उस लक्ष्य तक पहुँचने के लिए आवश्यक साधन ही पूर्ण रहते हैं। यदि किसी की रुचि या प्रवृत्ति की दिशा, विज्ञान या साहित्य या कला है और उसे अपनी सृजनात्मक शक्ति के विकास के लिए इच्छित अवकाश प्राप्त हो जाता है, तो वह सक्रिय राजनीति के क्षेत्र में असमय प्रवेश को समय का दुरुपयोग ही मानेगा।

राजनीति के संघर्ष-क्षेत्र में जो व्यक्ति विद्यार्थी वर्ग का अस्त्रशस्त्र के रूप में उपयोग करते रहते हैं, उन्हें भी समष्टि के हित में अपनी कार्यप्रणाली में परिवर्तन की आवश्यकता का अनुभव हो सके, तो इस समस्या का समाधान खोजना सहज हो जाएगा।

इन सब समस्याओं से कठिन समस्या शिक्षा के अंतःस्वरूप तथा माध्यम से संबंध रखती है। मातृभाषा ही शिक्षा का उचित माध्यम हो सकती है, इस निष्कर्ष पर विश्व के सभी शिक्षाशास्त्री एकमत हैं।

मनोवैज्ञानिक दृष्टि से भाषा का प्रश्न संस्कृति से तथा राष्ट्र-भावना से संबद्ध रहता है, विशेषतः भारत जैसे महान देश के लिए जो सांस्कृतिक दृष्टि से महान होने पर भी राष्ट्र की दृष्टि से पराधीन रह चुका है।

मात्र उपयोगिता की दृष्टि से भी भारत के भावी नागरिक के निर्माण में विदेशी भाषा बाधक ही सिद्ध होती है। हमारे विद्यार्थी वर्ग में 90 प्रतिशत अंग्रेजी में अनुत्तीर्ण होते हैं और अधिकांश उक्त माध्यम से न किसी विषय को तत्वतः समझ पाते हैं और न व्यक्त करने में समर्थ होते हैं।

भाषा का संबंध मानवीय संवेगों से, मन से बहुत गहरा होने के कारण विद्यार्थी के व्यक्तित्व का जैसा संश्लिष्ट विकास अपेक्षित रहता है, वह असंभव हो जाता है।

अपने आपको व्यक्त न कर सकने की कुंठा से अधिक दयनीय कुंठा मननशील प्राणी के लिए अन्य नहीं हो सकती और जब इस मानसिक स्थिति की अभिव्यक्ति कर्म में होती है, तब वह ध्वंसात्मक प्रवृत्ति को ही प्रत्यक्ष कर सकती है।

भाषा मानव के व्यष्टिगत व्यक्तित्व का भी अंग है और समष्टिगत व्यक्तित्व का भी। अतः उसे जीर्णशीर्ण परिधान के समान उतार फेंकने का प्रयत्न असफल तो रहता ही है, वह व्यक्ति और समष्टि के संबंध भी विषम कर देता है। सारे देश के लिए कभी किसी विदेशी भाषा को सीखना संभव नहीं होता, परंतु वह अपनी भाषा को जीवन के साथ ही ग्रहण कर लेता है।

मानव की आदिम अवस्था का उल्लास, पीड़ा, विस्मय आदि ध्वनियों से जन्म पाकर भाषा उसके उदात्त और गूढ़ भावना-विचार तक जैसा विस्तार पा गई है, यह एक युग का कार्य नहीं है। अवश्य ही भाषा में परिवर्तन हुए हैं, परंतु वे नदी के मोड़ों के समान हैं, नदी का अंत नहीं। तटों और तरंगों की नवीनता नदी की अबाध गति के लिए है, उसे खंड-खंड करने के लिए नहीं।

'अहम् राष्ट्री संगमनी वसूनाम्' (मैं राष्ट्र की शक्ति हूँ, उसे समृद्धि से संयुक्त करती हूँ) ऋग्वेद के इस वाक्-परिचय का प्रमाण भारत से अधिक अन्य देशों ने दिया है, जिनकी भाषाप्रीति उनकी राष्ट्रनीति का आवश्यक अंग है।

इजराइल जैसे छोटे देश ने हिब्र जैसी कठिन और प्राचीन भाषा को, भावनात्मक दृष्टि से ही अपनी राष्ट्रभाषा स्वीकार किया है। जापान जैसे लघु पर प्रबुद्ध देश ने विज्ञान जैसे जटिल क्षेत्र के लिए भी अपनी भाषा का प्रयोग उपयुक्त समझा है। सद्यः स्वतंत्र और भौगोलिक दृष्टि से लघु देशों ने दूसरे देशों की संपन्न भाषाओं की तुलना में अविकसित अपनी भाषाओं को अंगीकार किया है। बहुभाषा-भाषी महादेशों ने भी अपने राष्ट्र-व्यक्तित्व की अभिव्यक्ति के लिए अपनी ही किसी सहज व्यापक भाषा को चुना है। उदाहरण के लिए हम 47 भाषाओं की स्थिति सँभालने वाले रूस और उसकी राष्ट्रभाषा रूसी को देख सकते हैं।

भारत भी बहुभाषा-भाषी महान राष्ट्र है और उसकी सभी भाषाएँ समृद्ध हैं, परंतु उसकी पराधीन स्थिति में भी जनमानस को सांस्कृतिक दृष्टि से संश्लिष्ट रखने में हिंदी की महत्वपूर्ण भूमिका रही है।

आज भी गंगा-यमुना के संगम तीर्थ पर रामेश्वरम्, कन्याकुमारी, पुरी आदि के सागर तटों पर प्रायः एक छोटा भारत ही बस जाता है, जिसके समस्त आदान-प्रदान के लिए हिंदी ही माध्यम का कार्य करती है।

सांस्कृतिक दृष्टि से ही नहीं, संवैधानिक दृष्टि से भी हिंदी भारत की राष्ट्रभाषा के पद पर अभिषिक्त है और प्राणप्रतिष्ठा के उपरांत मूर्ति को खंडित करना आस्था को भी खंडित करना हो जाता है।

राष्ट्रभाषा के साथ भारत की अन्य प्रादेशिक भाषाओं का गौरव भी संबद्ध

है। जिस प्रकार संपूर्ण शरीर को महत्वहीन मान कर अंगविशेष को महत्वपूर्ण सिद्ध करना संभव नहीं है, उसी प्रकार राष्ट्रप्रतिमा या उसकी समग्र अभिव्यक्ति को गौरव न देकर उसे खंडशः गौरव देने का प्रश्न कल्पनामात्र है। वस्तुतः समग्रता से विच्छिन्न अंग स्वयं को निर्जीव और समग्रता को विकलांग बना देता है।

आज जो स्नातकवृंद इस जन्मतः नवीन, परंतु सांस्कृतिक दृष्टि से प्राचीन विश्वविद्यालय से उपाधि प्राप्त कर कर्मक्षेत्र के सिंहद्वार पर उपस्थित हैं उसके लिए मेरी समस्त शुभकामनाएँ अर्पित हैं।

युगीन परिस्थितियाँ विषम हैं, परंतु आप उन्हें अनुकूल बनाने के लिए स्वयं अपने जीवन को विषम विरूप न बना लें, तो उनमें परिवर्तन अनिवार्य हो जाएगा।

टूटे दर्पण-खंडों में अपना मुख भी खंडित दिखाई देता है, परंतु इसीलिए देखनेवाला अपने मुख को खंडित नहीं कर लेता। समुद्र में बननेवाला मेघ उसके क्षार को साथ नहीं लाता।

पूर्वकाल में अग्नि का इतना महत्व था कि ब्रह्मचारी उसे लेकर ही दूसरे कर्मक्षेत्र में प्रवेश करता था। आज इस अग्नि के प्रतीक रूप आप अपने हृदय में यह जीवन ज्वाला लेकर कार्यक्षेत्र में प्रवेश करें जो अंधकार में आपको सहस्र किरण दीपक बना सके।

मेरी कामना है कि आपका पथ प्रशस्त हो, लक्ष्य उन्नत रहे, गति अबाध रहे और आज का मूलमन्त्र

'संगच्ध्वं संवदध्वं संवोमनांसि जानताम्'

कभी विस्मृत न हो।

जय भारत

कसौटी पर

किसी भी विकासोन्मुखी जाति के सिद्धांत और जीवन-आदर्श और आचरण तथा स्वप्न और निर्माण में मात्राओं का चाहे जितना न्यूनाधिक्य रहे; परंतु एक दूसरे को निष्क्रिय कर देने वाली विरोधी तत्वों की उपस्थिति संभव नहीं। कारण स्पष्ट है। सृजनात्मक गतिशीलता में यह द्वंद्व, बिंब-प्रतिबिंब रहकर ही पूर्ण हो सकते हैं, परस्पर पूरक होकर ही जीवन का विकास कर सकते हैं। जैसे-जैसे जीवन का परिष्कार होता चलता है, वैसे-वैसे इनकी सापेक्ष स्थिति उत्तरोत्तर परिष्कृत और दृढ़ होती जाती है।

इस सामान्य नियम का व्यतिक्रम वहीं मिलेगा, जहाँ किसी जाति का विकास-क्रम रुक गया है, क्योंकि उस स्थिति में उसके अंतर्जगत् और जीवन के बीच एक ऐसी खाई आ पड़ती है, जो समय के साथ-साथ चौड़ी होती हुई एक को दूसरे से दूर करती रहती है, अंत में मनुष्य अपने मानसिक ऐश्वर्य को शून्य आकाश में तथा बाह्य जीवन के दारिद्र्य को अँधेरे पाताल में बंदी रखने के लिए बाध्य हो जाता है।

एक असभ्य जाति अपने अंतर्जगत् और व्यवहार जगत् में समान रूप से असंस्कृत होगी; परंतु जिस अनुपात से उसका मानसिक विकास होता रहेगा, उसी अनुपात से उसका बाह्य जीवन भी परिष्कृत होता चलेगा। इसके विपरीत ह्रासोन्मुख सभ्यता में मनुष्य का बाह्य जीवन उसके अंतर्जगत् से दूर जा पड़ता है। उसके सिद्धांत, संस्कारमात्र बनकर रह जाते हैं, आदर्श अलंकारों के समान बोझिल निष्क्रियता प्राप्त कर लेते हैं। कल्पना और विचार रूढ़ियों में बँध जाते हैं और उसका संपूर्ण बाह्य जीवन या तो लीक पीटने में सीमित हो जाता है, या सस्ते अवसरवाद में बिखर जाता है। ऐसी स्थिति में किसी प्रकार की भी चेतना पानी के ऊपर तैरती हुई तेल की बूँदों के समान जीवन से भिन्न दिखाई देती रह सकती है; परंतु उसमें घुलकर प्रेरणा बनने की शक्ति नहीं रखती।

हमारा आज का जीवन भी इस नियम का अपवाद नहीं। एक ही परिधि

में हमारे सिद्धांत और धर्म स्वर्ग बसाते रहते हैं और हमारा जीवन नए-नए नरकों की सृष्टि करता रहता है। एक ही क्षितिज-रेखा पर हमारे आदर्श और स्वप्न, किरणों के रंग भरते रहते हैं और हमारा यथार्थ अंधकार के बादल पुंजीभूत करता रहता है। एक ही मंदिर में हमारी भावना और कल्पना अतिमानव में दिव्यता की प्राणप्रतिष्ठा करने में तन्मय रहती है और हमारा आचरण पशुता की मूर्ति गढ़ने में लगा रहता है।

इस प्रकार हमारी शक्तियाँ, न अंतर्जगत् को इतना मूर्त्त रूप दे सकीं कि हमारे आदर्श जी उठते और न हमारे बाह्य जीवन में इतनी चेतना भर सकीं कि वह अपने नरक से ऊब उठता। हम एक ही जीवन में अनेक परस्पर विरोधी जीवनों का बोझ लादे, अपने ही बनाए को मिटाते और उजाड़े को बसाते न जाने कब से दिग्भ्रांत के समान कहीं न पहुँचने के लिए चल रहे हैं।

शताब्दियों की दासता ने हमारी नैतिकता नष्ट कर दी, यह भी सत्य है और हमारी सक्रिय नैतिकता का अंत हो जाने पर ही, दूसरों की सृजनात्मक शक्ति के सामने हमें नतमस्तक होना पड़ा, यह भी मिथ्या नहीं कहा जा सकता। वास्तव में यह प्रश्न पृथ्वी के समान छोर हीन वृत्त है। चाहे जहाँ से चला जावे, सारी सीमा पार कर फिर वहीं पहुँचना निश्चित है।

जब तक हम स्वप्नों को सत्य करने के लिए गतिशील रहे, आदर्शों को मूर्त्त रूप देने के लिए कर्मठ रहे और सिद्धांतों का खरापन कसने के लिए उतावले रहे, तब तक व्यावहारिक जीवन का बड़े से बड़ा मूल्य देने को प्रस्तुत रहे, क्योंकि हमारे अंतर्जगत् की साकारता वहीं संभव है। जब हमारे लिए स्वप्न, आदर्श और सिद्धांतों को, एक सुखमय भार के समान ढोना भर शेष रह गया, तब बाह्य जीवन के लिए तुच्छ से तुच्छ मूल्य देना भी हमारे निकट जीवन का असह्य अपव्यय हो उठा।

हमारे ज्ञान-युग के ऐश्वर्य के चरणों से, व्यक्त जीवन का जो दैन्य बँधा है, वह किसी सर्वांग सुंदरी माता की कुरूप और विकलांग संतान के समान भिन्न और विस्मय की वस्तु होकर भी उसी के अस्तित्व से निर्मित है। जब हमने भौतिक जगत् को माया और भ्रांति की संज्ञा देकर अपने अंतर्जगत् से निर्वासित कर दिया, तब उसने हमारे मानसिक वैभव को प्रेत का अशरीरी अस्तित्व देकर मानो अपने प्रतिशोध का ऋण पाई-पाई चुकता कर लिया।

जब किसी जाति की मानसिक स्थिति ऐसी हो जाती है, तब उसे उनके लिए मार्ग छोड़ देना पड़ता है, जो जीवन का अधिक से अधिक मूल्य दे सकते हैं। व्यावहारिक जगत् में हमारा दान जिस परिणाम तक गुरु होता है, आदान उसी परिमाण तक मूल्यवान बन जाता है। दूसरे शब्दों में जो देने की चरम सीमा छू लेता है, वही आदान की असीमता का मापदंड निश्चित करता है।

जब हम अपने सिद्धांत, आदर्श और स्वप्नों के अभिषेक के लिए हृदय का

अंतिम रक्त-बिंदु तक दे सकते थे और भौतिक जीवन के धूल भरे पैरों को दिव्यता के शिखर तक पहुँचाने के लिए अपने मनोजगत् की अमूल्य निधियों को सीढ़ियों में चुन सकते थे, तब अन्य संस्कृतियाँ पर्वत से टकराई लहरों के समान या तो हमसे टकरा-टकरा कर लौट गईं, या हमारे चरणों के मूल में टिकी रहीं। पर, जिस दिन उसी दधीचि की धरती पर बैठकर, जिसने दानवी शक्तियों के चुनौती देने पर अपने तपोधन को सुरक्षित रखने वाले शरीर की अस्थियाँ तक दे डालीं, हम अपने बुद्धि-कोष के हीरों मोतियों को गिनने लगे और बाहर फैलते हुए क्रंदन को भ्रांति-भ्रांति कहकर जीवन की करुण पुकार को अनसुनी करने लगे, उसी दिन क्षमाहीन काल ने हमारे विकास के इतिहास को उलटी ओर से लिखना आरंभ किया। और आज तो हम वहाँ पहुँचे हैं, जहाँ से कभी चले थे। अंतर केवल इतना ही है कि तब हमारे पास आत्मविश्वास का संबल था और आज कंधों पर असंख्य भूलों का भार है।

जिस युग में हम एक दूसरे से स्वतंत्र समूहों में सीमित थे, उस युग में जीवन की कसौटी सहज थी और जीवन का मूल्य अल्प था। ज्यों-ज्यों हमारे संपर्क का विस्तार बढ़ता गया, जीवन का मूल्य चढ़ता गया और उसकी कसौटी भी कठिन होती गई। आज जब हम पृथ्वी के एक छोर पर रहकर भी दूसरे छोर से इस प्रकार बँधे हैं कि एक ओर से उठा स्वर दूसरी ओर का राग भी बन सकता है और चीत्कार भी, तब न जीवन का मूल्यांकन सहज है और न कसौटी का एक रूप रह गया है। ऐसी दशा में यदि हम अपनी भूलें न सुधार लेंगे, तो जीवन ही संभव न हो सकेगा। यदि हम शुतुर्मुर्ग के समान मिट्टी में सिर छिपाकर पड़े भी रहें, तो इससे इतना ही लाभ हो सकता है कि बाणों के आने की दिशा न जानें, पर उनके स्थायी लक्ष्य बनते रहें।

हमारी वर्तमान विकृति में अंधकार जैसी व्यापकता और मृत्यु जैसी एकरसता तो है ही, साथ ही उसकी व्यावहारिकता विभिन्नता में विचित्र एकरूपता भी मिलेगी। जो ग्वाला अठगुना दाम लेकर भी दूध में पानी मिलाए बिना नहीं मानता और अपनी सत्यता प्रमाणित करने के लिए प्रचलित तालिका में से एक भी शपथ नहीं छोड़ता, उसका मिथ्या, मंदिर में देवता के चरणों के पास बैठकर धर्म का व्यापार करने वाले पुजारी के मिथ्यावाद का सहोदर है। दूसरे के अर्थ पर संपाती जैसी तीक्ष्ण दृष्टि रखने वाले पूँजीपति की क्रूरता, उदास साम्योपासक की उस हृदयहीनता की सहचरी है, जो उसे थके घोड़े और टूटे शरीर वाले इक्केवान और आधी रात के समय बरसते पानी में सामान उतारने वाले कुली की मजदूरी में से दो पैसे काट लेने पर बाध्य कर देती है। दुर्बल भिखारी की उपेक्षा कर चीटियों को चीनी आटे पर पालने वाले तिलकधारी जपी में सहानुभूति का जो अभाव है, वही, त्यागी, सुधारवादी को दूसरों की भूख पर अपने स्वार्थ का प्रासाद खड़ा करने की दुर्बलता देता रहता है।

जो विकृत वासना, विलास के कीटों को, जीवन का घुन बना देती है, वही

शिक्षित और संभ्रांत वर्ग की दृष्टि में एक अस्वस्थ प्यास बनकर झाँकती रहती है। अनेकों आँखों के सामने तुला से खेल करने वाली वणिक् की उँगलियों में जो बाजीगरी है, उससे वे हाथ भी परिचित नहीं, जो महँगे-सस्ते कागज़ पर आश्रित होकर बहुमूल्य और मूल्यहीन लेखनियों को आश्रय देते हैं। यह कथन कटु हो सकता है, पर असत्य नहीं। चाहे हम समाज, राजनीति, धर्म, साहित्य आदि किसी भी क्षेत्र का तत्वतः अध्ययन करें और चाहे अपने अनन्य अध्यात्मवादी से लेकर घोर भौतिकवादी नेताओं के अनुभवों को एकत्र कर लावें, इस सत्य को मिथ्या प्रमाणित करना कठिन ही नहीं असंभव होगा।

हमारी इस मूलगत एकता का कारण है। विकृति विषैली गैस के समान वातावरण में व्याप्त होकर प्रत्येक साँस में समाती रही और इतनी शताब्दियों के उपरांत आज तो वह हमारे जीवन का ऐसा जीर्ण ज्वर बन चुकी है, जिसकी उपस्थिति का बोध हमें अपंग अंगों की शिथिलता में ही होता है। जब गंतव्य पथ पर हमारे पैर कहीं के कहीं पड़ते हैं, तब प्राप्य की ओर हमारे हाथ नहीं बढ़ते और जब लक्ष्य पर हमारी दृष्टि नहीं ठहरती, तब हम इसे अपनी व्याधिजनित असमर्थता न मान कर कहते हैं...मार्ग दुर्गम है, प्राप्य दुर्लभ है और क्षितिज भ्रांत है।

सब जगह हमारा दंभ गहरा है और विवेक उथला है। सर्वत्र हमारी हृदयहीनता स्वभावगत हो गई है और स्वार्थ-परता चरित्र में रम रही है। सब स्थितियों में मिथ्या हमारे प्राणों में बस गया है और कपट मज्जागत बन रहा है। सर्वदा हमारे सिद्धांत धरोहर बनकर ही ठहर सकते हैं और परिवर्तन बहुरूपियापन में ही अस्तित्व पाता है। हमारा नैतिक पतन आज उस अजगर के समान हो उठा है, जो सौंदर्य और सत्य की सजीव प्रतिमाओं को भी साँस के साथ खींच कर उदरस्थ कर लेता है और फिर अपने शरीर को तोड़-मोड़ कर उन्हें चूर-चूर बना ऐसी स्थिति में पहुँचा देता है, जिसमें वे उस अजगर के शरीर के अतिरिक्त और कुछ नहीं रहती।

विकास की पहली आवश्यकता है कि हमारे बौद्धिक ऐश्वर्य, हृदय की प्रेरणा और क्रिया में ऐसा सामंजस्यपूर्ण तारतम्य हो, जो हमारे जीवन के राग को विरोधी स्वरों से बेसुरा न कर सके। वह सक्रियता जो दूसरों के अमूल्य अलंकारों को धरोहर बना कर व्यवसाय करने वाले महाजन में मिलती है, हमें किसी दिशा में भी निर्माण न करने देगी, यह कटु सत्य अनेक बार परीक्षित हो चुका है। हमारे जीवन को पारस होने का वरदान तो अब तक प्राप्त नहीं हो सका, जिससे उसके स्पर्श मात्र से सब कुछ सोना हो जाता; पर भस्मासुर का अभिशाप हर समय उसके साथ है, जिससे वह जब चाहे स्वयं सोने से राख का ढेर बन सकता है।

कोई भी सत्य सिद्धांत, भव्य स्वप्न और पूर्ण आदर्श जीवन से शून्य होकर न कुछ मूल्य रखता है, न किसी रूप में ढलता है और न किसी प्रकार का स्पंदन पाता है। वह तो उसी अंश तक सारवान है, जिस अंश तक जीवन की कसौटी पर

परखा जा चुका है।

स्वयं ईसा के अनुयायी ही उनके सिद्धांत की अवहेलना कर रहे हैं। परंतु ऐसी स्थिति में भी कोई उस सिद्धांत को खोटा सिक्का मानने को क्यों प्रस्तुत नहीं है ? केवल इसलिए कि वह ईसा के जीवन पर कसा जाकर खरा उतरा है। स्वयं बुद्ध के उपासक ही उनके आदर्श के विरुद्ध आचरण कर रहे हैं। फिर भी संसार उस आदर्श को भ्रांति की संज्ञा क्यों नहीं देना चाहता ? केवल इसलिए कि वह आदर्श बुद्ध के जीवन में स्पंदित होकर अपने युग की कठिन से कठिन अग्नि-परीक्षा पार कर आया है। आज के रक्तपिपासु युग में भी अहिंसा को मृत्युदंड नहीं दिया जा सकता, क्योंकि वह एक साधक की वज्र अस्थियों में पल चुकी है।

जब हम किसी सत्य को भीतर आने वाली साँस में स्वीकार करते हैं और बाहर जाने वाली निश्वास में अस्वीकार कर देते हैं, तब न उसकी कोई कसौटी संभव है और न उसका कोई मूल्य निश्चित हो सकता है। ऐसी दशा में वह केवल हमारा बोझ बढ़ाता रहता है।

अपनी दुर्बलता की बैसाखी बनाने के लिए हमने जो दो आधार ढूँढ़ लिए हैं, वे हमारी असमर्थता के दयनीय विज्ञापन मात्र हैं। एक ओर हम बहुत अलंकृत भाषा और ओज भरे स्वर में संसार को सुनाते रहते हैं कि व्यावहारिक जीवन में काम न आने पर भी हमारे भव्य आदर्श, सुंदर सिद्धांत और सुनहले स्वप्न जीवन की समृद्धि बढ़ाते हैं और दूसरी ओर दबे कंठ और अस्फुट शब्दों में स्वीकार करते रहते हैं कि परिस्थितियों की विषमता ने ही हमें दो भिन्न प्रकार के जीवन वहन करने पर बाध्य कर दिया है।

हमारा बौद्धिक ऐश्वर्य और मानसिक वैभव जीवन का अक्षय वरदान है; परंतु जब हम इसे व्यक्त जगत् की विषमताओं के समर्थन के लिए खड़ा करने लगते हैं, तब यह हमारी असंख्य त्रुटियों और दुर्बलताओं का सफल वकील बनकर ही रह जाता है। फिर उसका समर्थन पाकर हमारे बाह्य जीवन की विषमताएँ अमरबेल के समान फैलने लगती हैं और व्यक्त जगत् की सीमाओं से मुक्त होकर हमारे स्वप्न, आदर्श और सिद्धांत अशरीरी बनते रहते हैं।

वह सत्य जो हमारे असत्य के समर्थन में काम आता है, मिथ्या से सहस्रगुण अधिक कुत्सित है। उस डाकू की अनैतिकता से, जो केवल पशुता का संबल लिए हुए है, उस सूदखोर महाजन की नैतिकता अधिक भयानक है, जो धर्म के ऊँचे न्यायासन पर बैठकर लुटेरेपन का समर्थन करने का साहस रखती है। नग्न पशुता को मनुष्य के चरम विकास तक पहुँचा देना सहज है; परंतु उस दिव्यता को, जो पशु के लिए आवरण बन चुकी है, बदलना असंभव नहीं तो कठिन अवश्य होगा।

इस व्यापक नियम को जाने बिना, हम अपने जीवन को ऐसे दो भिन्न पक्षों में विभाजित कर बैठते हैं, जिनकी संधि यदा-कदा अवसरवाद में ही संभव हो सकती

है। जब तक हम इन पक्षों को एक नहीं कर लेते, तब तक हमारी गति कुंठित रहेगी और जब तक हम अपने बाह्य जीवन को अंतर्जगत् का महाभाष्य नहीं बना सकते, तब तक उनकी एकता की कामना दुराशामात्र है।

परिस्थितियों का प्रश्न, उनकी विषमता से अधिक हमारी दुर्बलता से संबंध रखता है। युग विशेष में जीवन के पास कितना खरा सोना है, इसकी एकमात्र परीक्षक उस युग की परिस्थितियाँ ही रहेंगी। जो अपने युग का हलाहल पीकर उसे अमृत नहीं बना सकती, उस जाति की मृत्यु तो निश्चित ही है। फिर परिस्थितियों का परिवर्तनमात्र, जीवन में आमूल परिवर्तन लाने में समर्थ नहीं होता, क्योंकि उसके लिए परिस्थितियों की अनुकूलता के साथ ही जीवन का विकासोन्मुख आवेग भी अपेक्षित रहता है। राज्यच्युत होने मात्र से ही कोई सम्राट् त्यागी साधक नहीं बन जाता, क्योंकि उस स्वभाव की प्राप्ति के लिए बाह्य ही नहीं, मानसिक परिवर्तन भी आवश्यक है। कठोर विधानों से घिरे रहने के कारण चोरी करने में असमर्थ व्यक्ति धर्मप्राण संयमी नहीं हो जाता, क्योंकि वह गुण बाह्य बंधनों से अधिक हृदय के परिष्कार पर निर्भर रहेगा।

व्यष्टि से लेकर समष्टि तक ऐसे उदाहरणों की कमी नहीं, जब जीवन के प्रवाह ने कण-कण जोड़कर परिस्थितियों के शिलाखंड बनाए और फिर तिल-तिल कर उन्हें बहा दिया।

सभ्यता में हमसे भी वृद्ध चीन की परिस्थितियाँ पहले नहीं बदलीं; पर जब उसके जीवन की गति प्रखरतम हो उठी, तब युग-युगांतर से पुंजीभूत रूढ़ियों और अन्ध-विश्वासों के बादल फटने लगे और कठोर परिस्थितियों को रोकनेवाला क्षितिज भी मार्ग बनाने लगा। दूसरी ओर जीवन-शक्ति के नितांत अभाव के कारण ही फ्रांसीसी जाति अनुकूल परिस्थितियों में भी विकास-पथ पर न बढ़ सकी और अंत में जीवन में सामान्य नियम के अनुसार उसे अतीत युग का संचित गौरव भी हार जाना पड़ा, जो नव-निर्माण की सुदृढ़ नींव बन सकता था।

पर्वत हट-हट कर नदी के लिए राह नहीं बनाते और पृथ्वी विषम भागों को भर-भर कर जल को समतल नहीं देती। उसका प्रवाह ही पर्वतों को चीरता, विषम भू-भागों में अपनी समता की रक्षा करता और कूलों का अटूट-क्रम रचता हुआ अपना पथ और अपनी दिशा बना लेता है। तट पर गूँजते हुए स्तुति के स्वरों से समुद्र पर सेतु नहीं बन सकता; किंतु उसकी रचना उस शक्ति से संभव हो सकी, जिसके इंगित की उपेक्षा न जल की अतल गहराई कर सकती थी और न चट्टानों की गुरुता।

बाह्य जीवन की विषम परिस्थितियों को अपनी बेड़ियाँ बना कर हम विकास-पथ पर चल ही नहीं सकते, क्योंकि उस दशा में वे हमारी गति को रुद्ध कर सकती हैं। निर्माण-युग में उनका इतना ही उपयोग है कि वे जीवन के कोमल और उजले स्वर्ण को परखने के लिए काली और कठोर कसौटी बन सकें। यदि हमारे रंग-बिरंगे

स्वप्न, सुनहले-रुपहले आदर्श और रूप-अरूप सिद्धांत इस कसौटी पर नहीं ठहर सकते, तब उनमें खरेपन का अभाव निश्चित है।

पिछले युगों में मनुष्य का मूल्य उसके सिद्धांत की व्यापकता से आँका जाता था; परंतु आज के व्यक्ति-प्रधान युग में सिद्धांत की गुरुता मनुष्य के जीवन की गहराई में ही नापी जा सकती है। आज तो प्रत्येक व्यक्ति एक संस्था है। उसकी प्रत्येक साँस जीवित स्वप्न है, उसका प्रत्येक शब्द बोलता आदर्श है और उसका प्रत्येक कार्य साकार सिद्धांत है। ऐसी स्थिति में स्वच्छ आकाश जैसे व्यापक सत्य को चाहे कोई न देखे, पर असत्य के रंगीन बादल सबकी दृष्टि को आकर्षित कर सकते हैं। इस युग में जीवन के साथ हमारा मिथ्याचार कितनी व्यापकता के साथ भयानक हो सकता है, इसकी यदि एक बार हम कल्पना कर सकें, तो हमारे निर्माण के अनेक प्रश्न सुलझ जावें।

समाज और व्यक्ति

समाज ऐसे व्यक्तियों का समूह है, जिन्होंने व्यक्तिगत स्वार्थों की सार्वजनिक रक्षा के लिए, अपने विषम आचरणों में साम्य उत्पन्न करने वाले कुछ सामान्य नियमों से शासित होने का समझौता कर लिया है।

मनुष्य को समूह बनाकर रहने की प्रेरणा पशु-जगत् के समान प्रकृति से मिली है, इसमें संदेह नहीं; परंतु उसका क्रमिक विकास विवेक पर आश्रित है, अंध प्रवृत्तिमात्र नहीं। मानसिक विकास के साथ-साथ उसमें जिस नैतिकता की उत्पत्ति और वृद्धि हुई उसने उसे पशु-जगत् से सर्वथा भिन्न कर दिया। इसी से मनुष्य-समाज समूह-मात्र नहीं रह सका, वरन् धीरे-धीरे एक ऐसी संस्था में परिवर्तित हो गया जिसका ध्येय भिन्न-भिन्न सदस्यों को लौकिक सुविधाएँ देकर उन्हें मानसिक विकास के पथ पर आगे बढ़ाते रहना है।

आदिम युग का मनुष्य, समूह में रहते हुए भी पारस्परिक स्वार्थ की विवेचना और उसकी समस्याओं से अपरिचित रहा होगा। अनुमानतः सामाजिक भावना का जन्म परस्पर हानि पहुँचाने वाले आचरण से तथा उसका विकास नवीन स्थानों में उत्पन्न संगठन की आवश्यकता से हुआ है। किसी भी प्राणि-समूह को अपने जन्मस्थान में उतने अधिक संगठन की आवश्यकता नहीं होती जितनी किसी नए स्थान में होती है, जहाँ उसे अपने-आपको नवीन परिस्थितियों के अनुरूप बनाना पड़ता है। यदि उसकी सहजबुद्धि इस एकता की अनिवार्यता का बोध न कराती तो इस समूह-विशेष का जीवन ही कठिन हो जाता। मनुष्य जाति जब जीवन के लिए अधिक सुविधाएँ प्रदान करने वाले प्रदेशों में फैलने लगी तब उसके भिन्न-भिन्न समूहों को अपनी शक्तियों का दृढ़तर संगठन करने की आवश्यकता ज्ञात हुई, अन्यथा वे नई परिस्थितियों और नए शत्रुओं से अपनी रक्षा करने में समर्थ न हो पाते। भिन्न-भिन्न व्यक्तियों में बिखरी हुई उच्छृंखल शक्ति जाति के लिए दुर्बलता बन जाती है यह पाठ मनुष्य समूह ने अपने जीवन के आंरभ में ही सीख लिया था; इसी से वह उसे एकता के

सूत्र में बाँध कर अपने आपको सबल बना सका। अनेक व्यक्ति एक ही स्थान में एक-दूसरे के निकट बसने लगे, परस्पर सहानुभूति और सद्भाव उत्पन्न करने के लिए एक-दूसरे का खाद्य और आच्छादन छीन लेने की प्रवृत्ति को रोकने लगे और विजाति से युद्ध के समय शक्ति को संगठित रखने के लिए अपने समूह विशेष के किसी अग्रगण्य वीर का शासन मानना सीखने लगे। विशेष सुविधाओं के लिए एकत्र यह मनुष्य समूह ही हमारे विकसित तथा अनेक नैतिक और धार्मिक बंधनों में बंधे सभ्य समाज का पूर्वज कहा जा सकता है। आज भी असभ्य जातियों के संगठन के मूल में यही आदिम युग की भावना सन्निहित है।

स्थान-विशेष की जलवायु तथा वातावरण के अनुरूप एक जाति रंग-रूप और स्वभाव में दूसरी से भिन्न रही है और प्रत्येक में अपनी विशेषताओं की रक्षा के लिए स्वभावगत प्रेरणा की प्रचुर मात्रा रहती है। आत्मरक्षा के अतिरिक्त उन्हें अपनी जातिगत विशेषताओं की चिंता भी थी, अतः उनमें व्यवहार के लिए ऐसे विशेष नियम भी बनने लगे, जिनका पालन व्यक्ति की आत्मरक्षा के लिए न होकर जाति की विशेषताओं की रक्षा के लिए अनिवार्य था। आत्मरक्षा की भावना के साथ-साथ मनुष्य में जाति की विशेषताओं की रक्षा की भावना भी बढ़ती गई जिससे उसके जीवन-संबंधी नियम विस्तृत और जटिल होने लगे। समूह द्वारा निश्चित नियम-संबंधी समझौते के विरुद्ध आचरण करने वाले को दंड मिलने का विधान था, परंतु इस विधान द्वारा, छिपा कर विरुद्धाचरण करने वालों को नहीं रोका जा सकता था। अतएव कालांतर में उन नियमों के साथ पारलौकिक सुख-दुःखों की भावना भी बँध गई। मनुष्य को स्वभाव से ही अज्ञात का भय था, इसी से उसके निर्माण के सब कार्यों में एक अज्ञात कर्ता का निर्माण प्रमुख रहा है। इस अज्ञात का दंड और पुरस्कार मनुष्य के आचरण को इतना अधिक प्रभावित करता आ रहा है कि अब उसे महत्त्व में समाज के वास्तविक दंड और पुरस्कार के साथ एक ही तुला पर तोला जा सकता है। आरंभ में यदि समाज के रोष या प्रसाद से उत्पन्न लौकिक हानि और लाभ आचरण के ढालने के कठोर साँचे थे, तो पारलौकिक सुख-दुःखों की भावना इस मानसिक संस्कार का दृढ़ आधार थी, जिससे आचरण को रूप मिलता है। इस प्रकार लौकिक सुविधा की नींव पर, नैतिक उपकरणों से, धार्मिकता का रंग देकर हमारी सामाजिकता का प्रासाद निर्मित हो सका। जिस क्रम से मनुष्य सभ्यता के मार्ग पर अग्रसर होता गया, उसी क्रम से समाज के नियम अधिकाधिक परिष्कृत होते गए और पूर्ण विकसित तथा व्यवस्थित समाज में वे केवल व्यवहारिक सुविधा के साधनमात्र न रह कर सदस्यों के नैतिक तथा धार्मिक विकास के साधन भी हो गए।

व्यक्ति तथा समाज का संबंध सापेक्ष कहा जा सकता है, क्योंकि एक के अभाव में दूसरे की परिस्थिति संभव नहीं। व्यक्ति के स्वत्वों की रक्षा के लिए समाज बना है और समाज के अस्तित्व के लिए व्यक्ति की आवश्यकता रहती है। एक

सामाजिक प्राणी स्वतंत्र और परतंत्र दोनों ही है। जहाँ तक वैयक्तिक हितों की रक्षा के लिए निर्मित नियमों का संबंध है, व्यक्ति परतंत्र ही कहा जाएगा; क्योंकि वह ऐसा कोई कार्य करने के लिए स्वच्छंद नहीं जिससे अन्य सदस्यों को हानि पहुँचे। परंतु अपने और समाज के व्यक्तिगत तथा सार्वजनिक विकास के क्षेत्र में व्यक्ति पूर्णतः स्वतंत्र रहता है।

अवश्य ही इस विकास की व्याख्या प्रत्येक व्यक्ति अपने स्वार्थ की दृष्टि से नहीं कर सकता, अन्यथा उसकी परिभाषाएँ समाज के सदस्यों की संख्या से न्यून नहीं हो सकतीं। मनुष्य-जाति का, बर्बरता की स्थिति से निकलकर मानवीय गुणों तथा कला-कौशल की वृद्धि करते हुए सभ्य और सुसंस्कृत होते जाना ही उसका विकास है। इस विकास की ओर अग्रसर होकर व्यक्ति समाज को भी अग्रसर करता है। व्यक्ति जब वैयक्तिक हानि-लाभ को केंद्रबिंदु बनाकर अपनी सार्वजनिक उपयोगिता भूलने लगता है, तब समाज की व्यवस्था और उसके सामूहिक विकास में बाधा पड़ने लगती है, भिन्न-भिन्न स्वभाव और स्वार्थ वाले व्यक्तियों के आचरणों में कुछ विषमता अवश्य ही रहती है; परंतु जब इस विषमता की मात्रा सामंजस्य की मात्रा के समान या उससे अधिक हो जाती है, तब समाज की सामूहिक प्रगति दुर्गति में परिवर्तित होने लगती है। इस विषमता का चरम सीमा पर पहुँच जाना ही क्रांति को जन्म देता है, जिससे समाज की व्यवस्था को नई रूप-रेखा मिलती है।

व्यक्ति समाज से पृथक् रह सकता है या नहीं, यह प्रश्न कई दृष्टिकोण से देखा जा सकता है। यदि समाज का अर्थ संप्रदाय-विशेष समझा जावे, तो मनुष्य उससे स्वतंत्र रह सकता है, क्योंकि ऐसी स्वतंत्रता मनुष्य के मानसिक जगत् के अधिक समीप है। एक व्यक्ति अपनी विचार-धारा में जितना स्वतंत्र हो सकता है, उतना व्यवहार में नहीं हो सकता। मानसिक जगत् का एकाकीपन व्यावहारिक जगत् में संभव नहीं, इसी से प्राचीन काल में भी भिन्न-भिन्न मत और दर्शन वाले व्यक्तियों के पृथक्-पृथक् समाज नहीं बनाए गए। केवल आत्मापेक्षी जगत् में मनुष्य समाज से स्वतंत्र होकर रह सकता है। परंतु यदि समाज की परिभाषा ऐसा मनुष्य-समूह हो, जो पारस्परिक सहयोगापेक्षी है, तो उस समाज से व्यक्ति का नितांत स्वतंत्र होना किसी युग में भी संभव नहीं हो सका है। सभ्य और असभ्य दोनों ही स्थितियों में मनुष्य दूसरे मनुष्यों के सहयोग से अपना जीवनमार्ग प्रशस्त कर सका है। उसके लिए अन्न, वस्त्र जैसी साधारण परंतु आवश्यक वस्तुएँ भी अनेक व्यक्तियों के प्रयत्न का फल हैं; यह स्वतः प्रमाणित है। उसकी भावना को जीवित रखने वाली कलाएँ, उसके बौद्धिक विकास को प्रशस्त बनाने वाला साहित्य और व्यवहार-जगत् में उसके जीवन को सुख और सुविधाएँ देने वाले भवन, ग्राम, नगर तथा अन्य अनिवार्य वस्तुएँ सबकी उत्पत्ति मनुष्यों के सहयोग से हुई है, इसे कोई अस्वीकार न कर सकेगा। युगों से व्यक्ति को सुखी रखने और उसके जीवन को अधिक पूर्ण तथा सुगम बनाने

के लिए मानव-जाति प्रकृति से निरंतर युद्ध करती आ रही है। उसने अपनी संगठित शक्ति से पर्वतों के हृदय को वेध डाला, प्रपातों की गति बाँधी, समुद्रों को पार किया और आकाश में मार्ग बनाया। मनुष्य यदि मनुष्य को सहयोग देना स्वीकार न करता तो न मानवता की ऐसी अद्‌भुत कहानी लिखी जाती और न मनुष्य अपनी आदिम अवस्था से आगे बढ़ सकता। मनुष्य जाति संगठन में ही जीवित रहेगी, जब तक यह सत्य है तब तक समाज की स्थिति भी सुदृढ़ रहेगी। सारे मनुष्य एक ही स्थान में नहीं रह सकते अतः उनके समूहों के विकासोन्मुख संगठन पर सारी जाति की उन्नति का निर्भर होना स्वाभाविक ही है। इसके अतिरिक्त मनुष्य प्रकृति से ही सामाजिक प्राणी है; अपने स्वभाव में आमूल परिवर्तन बिना किए उसका समाज से पृथक् होना न संभव है और न वांछनीय।

फिर भी यह कहना कि समाज व्यक्ति के संपूर्ण जीवन में व्याप्त है, सत्य की उपेक्षा करनी होगी। साधारणतः माननीय स्वभाव का अधिकांश समाज के शासन में नहीं रहता, क्योंकि वह बंधन से परे है। मनुष्य के जीवन का जितना अंश धर्म, शिक्षा आदि की भिन्न-भिन्न सामाजिक संस्थाओं के संपर्क में आता है, उतना ही समाज द्वारा शासित समझा जाता है और उतने ही से हम उसके विषय में अपनी धारणा बनाते रहते हैं। समाज यदि मनुष्यों का समूह मात्र नहीं है तो मनुष्य भी केवल क्रियाओं का समूह नहीं। दोनों के पीछे सामूहिक और व्यक्तिगत इच्छा, हर्ष और दुःखों की प्रेरणा है। जीवन, केवल इच्छाओं या भावनाओं से उत्पन्न आचरणों को सेना के समान कवायद सिखा देने में ही सफल नहीं हो जाता, वरन् उन इच्छाओं के उद्‌गमों को खोजकर उनसे मनुष्यता की मरुस्थली को आर्द्र करके पूर्णता को प्राप्त होता है।

इस दृष्टि से समाज की सत्ता दो रूपों में विभक्त हो जाती है। एक के द्वारा वह अपने सदस्यों के व्यवहार और आचरणों पर शासन करता है और दूसरे द्वारा वह उनकी स्वाभाविक प्रेरणाओं का मूल्य आंक कर उनके मानसिक विकास के उपयुक्त वातावरण प्रस्तुत करता रहता है। किसी भी व्यक्ति को अपने लिए विशेष वातावरण ढूँढ़ने नहीं जाना पड़ता, क्योंकि वह एक गृह-विशेष में जन्म लेकर अपनी वृद्धि के साथ-साथ अन्य सामाजिक संस्थाओं के संपर्क में आता रहता है। जैसे उसे साँस लेने के लिए वायु की खोज नहीं करनी पड़ती, उसी प्रकार वातावरण विशेष से भी वह अनभिज्ञ रहता है। उसकी व्यावहारिकता और आध्यात्मिकता दोनों उसके अनजानपन में एक विशेष रूप-रेखा में बँधने लगती हैं और जब वह सजग होकर अपने-आपको देखता है तब वह बहुत कुछ बन चुका होता है। परंतु यदि व्यक्ति अपने इस रूप से संतुष्ट हो सके तो उसे निर्जीव मृत्पिंड ही कहेंगे, जो किसी साँचे में ढल सकता है, परंतु ढाल नहीं सकता। वास्तव में समाज के दान की जहाँ इति है, व्यक्ति का वहीं से अथ होता है। वह दर्जी के सिले कपड़ों के समान पहले समाज के वैध सिद्धांतों को धारण कर लेता है और तब उनके तंग या ढीले होने पर,

सुंदर या कुरुप होने पर अपना मतामत देता है। इसी मतामत से समय-समय पर समाज को अपने पुराने सिद्धांतों को नया रूप देना पड़ता है। प्रगतिशील समाज में व्यक्तियों का समूह अन्योन्याश्रित ही रहेंगे और उनका दान-प्रतिदान उपयोगिता की एक ही तुला पर, विकास के एक ही बाट से तोला जा सकेगा।

समाज की दो आधार-शिलाएँ हैं, अर्थ का विभाजन और स्त्री-पुरुष का संबंध। इनमें से यदि एक की भी स्थिति में विषमता उत्पन्न होने लगती है, तो समाज का संपूर्ण प्रासाद हिले बिना नहीं रह सकता।

अर्थ सामाजिक व्यक्ति की अनिवार्य आवश्यकता है, क्योंकि उसके द्वारा जीवन के लिए आवश्यक सामग्री प्राप्त हो सकती है। बर्बरता तथा सभ्यता दोनों ही परिस्थितियों में मनुष्य अपने सुख के साधन चाहता है अंतर केवल यही है कि एक स्थिति में अपने सुख के साधन प्राप्त करना व्यक्ति की शक्ति पर निर्भर है और दूसरी में सुख की सामग्री के समान विभाजन का अधिकार समाज को सौंप दिया जाता है। बर्बरता की स्थिति में शक्ति का उपयोग व्यक्तिगत हितों की रक्षा में निहित था, परंतु सभ्य समाज में शक्ति का उपयोग सार्वजनिक है। समाज अपने सदस्यों में प्रत्येक के, चाहे वह सबल हो चाहे निर्बल, सुख के साधन समान रूप से वितरित करने पर बाध्य समझा जाता है।

सब व्यक्तियों का शारीरिक तथा मानसिक विकास एक-सा नहीं होता और न वे एक-जैसे कार्य के उपयुक्त हो सकते हैं; परंतु समाज के लिए वे सभी समान रूप से उपयोगी हैं। एक दार्शनिक, कृषक का कार्य चाहे न कर सके, परंतु मानव-जाति को मानसिक भोजन अवश्य दे सकता है। इसी प्रकार एक कृषक चाहे मानव-समूह को कोई वैज्ञानिक आविष्कार भेंट न कर सके, परंतु जीवन-धारण के लिए अन्न देने का सामर्थ्य अवश्य रखता है। एक भवन बनाने में हमें ऐसे व्यक्ति की आवश्यकता होती है, जो बनने से पहले कागज पर उसकी भावी रूप-रेखा अंकित कर सके; ऐसे व्यक्ति की सहायता भी चाहिए जो ईंट-पत्थर को जमाना और जोड़ना जानता हो और ऐसे व्यक्तियों के सहयोग की अपेक्षा भी रहती है जो मिट्टी-ईंट प्रस्तुत करके निर्माता तक पहुँचा सकें। पृथक्-पृथक् देखने से किसी का भी कार्य महत्त्वपूर्ण न जान पड़ेगा, परंतु उनके संयुक्त प्रयत्न से निर्मित भवन प्रमाणित कर सकता है कि उनमें से कोई भी उपेक्षणीय नहीं था। समाज की भी यही दशा है। वह अपनी पूर्णता के लिए सब सदस्यों को उनकी शक्ति और योग्यता के अनुसार कार्य देकर उनके जीवन की सुविधाएँ प्रस्तुत करता है। जब इस नियम के विरुद्ध वह किसी को बिना किसी परिश्रम के बहुत-सी सुविधाएँ दे देता है और किसी को कठिन परिश्रम के उपरांत भी जीवन के लिए आवश्यक वस्तुओं से रहित रखता है, तब उसे लक्ष्य-भ्रष्ट ही कहना चाहिए; क्योंकि यह स्थिति तो बर्बरता में भी संभव थी। यदि इस स्थिति से मनुष्य संतुष्ट रह सकता तो फिर समाज की आवश्यकता ही न रह जाती।

किसी भी सामंजस्य पूर्ण समाज में परिश्रम और सुख की यह विषमता संभव नहीं, क्योंकि यह उस समझौते के नितांत विपरीत है, जिसके द्वारा मनुष्य अपने एक सुख के लिए दूसरे के अनेक सुखों को छीन लेने के लिए स्वच्छंद था, उसी की उच्छृंखलता को समाज ने न्याय के बंधन में बाँध लिया है। इस बंधन के अभाव में प्रत्येक व्यक्ति फिर अपनी पूर्व स्थिति में लौट सकता है, यह इतने वर्षों के अनुभव ने अपेक्षाकृत स्पष्ट कर दिया है। कुछ व्यक्तियों के प्रति समाज का ऐसा अनुचित पक्षपात ही वह व्याधि है, जो उसके रक्त का शोषण करते-करते अंत में उसे निर्जीव कर देती है।

यह संभव है कि सबल, दुर्बलों को अपनी बर्बर शक्ति के द्वारा बाँध कर रख सकें, परंतु यह अनिच्छा और परवशता से स्वीकृत सहयोग दासत्व से किसी भी अंश में न्यून नहीं कहा जा सकता। इतिहास प्रमाणित कर देगा कि ऐसे दासत्व बहुत काल के उपरांत एक अद्‌भुत संहारक शक्ति को जन्म देते रहे हैं, जिसकी बाढ़ को रोकने में बड़े शक्तिशाली भी समर्थ नहीं हो सके। मनुष्य स्वभावतः जीवन को बहुत प्यार करता है, परंतु जब सहयोगियों के निष्ठुर उत्पीड़न से वह नितांत दुर्वह हो उठता है, तब उसकी ममता घोरतम विरक्ति में परिवर्तित हो जाती है। पीड़ितों का समाधान संभव हो सकता है, परंतु ऐसे हताश और जीवन के प्रति निर्मम व्यक्तियों का समाधान संभव नहीं। ऐसे व्यक्तियों का वेग आँधी के समान चक्षुहीन, बाढ़ के समान दिशाहीन और विद्युत् के समान लक्ष्यहीन हो जाता है। अपने सदस्यों की मनःस्थिति ऐसी क्रांति तक पहुँचा देना समाज की मनोविज्ञान शून्यता ही प्रकट करता है।

क्रांति युग की प्रवर्तिका है अवश्य, परंतु उसका कार्य, प्रवाह की एक दिशा से रोककर दूसरी में ले जाने के समान है, इसी से उसे पहले लिखा हुआ मिटाना पड़ता है, सीखा हुआ भुलाना पड़ता है और बसाया हुआ उजाड़ना पड़ता है। इसीलिए सुव्यवस्थित समाज विकास-मार्ग में रुक-रुक कर अपने गंतव्य और दिशा की परीक्षा करना आवश्यक समझते हैं। बाढ़ से पहले बाँध की उपयोगिता है। जल के प्रलयंकर प्रवाह में चाहे वह न बन सके, परंतु उसका पूर्ववर्ती होकर अनेक आघात सहकर भी स्थिर रह सकता है। फिर यह आवश्यक नहीं कि ऐसी संहारक और सर्वग्रासी क्रांति, सुंदर, निर्मायक भी हो। तरंग का स्वभाव तट से टकरा कर लौट जाना है, यह देखना नहीं की तीर की समरेखा अक्षुण्ण रही या नहीं रही। यह कार्य तो तट की दृढ़ता और प्रकृति पर निर्भर है। क्रांति के आघात से अपनी रूप-रेखा बचा लेना उसी समाज के लिए संभव है, जो उसके उद्‌गम और दिशा से परिचित हो और उसे सहन करने की क्षमता रखता हो। जिस समुद्र के अनंत और अथाह गर्भ में पर्वत खो गए हैं, उसी के तट से संबंध रखने वाले गोताखोर मोती निकाल लाते हैं और जिस ऊँची लहर के सामने बड़े-बड़े पोत बह जाते हैं उसी में, तट पर आधार स्तंभ के सहारे, मनुष्य स्नान करके निर्मल हो जाते हैं।

यदि समाज के पास ऐसा आधार-स्तंभ हो तो क्रांतियाँ उसे और अधिक निर्मल बना सकती हैं। उसकी अनुपस्थिति में निरुद्देश्य बहना ही अधिक संभव है, जो व्यक्ति और समाज के युगदीर्घ बंधन को शिथिल किए बिना नहीं रहता।

स्त्री-पुरुष का संबंध भी अर्थ से कम महत्त्वपूर्ण नहीं। समाज को बाँधने वाला यह सूत्र कितना सूक्ष्म और दृढ़ है, यह उसके क्रमिक विकास के इतिहास से प्रकट हो जाएगा।

यह धारणा कि गृह का आधार लेकर समाज का निर्माण हो सका है आधुनिकता के आलोक में पुरानी मानी जावेगी। परंतु नैतिक दृष्टि से समाजवृक्ष के सघनमूल का पहला अंकुर स्त्री, पुरुष और उसकी संतान में पनपा, इसे निर्मूल सिद्ध कर देना संभव नहीं हो सकेगा।

यदि यह ध्यान से देखें तो ज्ञात होगा कि बहुत काल से स्त्री की स्थिति समाज का विकास नापने के लिए माप-दंड रही है। नितांत बर्बर जाति में स्त्री केवल विनोद का साधन और अधिकार में रखने की वस्तु समझी जाती रही। आज भी जंगली जातियों में स्त्री की वह स्थिति नहीं है, जो सभ्य समाज में मिलेगी। उस आदिम युग में मातृत्व स्त्रीत्व का आकस्मिक परिणाम था, जिससे जाति तो लाभ उठाती थी, परंतु स्त्री उपयोगी यंत्र से अधिक गौरव नहीं पाती थी। तब स्त्री-पुरुष का संबंध भी अपने क्षणिक विनोद और उत्तरदायित्वहीनता के कारण पशुत्व का ही एक रूप था। यह यदि पशुत्व से निकृष्ट नहीं कहा जा सकता तो उत्कृष्ट होने का गर्व भी नहीं कर सकता। कहीं पुरुषों का समूह-का-समूह स्त्री-समूह से विवाहित था, कहीं एक पुरुष के अधिकार में पालतू पशुओं के समान बहुत-सी स्त्रियाँ थीं और कहीं स्त्री की संख्या न्यून होने के कारण अनेक पुरुष एक स्त्री पर अधिकार रखते थे। सारांश यह कि जहाँ जन-संख्या के अनुसार जैसी आवश्यकता थी वैसे ही नियम बन गए।

जाति की वृद्धि और पुरुषों के मनोविनोद का साधन होने के अतिरिक्त स्त्री का कोई और उपयोग नहीं था। आनंद अन्य उपकरणों के समान उन्हें विपक्षियों से जीत लाना या सुयोग पाकर उनका अपहरण कर लाना साधारण-सी बात थी। स्त्री के हृदय है या उसकी इच्छा अनिच्छा भी हो सकती है, यह आदिम युग के पुरुष की सहज बुद्धि से परे था, परंतु जैसे-जैसे मानव-जाति पशुत्व की परिधि से बाहर आती गई, स्त्री की स्थिति में भी अंतर पड़ता गया। जाति की माता होने के नाते उसके प्रति कुछ विशेष आदर का भाव भी प्रदर्शित किया जाने लगा। कब और कैसे पुरुष तथा स्त्री के संबंध में इस आसक्ति का जन्म हुआ जिसने समय के प्रवाह में परिष्कृत-से-परिष्कृततर होते-होते गृह की नींव डाली, यह जान सकना कठिन है, परंतु अनुमानतः दोनों की ही प्रवृत्ति और सहज बुद्धि ने इस अव्यवस्थित जीवन की त्रुटियाँ समझ ली होंगी। परस्पर संघर्ष में लगी हुई जातियों को तो इतना अवकाश ही न मिलता था कि वे जीवन की विशेष सुविधाओं का अभाव अनुभव करतीं।

परंतु जब उन्होंने अपेक्षाकृत शांति से बसने का स्थान खोज निकाला और जीवन के लिए कुछ सुविधाएँ प्राप्त कर लीं तब उनका ध्यान स्त्री की स्थायी उपयोगिता पर भी गया। पुरुष ने देखा, वह कभी श्रांत, कभी क्लांत और कभी रोगग्रस्त एकाकी है। ऐसी दशा में किसी मृदुस्वभावा सहचरी के साहचर्य की ओर उसकी कल्पना स्वतः प्रभावित होने लगी तो आश्चर्य ही क्या है। अपने अभाव के अतिरिक्त पुरुष की अधिकार-भावना भी गृह की नींव डालने में बहुत सहायक हुई होगी। अपनी तलवार, अपने धनुषबाण के समान पुरुष, अपनी स्त्री और अपनी संतान कहने के लिए भी आतुर हो उठा। मनोज्ञ स्त्री को संघर्ष से बचाने और जाति को वीर पुत्र देने का गर्व करने के लिए भी यह आवश्यक था कि स्त्री एकांत रूप से उसी के अधिकार में रहती। स्त्री ने भी अनिश्चित और संघर्षमय बाह्य जीवन से थक कर अपने तथा अपनी संतान के लिए ऐसा साहचर्य स्वीकार किया, जो उसे जीवन की अनेक असुविधाओं से मुक्त कर सकता था। इस साहचर्य के नियम बहुत काल तक कोई स्पष्ट रूप-रेखा न पा सके, क्योंकि उस समय तक मनुष्य-मनुष्य की स्थिति में भी निरंतर परिवर्तन होता रहता था।

जिस समाज में हर पुरुष तथा स्त्री के संबंध का प्राचीनतम रूप देख सकते हैं, वह वैदिक समाज है, परंतु वह अपनी संस्कृति और प्रगतिशीलता के कारण किसी भी अर्थ में आदिमकाल का समाज नहीं कहा जा सकता। उस समय तक समाज की रूप-रेखा स्पष्ट और उद्देश्य निश्चित हो जाने के कारण स्त्री की स्थिति में भी बहुत अंतर आ चुका था।

वेदकालीन समाज जीवन-धारण के लिए अनिवार्य अग्नि, इंद्र, सूर्यादि का महत्त्व समझ चुका था; रात्रि, उषा आदि की अभिनव सुषमा देखकर भावविह्वल हो चुका था; नवीन स्थान में अपने संगठन को दृढ़तर करने के लिए वर्ण-व्यवस्था का आविष्कार कर चुका था और जाति की वृद्धि और प्रसार के लिए व्यक्ति को धर्म की दीक्षा दे चुका था। गृह के बिना पुरुष का कहीं बसना संभव नहीं और स्त्री के बिना गृह नहीं अतः स्त्री, पुरुष की सहधर्मिणी निश्चित की गई। उन दोनों का उद्देश्य समाज को सुयोग्य संतान की भेंट देना और फिर उस संतान के लिए स्थान रिक्त करके अवकाश लेना था। उस समय जाति की विधात्री होने के कारण स्त्री आवश्यक और आदरणीय तो थी ही, साथ ही, उसके जीवनचर्या संबंधी नियम भी अधिक कठोर नहीं बनाए जा सके। सहधर्मिणीत्व के अभाव में भी समाज उसकी संतान को त्याज्य नहीं कह सकता था; सौभाग्य से शून्य होने पर भी समाज उसे गृहधर्म से निर्वासन-दंड न दे सकता था। वह मत्स्योदरी होकर भी राजरानी के पद पर प्रतिष्ठित हो सकती थी, कुंती होकर भी मातृत्व की गरिमा से गुरु रह सकती थी और द्रौपदी होकर भी पतिव्रता के आसन से नहीं हटाई जा सकती थी। वह समाज की स्थिति के लिए पुरुष की सहधर्मिणी थी, पुरुष की अधिकार भावना से बँधी अनुगामिनी मात्र नहीं। जैसे-जैसे

भिन्न परिस्थितियों में उसकी सामाजिक उपयोगिता घटती गई, वैसे-वैसे पुरुष, व्यक्तिगत अधिकार-भावना से उसे घेरता गया। अंत में यह स्थिति ऐसी पराकाष्ठा को पहुँच गई जहाँ व्यक्तिगत अधिकार-भावना ने स्त्री के सामाजिक महत्त्व को अपनी छाया से ढक लिया। एक बार पुरुष के अधिकार की परिधि में पैर रख देने के पश्चात् जीवन में तो क्या, मृत्यु में भी वह स्वतंत्र नहीं। इस विधान ने ही विधवा की दयनीय स्थिति संभव कर दी। कदाचित् पहले यह विधान वर्णों के बंधन कुछ कठिन हो जाने पर उन संतानवती विधवाओं के लिए किया गया होगा, जिनको अपने बालकों का पालन उनके पिता के कुल और संस्कृति के अनुसार करना होता था।

प्रत्येक युग की सुविधा और असुविधाओं ने स्त्री-पुरुष के बंधन को विशेष रूप से प्रभावित किया है और प्रायः वह प्रभाव स्त्री की स्थिति में अधिक अंतर लाता रहा। शासकों में उसके प्रतिनिधियों की संख्या शून्य-सी रही है, अतः उसके सब विधान पुरुष की सुविधा के केंद्र-बिंदु बनाकर रखे गए। आध्यात्मिकता का सूक्ष्म अवलंब लेकर पुरुष के प्रति उसका जो कर्त्तव्य निश्चित किया गया है, उसमें उसके या समाज के हानि-लाभ का विशेष ध्यान नहीं रखा जा सकता, यह स्पष्ट है। पुरुष और स्त्री का संबंध केवल आध्यात्मिक न होकर व्यावहारिक भी है, इस प्रत्यक्ष सत्य को समाज न जाने कैसे अनदेखा करता रहा है। व्यावहारिकता में एक व्यक्ति को दूसरे के लिए जो त्याग करना पड़ता है, उसके उपयुक्त मानसिक स्थिति उत्पन्न कर देना आध्यात्मिकता का कार्य और आध्यात्मिकता में जिस यथार्थता का स्पर्श हम भुला देते हैं, उसे स्मरण कराते रहना व्यावहारिकता का लक्ष्य है। जब तक दांपत्य संबंध में पशुत्व देवत्व में घुलकर नहीं आता और देवत्व साकार बन कर नहीं अवतीर्ण होता, तब तक वह अपूर्ण ही रहेगा।

जैसे-जैसे हमारा समाज अपने आधे सदस्यों से अधिकारहीन बलिदान और आत्म-समर्पण लेता जा रहा है, वैसे-वैसे वह भी अपने अधिकार खोता जा रहा है, यह समाज के असंतोषपूर्ण वातावरण से प्रकट है।

आज के समाज की जो स्थिति है, उसकी उपयुक्त परिभाषा कठिनाई से दी जा सकेगी। वह कुछ विशेष अधिकार-संपन्न और कुछ नितांत अधिकारशून्य व्यक्तियों का ऐसा समूह है, जो उपयोगिता से नहीं वरन् परंपरागत धारणा से बँधा है। कहीं संतोष की अतिवृष्टि है और कहीं असंतोष की अनावृष्टि, जिससे सामाजिक जीवन का सामंजस्य नष्ट होता जा रहा है।

हमारा समाज अब प्राचीन-काल का सुसंगठित मानव-समूह नहीं रहा, जिसके हाथ में राजनैतिक, धार्मिक, सामाजिक आदि सभी व्यवस्थाएँ थीं। अब भिन्न-भिन्न समाज स्वयं अपना शासन नहीं करते अतः सदस्यों में वह संबंध रहना संभव नहीं जो प्राचीन संगठनों में मिल सकता था। इस प्रकार शासन-सत्ता से हीन होकर समाज

दंड और पुरस्कार की विशेष क्षमता नहीं रखता। आरंभ में उसने अपनी इस क्षति की पूर्ति का साधन धर्म को बनाया, जिससे सामाजिक बंधन बहुत कठिन और दुर्वह हो उठे। धर्म जब मनुष्य के भावना-द्वार से हृदय तक पहुँचता है तब उसके प्रभाव से मनुष्य की विचारधारा वैसे ही विकसित हो उठती है जैसे मलय-समीर से कली। परंतु वही धर्म जब मनुष्य की बुद्धि पर बलात् डाल दिया जाता है तब वह अपने भार से मनुष्य की कोमल भावनाओं को कुचल-कुचल कर निर्जीव और रसहीन बनाए बिना नहीं रहता। धर्म का शासन हमारे जीवन पर वैसा ही प्रयासहीन होना चाहिए, जैसा हमारी इच्छा-शक्ति का आचरण पर होता है। सप्रयास धर्म जीवन का सबसे बड़ा अभिशाप है। न वह जीवन की गहराई तक पहुँच सकता है और न उनकी प्रत्येक शिरा में व्याप्त होकर उसे रसमय ही कर सकता है। बीज को हम वृक्ष की सबसे ऊँची डाल के अग्र-भाग के साथ बहुत ऊँचाई तक पहुँचा सकते हैं, परंतु वहाँ उसे जमा सकना हमारी क्षमता के बाहर की बात है। उसे अंकुरित होकर आकाश छूने के लिए पहले पृथ्वी की गहराई में जाना होता है, यह प्रकृति का अटल नियम है। शासन-सत्ता के साथ, समाज को अन्य सामाजिक संस्थाओं की व्यवस्था पर भी अपना प्रभुत्व कम करना पड़ा जिससे समाज और सामाजिक संस्थाएँ विकास के मार्ग में साथ-साथ न चल सकीं। नवीन पस्थितियों में, समाज के सदस्यों को सुसंगठित होकर एक स्थान में बसने की सुविधा न मिलना भी सामाजिक बंधन की शिथिलता का कारण बन गया। कुछ व्यक्तिवाद ने और कुछ समाज की अव्यावहारिकता ने मनुष्य को अपनी सामाजिक उपयोगिता भूल जाने पर बाध्य कर दिया।

इस प्रकार अनेक बाह्य और आंतरिक, प्रकट और अप्रकट कारणों ने समाज का वह रूपांतर कर डाला, जिससे सामूहिक रूप से हमारी हानि हुई। कुछ प्राकृतिक परिस्थितियों पर हमारा वश नहीं था, यह सत्य है, परंतु यदि हम उनके अनुरूप सामाजिक संगठन कर सकते तो ऐसी अराजकता नितांत असंभव हो उठती।

इस समय समाज से हमारा अभिप्राय संप्रदाय-विशेष या जाति-विशेष ही रहता है, जिसके भिन्न-भिन्न स्थानों में फैले हुए सदस्यों के आचरण और रीतियों में एक विशेष समानता रहती है। कुछ समय पूर्व तक यह समाज अपने इने-गिने अधिकारों का प्रयोग विवेक-शून्य निष्ठुरता के साथ करता रहा, परंतु इससे बंधने के स्थान में सारे सदस्य दूर-दूर होते गए। अब तो विवाह आदि के समय ही व्यक्ति अपने जाति-भाइयों की खोज करता है, परंतु यह अनिवार्यता भी धीरे-धीरे शिथिल होती जा रही है।

प्रत्येक जाति और संप्रदाय में कुछ उग्र विचार वाले, कुछ नवीनता के संयत उपासक और कुछ रूढ़िवादी अवश्य मिलेंगे। इनके बिखर जाने के कारण कुछ समाज ऐसे भी बन गए हैं जिनका आधार विचारधारा है, जाति या संप्रदाय नहीं। परंतु जाति के संगठन में यदि उपयोगिता का अभाव है तो इनमें व्यावहारिकता की शून्यता है। उग्र विचारवालों में विचार के अतिरिक्त और कोई समानता नहीं, संयत विचारवालों

में पर्याप्त साहस नहीं और रूढ़िवादियों में व्यवहारकुशलता नहीं। समाज को ऐसा अपरूप देने का कुछ श्रेय पाश्चात्य सभ्यता को भी देना होगा, क्योंकि उसके अभाव में ऐसे परिवर्तन प्राकृतिक ढंग से आते। एक विदेशीय संस्कृति में पला समाज जब शासक के रूप में आ जाता है तब शासित जाति के संगठन में कुछ आकस्मिक परिवर्तन होना स्वाभाविक ही है। कोई भी पहले से प्रतिष्ठित संस्कृति न एकदम पराजय स्वीकार कर सकती है और न विजय में एकांत विश्वास ही रखती है। शासक और शासित समाज का संघर्ष उच्छृंखल भी हो सकता है और संयत भी, यह ऐतिहासिक सत्य है। किसी समय भारतीय संस्कृति और समाज को मुस्लिम संस्कृति से लोहा लेना पड़ा था और उस अग्निवर्षा से वह अक्षत निकल आई। इस विजय का कारण उस संघर्ष का बाह्य और उच्छृंखल होना ही कहा जा सकता है। किसी जाति की संस्कृति उसके शरीर का वस्त्र न होकर उसकी आत्मा का रस है, इसी से न हम उसे बलात् छीन सकते हैं और न चीर-फाड़ कर फेंक सकते हैं। उस रस का स्वाद बदलने के लिए तो हमें उससे अधिक मधुर औषधि पिलानी पड़ेगी। जब-जब बाहर की संस्कृति विवेकशून्य होकर आई, उसे पराजय ही हाथ लगी, जब उसने विवेकबुद्धि से काम लिया तब अपने पीछे विजय की ज्वलंत कहानी छोड़ती गई है।

पाश्चात्य संस्कृति ने हमें युद्ध की चुनौती न देकर मित्रता का हाथ बढ़ाया, इसी से हमारा उससे कोई बाह्य संघर्ष भी नहीं हुआ। वह हमारी अनेक सामाजिक संस्थाओं में प्रवेश पाते-पाते हमारे हृदय में प्रविष्ट हो गई और इस प्रकार बिना किसी संघर्ष के भी हमारे जीवन को उतना ही प्रभावित कर सकी जितना स्वयं हमारी संस्कृति कर सकती थी। उसकी उपयोगिता या अनुपयोगिता के संबंध में बहुत कुछ कहा जाता रहा है और कहा जाता रहेगा, परंतु इतना दोनों ही दशाओं में सत्य है कि उसने हमारे सामाजिक दृष्टिकोण को बहुत बदल दिया है। शासक-संस्कृति होने के कारण यह अन्य संस्कृतियों के समान हमारी संस्कृति में विलीन होना नहीं चाहती, अन्यथा इससे हमारे विकास में कोई विशेष बाधा न पहुँचती। वर्तमान परिस्थितियों में उसने हमारे शिथिल समाज के भीतर एक ऐसे समाज का निर्माण कर दिया है, जिसकी आत्मा भारतीय और शरीर अभारतीय जान पड़ता है। इसे न हम साथ ले चल सकते हैं और न छोड़ सकते हैं। यह पश्चिमीय विचारधारा में बहकर भी उससे शासित नहीं होता और भारतीयता में जीवित रहकर भी उससे प्रभावित नहीं होता।

संगठन की इन असुविधाओं के साथ-साथ विषम-अर्थ-विभाजन और स्त्री की स्थिति समाज की नींव को खोखला किए दे रही है उसका उत्तरदायित्व समाज और शासन-विभाग दोनों पर है सही, परंतु उससे उत्पन्न, अव्यवस्था का अधिकांश समाज को मिलता है। केवल शक्ति से शासन हो सकता है, समाज नहीं बन सकता, जिसकी स्थिति मनुष्य के स्वच्छंद सहयोग पर निर्भर है। निरंकुश शासन, शासक का अंत कर सकता है, निरंकुश समाज मनुष्यता को समाप्त कर देता है।

हमारी शृंखला की कड़ियाँ

1

प्रायः जो वस्तु लौकिक साधारण वस्तुओं से अधिक सुंदर या सुकुमार होती है उसे या तो मनुष्य अलौकिक और दिव्य की पंक्ति में बैठाकर पूजार्ह समझने लगता है या वह तुच्छ समझी जाकर उपेक्षा और अवहेलना की भाजन बनती है। अदृष्ट की विडंबना से भारतीय नारी को दोनों ही अवस्थाओं का पूर्ण अनुभव हो चुका है। वह पवित्र देव-मंदिर की अधिष्ठात्री देवी भी बन चुकी है और अपने गृह के मलिन कोने की बंदिनी भी। कभी जिन गुणों के कारण उसे समाज में अजस्र सम्मान और अतुल श्रद्धा मिली, जब प्रकारांतर से वे ही त्रुटियों में गिने जाने लगे तब उसे उतनी मात्रा में अश्रद्धा और अनादर भी, अपना जन्मसिद्ध अधिकार मानकर स्वीकार करना पड़ा। उसे जगाने का प्रयास करने वाले भी प्रायः इसी संदेह में पड़े रहते हैं कि यह जाति सो रही है या मृतक ही हो चुकी है जिसकी जागृति स्वप्नमात्र है।

वास्तव में उस समय तक इसका निश्चय करना भी कठिन है जब तक हम उसकी युगांतरदीर्घ जड़ता के कारणों पर एक विहंगम दृष्टि न डाल लें।

संसार के मानव-समुदाय में वही व्यक्ति स्थान और सम्मान पा सकता है, वही जीवित कहा जा सकता है जिसके हृदय और मस्तिष्क ने समुचित विकास पाया हो और जो अपने व्यक्तित्व द्वारा मनुष्य समाज से रागात्मक के अतिरिक्त बौद्धिक संबंध भी स्थापित कर सकने में समर्थ हो। एक स्वतंत्र व्यक्तित्व के विकास की सबको आवश्यकता है, कारण, बिना इसके न मनुष्य अपनी इच्छा-शक्ति और संकल्प को अपना कह सकता है और न अपने किसी कार्य को न्याय-अन्याय की तुला पर तोल ही सकता है।

नारी का मानसिक विकास पुरुषों के मानसिक विकास से भिन्न परंतु अधिक द्रुत, स्वभाव अधिक कोमल और प्रेम-घृणादि भाव अधिक तीव्र तथा स्थायी होते

हैं। इन्हीं विशेषताओं के अनुसार उसका व्यक्तित्व विकास पाकर समाज के उन अभावों की पूर्ति करता रहता है जिनकी पूर्ति पुरुष-स्वभाव द्वारा संभव नहीं। इन दोनों प्रकृतियों में उतना ही अंतर है जितना विद्युत और झड़ी में। एक से शक्ति उत्पन्न की जा सकती है, बड़े-बड़े कार्य किए जा सकते हैं, परंतु प्यास नहीं बुझाई जा सकती। दूसरी से शांति मिलती है, परंतु पशुबल की उत्पत्ति संभव नहीं। दोनों के व्यक्तित्व, अपनी पूर्णता में समाज के एक ऐसे रिक्त स्थान को भर देते हैं जिससे विभिन्न सामाजिक संबंधों में सामंजस्य उत्पन्न होकर उन्हें पूर्ण कर देता है।

प्राचीनतम काल में मनुष्य को सामाजिक प्राणी बनाने में, पत्नी-पुत्रादि के लिए गृह और उसकी पवित्रता की रक्षा के लिए नियमों का आविष्कार कराने में स्त्री का कितना हाथ था, यह कहना कठिन है, परंतु उसके व्यक्तित्व के प्रति समाज का इतना आदर और स्नेह प्रकट करना सिद्ध करता है कि मानव-समाज की अनिवार्य आवश्यकताओं की पूर्ति उसी से संभव थी। प्राचीन आर्य नारी के सहधर्मचारिणी तथा सहभागिनी के रूप में कहीं भी पुरुष का अंधानुसरण या अपने-आपको छाया बना लेने का आभास नहीं मिलता।

याज्ञवल्क्य अपनी विदूषी सहधर्मिणी मैत्रेयी को सब कुछ देकर वन जाने को प्रस्तुत होते हैं, परंतु पत्नी वैभव का उपहास करती हुई पूछती है—'यदि ऐश्वर्य से भरी सारी पृथ्वी मुझे मिल जाए तो क्या मैं अमर हो सकूँगी ?' चकित विस्मित पति कह देता है, 'धन से तुम सुखी हो सकोगी, अमर नहीं।' पत्नी की विद्रूपमय हँसी में उत्तर मिलता है—'जिससे मैं अमर न हो सकूँगी उसे लेकर करूँगी ही क्या ?' आज भी, 'तमसो माँ ज्योतिर्गमय, मृत्योः माँ अमृतं गमय' आदि उसके प्रवचनों से ज्ञान होता है कि गृह की वस्तुमात्र समझी जाने वाली स्त्री ने कभी जीवन को कितनी गंभीरतामयी दार्शनिक दृष्टि से देखने का प्रयत्न किया था।

त्यागी बुद्ध की करुण कहानी की आधार सती गोपा भी केवल उनकी छाया नहीं जान पड़ती, वरन् उनका व्यक्तित्व बुद्ध से भिन्न और उज्ज्वल है। निराशा में, ग्लानि में और उपेक्षा में वह न आत्महत्या करती है, न वन-वन पति का अनुसरण। अपूर्व साहस-द्वारा अपना कर्त्तव्य-पथ खोज कर स्नेह से पुत्र को परिवर्धित करती है और अंत में सिद्धार्थ के प्रबुद्ध होकर लौटने पर गरिमा से गुरु बनकर अपने ही मंदिर में उनकी प्रतीक्षा करती है।

महापुरुषों की छाया में रहनेवाले कितने ही सुंदर व्यक्तित्व कांति-हीन होकर अस्तित्व खो चुके हैं, परंतु उपेक्षिता यशोधरा आज भी स्वयं जीकर बुद्ध के विराटमय शुष्क जीवन को सरस बनाती रहती है।

छाया के समान राम का अनुसरण करने वाली मूर्तिमती करुणा सीता भी वास्तव में छाया नहीं है। वह अपने कर्त्तव्य के निर्दिष्ट करने में राम की भी सहायता नहीं

चाहती, वरन् उनकी इच्छा के विरुद्ध वन-गमन के क्लेश सहने को उद्यत हो जाती है। अंत में अकारण ही पति द्वारा निर्वासित की जाने पर असीम धैर्य से वनवासिनी का जीवन स्वीकार कर गर्वपूर्ण संदेश भेजती है–'मेरी ओर से उस राजा से कहना कि मैं तो पहले ही अग्नि-परीक्षा देकर अपने-आपको साध्वी प्रमाणित कर चुकी हूँ, मुझे निर्वासित कर उसने क्या अपने प्रख्यात कुल के अनुरूप कार्य किया है ?'–

वाच्यस्त्वया मद्वचनात्स राजा वह्नौ विशुद्धामपि यत्समक्षम्।
मां लोकवादश्रवणादहासीः श्रुतस्य किं तत्सदृशं कुलस्य।।

उसका सारा जीवन साकार साहस है जिस पर कभी दैन्य की छाया नहीं पड़ी।

महाभारत के समय की कितनी ही स्त्रियाँ अपने स्वतंत्र व्यक्तित्व तथा कर्त्तव्यबुद्धि के लिए स्मरणीय रहेंगी। उनमें से प्रत्येक संसार-पथ में पुरुष की संगिनी है, छाया मात्र नहीं। छाया का कार्य, आधार में अपने आपको इस प्रकार मिला देना है जिसमें वह उसी के समान जान पड़े, और संगिनी का अपने सहयोगी की प्रत्येक त्रुटि को पूर्ण कर उसके जीवन को अधिक-से-अधिक पूर्ण बनाना।

स्त्री को अपने अस्तित्व को पुरुष की छाया बना देना चाहिए, अपने व्यक्तित्व को उसमें समाहित कर देना चाहिए, इस विचार का पहले कब आरंभ हुआ, यह निश्चयपूर्वक कहना कठिन है, परंतु इसमें संदेह नहीं कि यह किसी आपत्ति-मूलक विषवृक्ष का ही विषमय फल रहा होगा। जिस अशांत वातावरण में पुरुष अपनी इच्छा और विश्वास के अनुसार स्त्री को चलाना चाहता था उसमें इस भ्रमात्मक धारणा को स्त्री स्वतंत्र व्यक्तित्व से रहित पति की छायामात्र है, सिद्धांत का रूप दे दिया गया। इस भावना ने इतने दिनों में कितना अपकार कर डाला है, यह उस जाति की युगांतर तक भंग न होने वाली निद्रा और निश्चेष्टता देख कर ही जाना जा सकता है। उसके पास न अपनापन है और न वह अपनापन चाहती ही है।

इस समय हमारे समाज में केवल दो प्रकार की स्त्रियाँ मिलेंगी–एक वे जिन्हें इसका ज्ञान ही नहीं है कि वे भी एक विस्तृत मानव-समुदाय की सदस्य हैं और उनका भी एक ऐसा स्वतंत्र व्यक्तित्व है जिसके विकास से समाज का उत्कर्ष और संकीर्णता से अपकर्ष संभव है; दूसरी वे जो पुरुषों की समता करने के लिए उन्हीं के दृष्टिकोण से संसार को देखने में, उन्हीं के गुणावगुणों का अनुकरण करने में जीवन के चरम लक्ष्य की प्राप्ति समझती हैं। सारांश यह कि एक ओर अर्थहीन अनुसरण है तो दूसरी ओर अनर्थमय अनुकरण और यह दोनों प्रयत्न समाज की शृंखला को शिथिल तथा व्यक्तिगत बंधनों को सुदृढ़ और संकुचित करते जा रहे हैं।

अनुसरण मनुष्य की प्रकृति है। बालक प्रायः आरंभ में सब कुछ अनुसरण से ही सीखता है, तत्पश्चात् अपने अनुभव के साँचे में ढालकर उसे अधिक-से-अधिक पूर्ण करने का प्रयास करता है। परंतु अनुभव के आधार से हीन अनुसरण सिखाए हुए पशु के अंधानुसरण के समान है जो जीवन के गौरव को समूल नष्ट कर और

मनुष्य को दयनीय बनाकर पशु की श्रेणी में बैठने के लिए बाध्य कर देता है। कृत्रिम प्राचीनता के आवरण में पली देवियाँ असंख्य अन्याय इसलिए नहीं सहतीं कि उनमें प्रतिकार की शक्ति का अभाव है वरन् यह विचार कर कि पुरुषसमाज के, न्याय समझ कर किए कार्य को अन्याय कह देने से वे कर्त्तव्यच्युत हो जाएँगी। वे बड़ा-से-बड़ा त्याग प्राणों पर खेलकर हँसते-हँसते कर डालने पर उद्यत रहती हैं, परंतु उसका मूल्य वही है जो बलिपशु के निरुपाय त्याग का होता है। वे दूसरों के इंगित मात्र पर किसी भी सिद्धांत की रक्षा के लिए जीवन की बाजी लगा देंगी, परंतु अपने तर्क और विवेक की कसौटी पर उसका खरापन बिना जाँचे हुए;—अतः यह विवेकहीन आदर्शाचरण भी उनके व्यक्तित्व को अधिक-से-अधिक संकुचित तथा समाज के स्वस्थ विकास के लिए अनुपयुक्त बनाता जा रहा है।

दर्पण का उपयोग तभी तक है जब तक वह किसी दूसरे की आकृति को अपने हृदय में प्रतिबिंबित करता रहा है, अन्यथा लोग उसे निरर्थक जानकर फेंक देते हैं। पुरुष के अंधानुसरण ने स्त्री के व्यक्तित्व को अपना दर्पण बनाकर उसकी उपयोगिता तो सीमित कर ही दी, साथ ही समाज को भी अपूर्ण बना दिया। पुरुष समाज का न्याय है, स्त्री दया; पुरुष प्रतिशोधमय क्रोध है, स्त्री क्षमा; पुरुष शुष्क कर्त्तव्य है, स्त्री सरस सहानुभूति और पुरुष बल है, स्त्री हृदय की प्रेरणा। जिस प्रकार युक्ति से काटे हुए काष्ठ में छोटे-बड़े विभिन्न आकार वाले खंडों को जोड़कर हम अखंड चतुष्कोण या वृत्त बना सकते हैं, परंतु उनकी विभिन्नता नष्ट करके तथा सबको समान आकृति देकर हम उन्हें किसी पूर्ण वस्तु का आकार नहीं दे सकते, उसी प्रकार स्त्री-पुरुष के प्राकृतिक मानसिक वैपरीत्य द्वारा ही हमारा समाज सामंजस्यपूर्ण और अखंड हो सकता है, उनके बिंब प्रतिबिंब भाव से नहीं। उससे समाज का दृष्टिकोण एकांगी हो जाएगा तथा जीवन की अनेकरूपता का वास्तविक मूल्य आँकना असंभव।

असंख्य विषमताओं का कारण, स्त्री का अपने स्वतंत्र व्यक्तित्व को भूलकर विवेकशक्ति को खो देना है। उसके बिना जाने ही उसका कर्त्तव्यपथ निश्चित हो चुकता है जिस पर चलकर न उसे सफलताजनित गर्व का अनुभव होता है, न असफलता-जनित ग्लानि का। वह अपनी सफलता या असफलता की छाया पुरुष की आत्मतुष्टि या असंतोष में देखने का प्रयत्न करती है, अपने हृदय में नहीं।

हमारे यहाँ सभी माताएँ हैं, परंतु मातृत्व की स्वाभाविक गरिमा से उन्नत मस्तक माता को खोज लेना सहज नहीं; असंख्य पत्नियाँ हैं, परंतु जीवन की प्रत्येक दिशा में साथ देने वाली, अपने जीवन-संगी के हृदय के रहस्यमय कोने-कोने से परिचित सौभाग्य-गर्विता सहधर्मचारिणियों की संख्या उँगलियों पर गिनने योग्य है।

अनुकरण को चरम लक्ष्य मानने वाली महिलाओं ने भी अपने व्यक्तित्व के विकास के लिए सत्पथ नहीं खोज पाया, परंतु इस स्थिति में उसे खोज पाना संभव

भी नहीं था। उन्हें अपने मूक छायावत् निर्जीव जीवन से ऐसी मर्मव्यथा हुई कि उसके प्रतिकार के लिए उपयुक्त साधनों के आविष्कार का अवकाश ही न मिल सका; अतः उन्होंने अपने-आप को पुरुषों के समान ही कठिन बना लेने की कठोर साधना आरंभ की। कहना नहीं होगा कि इसमें सफलता का अर्थ स्त्री के मधुर व्यक्तित्व को जलाकर उसकी भस्म से पुरुष की रक्षा-मूर्ति गढ़ लेना है। फलतः आज विद्रोहशील नारी व्यावहारिक जीवन में अधिक कठोर है, गृह में अधिक निर्मम और शुष्क, आर्थिक दृष्टि से अधिक स्वाधीन, सामाजिक क्षेत्र में और अधिक स्वच्छंद, परंतु अपनी निर्धारित रेखाओं की संकीर्ण सीमा की बंदिनी है। उसकी यह धारणा कि कोमलता तथा भावुकता ऐसी लोहश्रृंखलाएँ हैं जो देखने तथा सुनने में ही कोमल जान पड़ती हैं पहनने में नहीं, उसके प्रति पुरुष समाज के विवेक और हृदय-हीन व्यवहार की प्रतिक्रिया-मात्र है। संसार में निरंतर संघर्षमय जीवन वैसे ही कुछ कम नीरस तथा कटु नहीं है, फिर यदि उससे सारी सुकुमार भावनाओं का, माधुर्य का बहिष्कार कर दिया जाए तो असीम साहसी ही उसे वहन करने में समर्थ हो सकेगा, इतर जनों के जीवन को तो इस रुक्षता का भार चूर-चूर किए बिना न रहेगा। स्त्री की कोमलतामयी सदाशयता और सहानुभूति समाज के संतप्त जीवन के शीतल अनुलेप का कार्य करती है, इसमें संदेह नहीं।

अर्वाचीन समाज में या तो स्त्रियों में स्त्रियोचित स्वतंत्र विवेकमय व्यक्तित्व का विकास ही नहीं हो सकता है या उनकी प्रत्येक भावना में, चरित्र में, कार्य में, पुरुष की भावना, चरित्र और कार्य की प्रतिकृति झाँकती रहती है। इसी से एक का निरादर है और दूसरी से अविराम संघर्ष।

अपनी समस्त शक्तियों से पूर्ण महिमामयी महिला के सम्मुख किसी का मस्तक आदर से नत हुए बिना नहीं रह सकता, यह अनुभव की वस्तु है, तर्क की नहीं। उपेक्षा तथा अनादर वहीं संभव है जहाँ उपेक्षित और अनादृत व्यक्ति उपेक्षा और अनादर करने वाले के समकक्ष या उससे न्यून होता है। परंतु स्त्री के जिस गरिमामय व्यक्तित्व को शक्ति का नाम मिला है तथा जिसके लिए मनु को 'यत्रैतास्तु न पूज्यन्ते सर्वास्तत्राऽफला क्रिया' कहना पड़ा है, वह संसार की संकीर्णता से दूर टिमटिमाते हुए ध्रुव की तरह उपेक्षा और अनादर से बहुत ऊपर तथा स्थायी रहेगा। उसकी शक्तियों की गुरुता जानने के लिए उन्हें पुरुष की शक्तियों के साथ एक तुला पर तोलने का प्रयत्न भी भ्रांति से रहित नहीं। कारण, संसार की प्रत्येक वस्तु में निहित शक्ति की अभिव्यक्तियों और उसके रूपों की एकता किसी भी दशा में न संभव है, न उसे होना चाहिए। तूल अपने हल्केपन में कार्य की जो शक्ति छिपाए है वही लोहे की कठिनता में समाहित है; जल के चल प्रवाह में जिस शक्ति का परिचय हमें मिलता है वही पर्वत में अचलता बन कर सफलता पाती है। यदि हम अप्राकृतिक साधनों द्वारा जल को अचल या तूल को कठिन बना कर उनकी शक्तियों से कार्य

लेना चाहें तो उनका रूप तो विकृत हो ही जाएगा, साथ ही शक्तियाँ भी परिमित हुए बिना न रहेंगी।

आधुनिक भौतिकवाद-प्रधान युग की नारी को यही दुःख है कि वह पुरुष के प्रत्येक क्षेत्र में सफलता पाकर भी संसार के अनेक आश्चर्यों में एक बन गई है; उसके हृदय की एकांत श्रद्धा की पात्री बनने का सौभाग्य उसे प्राप्त न हो सका। संसार उसे देख विस्मय से अभिभूत होकर चकित-सा ताकता रह जाता है, परंतु नतमस्तक नहीं होता। इसका कारण उस व्यक्तित्व का अभाव है जिसके सम्मुख मानव समाज को बालक के समान स्वयं ही झुक जाना पड़ता है।

किसी-किसी की धारणा है कि अपने सर्वतोन्मुखी विकास के उपरांत स्त्री का पर्वत के शिखर के समान उच्च परंतु उसी के समान एकाकी हो जाना निश्चित है, क्योंकि तब अपने जीवन की पूर्णता के लिए उसे किसी संगी की अपेक्षा ही न रहेगी। परंतु वास्तव में यह धारणा प्रत्यक्ष सत्य का उल्लंघन कर जाती है। अपने पूर्ण-से-पूर्ण विकास में भी एक वस्तु दूसरी नहीं हो सकती, यही उसकी विशेषता है, अतः उससे जो भिन्न है उसका अभाव अवश्यम्भावी है। अपने पूर्ण-से-पूर्ण गौरव से गौरवान्वित स्त्री भी इतनी पूर्ण न होगी कि पुरुषोचित स्वभाव को भी अपनी प्रकृति में समाहित कर ले, अतएव मानव-समाज में साम्य रखने के लिए उसके अपनी प्रकृति से भिन्न स्वभाव वाले का सहयोग श्रेय रहेगा। इस दशा में प्रतिद्वंद्विता संभव नहीं।

उसे अपने गुरुतम उत्तरदायित्व के अनुरूप मानसिक तथा शारीरिक विकास के लिए विस्तृत स्वाधीनता चाहिए। कारण, संकीर्णता में उसके जीवन का वैसा सर्वतोन्मुखी विकास संभव ही नहीं जैसा किसी समाज की स्वस्थ व्यवस्था के लिए अनिवार्य है। मनुष्य अपने स्वभाव में कुछ संस्कार लेकर जन्म लेता है जिनके, परिस्थितियों के वातावरण में, विकसित होने से उसका चरित्र बनता है। इसके अनंतर उसके जीवन का वह अध्याय प्रारंभ होता है जिसमें उसके चरित्र जनित गुण-दोष संसार पर प्रतिफलित होने लगते हैं और संसार के उसके जीवन पर। सबके अंत में वह प्राकृतिक नियम के द्वारा, अनेक मधुर-कटु अनुभवों का संचय कर अपने जीवन के पर्यवेक्षण को तथा अपने अनुभवों को दूसरों के मार्ग का दीपक बनाने का अवकाश पा लेता है। जिस परिस्थिति रूपी साँचे में उसके चरित्र को ढलना पड़ता है वह यदि विपरीत, अनुपयुक्त या विकृत हो तो चरित्र पर भी उसकी अमिट छाप रह जाएगी और यह कहने की आवश्यकता नहीं कि विकृत चरित्र और अनुपयुक्त मानसिक विकासवाला व्यक्ति अपने निर्दिष्ट स्थान में न स्वयं सामंजस्य का अनुभव करेगा, न किसी को करने देगा और अंत में अनेक कटु अनुभवों से विषाक्त चित्त लेकर वह अन्य व्यक्तियों के मार्ग में भी शूल बिछाता चलेगा। फलतः जीवन की सबसे बड़ी और पहली आवश्यकता सामाजिक प्राणियों के स्वतंत्र विकासानुकूल वातावरण की सृष्टि कर देना है। जिस प्रकार यह सत्य है कि व्यक्ति-द्वारा समाज

निर्मित और परिवर्तित होता रहता है उसी प्रकार यह भी सत्य है कि मनुष्य समाज को लेकर नहीं, वरन् समाज में जन्म लेता है। अतएव उसका विकास ऐसा होना उचित है जिसके कारण सामाजिक सिद्धांतों की रक्षा भी हो सके और समयानुकूल परिवर्तन भी। पुरुष के समान स्त्री भी कुटुंब, समाज, नगर तथा राष्ट्र की विशिष्ट सदस्य है तथा उसकी प्रत्येक क्रिया का प्रतिफल सबके विकास में बाधा भी डाल सकता है और उनके मार्ग को प्रशस्त भी कर सकता है। प्रायः पुरुष का जीवन अधिक स्वच्छंद वातावरण में विशिष्ट व्यक्तियों के संसर्ग द्वारा बनता है और स्त्री का संकीर्ण सीमा में परंपरागत रूढ़ियों से—जिससे न उसे अपने कुटुंब से बाहर किसी वस्तु का अनुभव होता है, न अपने उत्तरदायित्व का ज्ञान। कहीं यह विषमता और कहीं इसकी प्रतिक्रिया जीवन को एक निरर्थक रणक्षेत्र बनाकर उसकी सारी उर्वरता को नष्ट तथा सरसता को शुष्क किए दे रही है।

स्त्री के व्यक्तित्व में कोमलता और सहानुभूति के साथ साहस तथा विवेक का एक ऐसा सामंजस्य होना आवश्यक है जिससे हृदय से सहज स्नेह की अजस्र वर्षा करते हुए भी वह किसी अन्याय को प्रश्रय न देकर उसके प्रतिकार में तत्पर रह सके। ऐसा एक भी सामाजिक प्राणी न मिलेगा जिसका जीवन माता, पत्नी, भगिनी, पुत्री आदि स्त्री के किसी-न-किसी रूप से प्रभावित न हुआ हो। इस दशा में उसके व्यक्तित्व को कितने गुरु उत्तरदायित्व की छाया में विकास पाना चाहिए, यह स्पष्ट है।

स्वयं अपनी इच्छा से स्वीकृत युगदीर्घ बंधनों को काट देने के लिए हमें संसार भर की अनुमति लेने का न अवकाश है, न आवश्यकता; परंतु इतना ध्यान रहना चाहिए कि बेड़ियों के साथ ही उसी अस्त्र से, बंदी यदि पैर भी काट डालेगा तो उसकी मुक्ति की आशा दुराशा मात्र रह जावेगी। अपने व्यक्तित्व की, और अपनी विशेषताओं की रक्षा न करते हुए यदि हमने अपनी रक्षा कर ली, यदि उन बंधनों के साथ हमारे जीवन का आवश्यक अंश भी घिस गया तो हमारा एक बंधन से मुक्ति पाकर दूसरे में बँध जाना अनिवार्य हो उठेगा।

2

व्यक्तित्व की विकासहीनता का सहायक बनकर जिसने हमें दासता की संकीर्णतम कारा में निर्वासन दे डाला है वह हमारा नागरिकता विषयक अज्ञान कहा जा सकता है।

हममें से अधिकांश को यह भी ज्ञान नहीं कि गृह की दीवारों के बाहर भी हमारा कार्यक्षेत्र हो सकता है तथा उस क्षेत्र में और अपनी गृहस्थी में उपयोगी बने

रहने के लिए हमें कुछ विशेष अधिकारों की और सुविधाओं की आवश्यकता पड़ती है।

समाज तथा सामाजिक व्यक्ति सापेक्ष शब्द हैं, कारण, सामाजिक प्राणी के विकास के लिए समाज का आविर्भाव हुआ है तथा समाज के विकास के लिए व्यक्ति को अधिकार एवं सुविधाएँ प्राप्त हुई हैं। नागरिक शब्द केवल अपने शाब्दिक अर्थ में प्रयुक्त न होकर इतना व्यापक हो गया है कि उससे केवल नगर-निवासी का बोध न होकर न्याय और कानून-संबंधी अनेक अधिकार एवं सामाजिक उत्तरदायित्व से युक्त व्यक्ति का ज्ञान होता है। व्यक्ति, सामूहिक विकास को दृष्टि में रखते हुए शासित भी होता है और शासन में हस्तक्षेप तथा परिवर्तन करने का अधिकारी भी। अतः उससे राजनीतिक अधिकार पृथक् नहीं किए जा सकते। यदि कर लिए जाएँ तो समाज में उसका वही मूल्य होगा जो किसी मूक पशु का होता है जिसे मनुष्य अपनी सुविधा के लिए पालता है और इस प्रकार उसके जंगली जीवन को बलात् कभी सामाजिक जीवन से जोड़ लेता है और कभी स्वयं ही उस बंधन को तोड़ डालता है।

अनेक संबंधों का केंद्र होने तथा परिवार और समाजविशेष से संबद्ध रहने के कारण उसे सामाजिक विकास के लिए भी विशेष अधिकार और उत्तरदायित्व प्राप्त हो जाना अनिवार्य है। अतः नागरिक को राजनीतिक तथा सामाजिक दोनों क्षेत्रों में समान रूप से अपना स्थान तथा कर्त्तव्य जान लेना और उसमें संशोधन या परिवर्तन के लिए स्वाधीनता प्राप्त कर लेना नितांत आवश्यक है। नागरिक होने के कारण स्त्री को भी इन दोनों ही अधिकारों की आवश्यकता सदा से रही है और रहेगी; परंतु प्राचीन काल से अब तक उसके अनुकूल स्वत्वों को देने तथा समयानुसार उनमें परिवर्तन की सुविधाएँ सहज करने की ओर कभी किसी का ध्यान नहीं गया।

शासन-विधान ने उसे न्याय तथा कानून-विषयक जैसी सुविधाएँ प्रदान की थीं, यह तो उन शास्त्रों से प्रकट हो जाएगा जिनके आधार पर आज भी उसे अनेक कष्ट सहने पर बाध्य किया जा रहा है। प्राचीन रोम और यूनान के स्वायत्त-शासन में भी स्त्रियों को किसी अधिकार के योग्य नहीं समझा गया था, यह इतिहास में प्रत्यक्ष हो जाता है।

वास्तव में नवीन युग के अनेक संदेशों में, स्त्रियों को भी पुरुषों के समान नागरिक अधिकारों के योग्य समझने की अस्पष्ट भावना भी सन्निहित है।

इस विचार को अब तक भिन्न-भिन्न देशों में कितना क्रियात्मक रूप मिल चुका है यह प्रत्येक जिज्ञासु को ज्ञात होगा। पश्चिमीय तथा पूर्वीय जाग्रत देशों में स्त्रियों ने उन बेड़ियों को काट डाला है जिनमें पुरुषों ने बर्बरता के युग में उन्हें बाँध कर अपने स्वामित्व का क्रूर प्रदर्शन किया था। उन देशों की महिलाएँ राजनीतिक तथा सामाजिक दोनों ही प्रकार के अधिकारों द्वारा अपनी शक्तियों का विकास कर, गृह तथा बाह्य संसार में पुरुषों की सहयोगिनी बनकर अपने देश और जाति के उत्कर्ष

का कारण बन रही हैं, अपकर्ष का नहीं।

जिसकी सभ्यता की प्राचीनता प्रख्यात है केवल उसी हमारे देश में अब तक इस भावना की ऐसी धुँधली रूप-रेखा है कि हजार स्त्रियों में कदाचित् एक भी इससे परिचित न होगी।

कानून हमारे स्वत्वों की रक्षा का कारण न बन कर चीनियों के काठ के जूते की तरह हमारे ही जीवन के आवश्यक तथा जन्मसिद्ध अधिकारों को संकुचित बनाता जा रहा है। संपत्ति के स्वामित्व से वंचित असंख्य स्त्रियों के सुनहले भविष्यमय जीवन कीटाणुओं से भी तुच्छ माने जाते देख कौन सहृदय रो न देगा ? चरम दुरवस्था के सजीव निदर्शन हमारे यहाँ के संपन्न पुरुषों की विधवाओं और पैतृक धन के रहते हुए भी दरिद्र पुत्रियों के जीवन हैं। स्त्री पुरुष के वैभव की प्रदर्शिनी मात्र समझी जाती है और बालक के न रहने पर जैसे उसके खिलौने निर्दिष्ट स्थानों से उठाकर फेंक दिए जाते हैं उसी प्रकार एक पुरुष के न होने पर न स्त्री के जीवन का कोई उपयोग ही रह जाता है, न समाज या गृह में उसको कहीं निश्चित स्थान ही मिल सकता है। जब जला सकते थे तब इच्छा या अनिच्छा से उसे जीवित ही भस्म करके स्वर्ग में पति के विनोदार्थ भेज देते थे, परंतु अब उसे मृत पति का ऐसा निर्जीव स्मारक बन कर जीना पड़ता है जिसके सम्मुख श्रद्धा से नतमस्तक होना तो दूर रहा कोई उसे मलिन करने की इच्छा भी रोकना नहीं चाहता।

यदि उन्हें अर्थ-संबंधी वे सुविधाएँ प्राप्त हो सकें जो पुरुषों को मिलती आ रही हैं तो न उनका जीवन उनके निष्ठुर कुटुंबियों के लिए भार बन सकेगा और न वे गलित अंग के समान समाज से निकाल कर फेंकी जा सकेंगी, प्रत्युत् वे अपने शून्य क्षणों को देश के सामाजिक तथा राजनीतिक उत्कर्ष के प्रयत्नों से भर कर सुखी रह सकेंगी।

युगों के अनवरत प्रवाह में बड़े-बड़े साम्राज्य बह गए, संस्कृतियाँ लुप्त हो गईं, जातियाँ मिट गईं, संसार में अनेक असंभव परिवर्तन संभव हो गए, परंतु भारतीय स्त्रियों के ललाट में विधि की वज्रलेखनी से अंकित अदृष्ट लिपि नहीं धुल सकी। आज भी जब सारा गतिशील संसार निरंतर परिवर्तन की अनिवार्यता प्रमाणित कर रहा है, स्त्रियों के जीवन को काट-छाँट कर उसी साँचे के बराबर बनाने का प्रयत्न हो रहा है जो प्राचीनतम युग में ढाला गया था। प्राचीनता की पूजा बुरी नहीं, उसकी दृढ़ नींव पर नवीनता की भित्ति खड़ी करना भी श्रेयस्कर है, परंतु उसकी दुहाई देकर जीवन को संकीर्णतम बनाते जाना और विकास के मार्ग को चारों ओर से रुद्ध कर लेना किसी जीवित व्यक्ति पर समाधि बना देने से भी अधिक क्रूर और विचारहीन कार्य है।

हमारे उद्देश्यों के रूप चाहे जितने परिवर्तित जान पड़ें, सफलताओं और विफलताओं की संख्या चाहे जितनी न्यूनाधिक हो, परंतु हमारा आगे बढ़ते जाना

ध्रुव है, इसमें संदेह नहीं। जीवन की सफलता, अतीत से शिक्षा लेकर अपने आप को नवीन वातावरण के उपयुक्त बना लेने, नवीन समस्याओं को सुलझा लेने में है—केवल उनके अंधानुसरण में नहीं। अतः अब स्त्रियों से सम्बद्ध अनेक प्राचीन वैधानिक व्यवस्थाओं में संशोधन तथा अर्वाचीनों का निर्माण आवश्यक है।

शासन-व्यवस्था में भी उन्हें स्थान न मिलने से आधा नागरिक समाज प्रतिनिधि-हीन रह जाएगा; कारण अपने स्वत्वों के रूप तथा आवश्यकताओं से स्त्रियाँ जितनी परिचित हो सकती हैं उतने पुरुष नहीं। परंतु स्थान मिलने का अर्थ यह नहीं है कि उन्हें केवल पुरुष-परिषदों को अलंकृत करने के लिए रखा जाए। वास्तव में उनका पर्याप्त संख्या में रह कर अपनी अन्य बहिनों के हित-अनहित-विषयक अस्पष्ट विचारों को स्पष्ट करना और उन्हें क्रियात्मक रूप-रेखा देना ही समाज के लिए हितकर सिद्ध हो सकेगा।

सामाजिक अधिकारों के लिए भी यही सत्य है। जो बंधन पुरुषों की स्वेच्छाचारिता के लिए इतने शिथिल होते हैं कि उन्हें बंधन का अनुभव ही नहीं होता, वे ही बंधन स्त्रियों को परावलंबिनी दासता में इस प्रकार कस देते हैं कि उनकी सारी जीवन-शक्ति शुष्क और जीवन नीरस हो जाता है। समस्त सामाजिक नियम मनुष्य की नैतिक उन्नति तथा उसके सर्वतोन्मुखी विकास के लिए आविष्कृत किए गए हैं। जब वे ही मनुष्य के विकास में बाधा डालने लगते हैं तब उनकी उपयोगिता ही नहीं रह जाती। उदाहरणार्थ विवाह की संस्था पवित्र है, उसका उद्देश्य भी उच्चतम है; परंतु जब वह व्यक्तियों के नैतिक पतन का कारण बन जावे तब अवश्य ही उसमें किसी अनिवार्य संशोधन की आवश्यकता समझनी चाहिए। हमारी अनेक रूढ़ियाँ सामाजिक और वैयक्तिक विकास में सहायक न बन कर उसके मार्ग में नित्य नवीन बाधाएँ खड़ी करती रहती हैं। अनेक व्यवस्थाएँ जिन्हें हमने आपत्ति-धर्म मात्र समझकर स्वीकार कर लिया था, अब भी हमारे जीवन की छाया में अंकुरित और धूप से दूर रखे जाने वाले पौधे के समान शीर्ण बनाकर विकसित ही नहीं होने देतीं। अतः उसी शीत और विकास-शून्य छाया में पल कर हमारी संतान भी निस्तेज तथा उत्साहहीन बनती जा रही है। इस दशा में हमारा मिथ्या परंपरा की दुहाई देते रहना केवल व्यक्तियों के लिए नहीं वरन् समाज और राष्ट्र के लिए भी घातक सिद्ध होगा।

जो जाग चुका है वह अधिक समय तक सोते हुए का अभिनय नहीं करता रह सकता। हमारी जाग्रत बहिनों में से कुछ ने विद्रोह आरंभ कर दिया है और कुछ उसके लिए सुयोग ढूँढ़ रही हैं। जो देश के भावी नागरिकों की विधाता हैं, उनकी प्रथम और परम गुरु हैं, जो जन्म भर अपने आपको मिटा कर, दूसरों को बनाती रहती हैं, वे केवल तभी तक आदरहीन मातृत्व तथा अधिकार-शून्य पत्नीत्व स्वीकार करती रह सकेंगी, जब तक उन्हें अपनी शक्तियों का बोध नहीं होता। बोध होने पर वे बंदिनी बनाने वाली शृंखलाओं को स्वयं तोड़ फेकेंगी। परंतु उस दशा में अशांति

और संघर्ष अवश्यंभावी है जिसके कारण बहुत समय तक समाज की सुचारु व्यवस्था होनी कठिन हो जावेगी। अतः सामाजिक अधिकारों का फिर से निरीक्षण तथा उनमें से समय के प्रतिकूल परिस्थितियों को दूर करने का प्रयास ही भविष्य के लिए श्रेयस्कर हो सकेगा। समाज अपने आधे उत्तमांग की अवज्ञा करके कितने दिन जीवित रह सकेगा, यह कहना बाहुल्य मात्र है। पुरुष तथा स्त्री के कार्य-क्षेत्र, पृथक्-पृथक् समान रूप से महत्त्वपूर्ण हैं। ऐसी दशा में यदि महत्त्वपूर्ण कर्त्तव्य का पालन करके भी स्त्री को पुरुष की दासता तथा पद-पद पर अपमान का कटु अनुभव करना होगा तो उसका अपने कार्यक्षेत्र को तिलांजलि दे देना स्वाभाविक ही है। यदि पुरुष धनोपार्जन कर अपने कर्त्तव्य का पालन करता हुआ समाज तथा देश का आवश्यक और उपयोगी अंग समझा जाता है, राजनीतिक तथा सामाजिक अधिकारों का यथेष्ट उपभोग कर सकता है तो स्त्री गृह में भविष्य के लिए अनिवार्य संतान का पालन-पोषण कर अपने गुरु कर्त्तव्य का भार वहन करती हुई इन सब अधिकारों से अपरिचित तथा वंचित क्यों रखी जाती है ? संसार के और उसके बीच में ऐसी काली अभेद्य यवनिका क्यों डाल दी जाती है जिसके कारण अपने गृह की संकुचित सीमा के अतिरिक्त और किसी वस्तु से उसका परिचय हो सकना असंभव है ?

संसार की प्रगति से अनभिज्ञ, अनुभव-शून्य, पिंजरबद्ध पक्षी के समान अधिकार-विहीन, रुग्ण, अज्ञान नारी से फिर शक्ति-संपन्न सृष्टि की आशा की जाती है, जो मृगतृष्णा से तृप्ति के प्रयास के समान ही निष्फल सिद्ध होगी।

हमारे समाज में संपन्न से लेकर श्रमजीवी नारियों तक अज्ञान एकरस और व्यापक है।

सम्पन्न महिलाएँ अपने गृह तथा संतान की इतर व्यवस्था के लिए अनेक दास-दासियाँ रखकर केवल व्यक्तिगत विनोद और परंपरा-पालन की ओर ही ध्यान देती हैं। वास्तव में इसी श्रेणी की महिलाओं में से अनेक को स्त्रियों के स्वत्वों के निरीक्षण करने का अवकाश और उस ज्ञान को सब में फैलाने के साधन सुगमता से मिल सकते थे।

हमें प्रायः अपने देश की कुछ संपन्न तथा जाग्रत महिलाओं की क्रियाशीलता के समाचार ज्ञात होते रहते हैं। उनके विदेशों के कोलाहलमय जीवन और देश में वैभव से जगमगाती पार्टियों का हमें उलाहना नहीं देना है, परंतु वास्तव में उनकी जागृति तभी अभिनंदनीय हो सकेगी जब वे भारत की अंधकार में भटकने वाली वाणी-हीन असंख्य नारियों की प्रतिनिधि बन कर जागें और यहाँ की संभ्रांत, साधारण तथा श्रमजीवी महिलाओं के अधिकारों, उन्नति के साधनों, अवनति के कारणों तथा उनसे संबंध रखनेवाले अन्य विषयों से परिचित हो सकें। उनके विकास-पथ में तभी उनकी देशवासिनियों की पलकें बिछ सकेंगी, जब वे अपने संचित ज्ञान को देश की कुटी-कुटी के द्वार पर जाकर प्रत्येक स्त्री को उपहार में देने का निश्चय करके बढ़ेंगी।

अनेक ने इस दिशा में स्तुत्य प्रयास किया है, इसमें संदेह नहीं, परंतु कोटिशः सोती हुई स्त्रियों को जगाने का कार्य दो-एक के किए न होगा। उनके लिए सहस्रशः जाग्रत बहिनों को अनेक सुखों और ऐश्वर्य को ठुकरा कर अलख जगाना पड़ेगा, परंतु इस प्रयास का परिणाम अमूल्य होगा, यह निश्चित है। हमारी मानसिक दासता, मानसिक तंद्रा के दूर होते ही, न कोई वस्तु हमारे लिए अलभ्य रहेगी, न कोई अधिकार दुष्प्राप्य; कारण, अपने स्वत्वों से परिचित व्यक्ति को उनसे वंचित रख सकना कठिन ही नहीं असंभव है।

हमें न किसी पर जय चाहिए, न किसी से पराजय; न किसी पर प्रभुता चाहिए, न किसी का प्रभुत्व। केवल अपना वह स्थान, वे स्वत्व चाहिए जिनका पुरुषों के निकट कोई उपयोग नहीं है, परंतु जिनके बिना हम समाज का उपयोगी अंग बन नहीं सकेंगी। हमारी जाग्रत और साधन-संपन्न बहिनें इस दिशा में विशेष महत्त्वपूर्ण कार्य कर सकेंगी, इसमें संदेह नहीं।

मध्यम श्रेणी की महिलाओं को गृह के इतर और महत्त्वपूर्ण दोनों प्रकार के कार्यों से इतना अवकाश ही नहीं मिलता कि वे कभी अपनी स्थिति पर विचार कर सकें। जीवन के आरंभिक वर्ष कुछ खेल में, कुछ गृहकार्यों के सीखने में व्यतीत कर जब से वे केवल शाब्दिक अर्थवाले अपने गृह में चरण रखती हैं तब से उपेक्षा और अनादर की अजस्र वर्षा में ठिठुरते हुए मृत्यु के अंतिम क्षण गिनती हैं। स्वत्वहीन धनिक महिलाओं को यदि सजे हुए खिलौने का सौभाग्य प्राप्त है तो साधारण श्रेणी की स्त्रियों को क्रीतदासी का दुर्भाग्य।

यदि पुरुष व्यसनी है, रोगी है तो अपने और बालकों के भरण-पोषण की समस्या मृत्यु से भीषणतर बन कर उनके सम्मुख उपस्थित हो जाती है। यदि भाग्य में वैधव्य लिखा होता है तो उनके साथ भिक्षाटन भी स्वीकार करना पड़ता है। सारांश यह है कि उन्हें किसी दशा में भी स्वालंबन दुर्लभ है। मानसिक सुख के साथ शारीरिक दुःख उपेक्षणीय हो सकता है और शारीरिक सुख के साथ मानसिक पीड़ा सहनीय, परंतु दोनों सुख या दोनों दुःख मनुष्यों को जड़ बनाए बिना नहीं रहते। मध्यम गृहस्थ की गृहिणी को अपनी अनेक इच्छाएँ, अभिलाषाएँ कुचल कर जीवित रहना पड़ता है और इसके साथ ही शारीरिक क्लेशों का अंत न होने से उनका संपूर्ण जीवन अज्ञात पशु के जीवन की स्मृति दिलाता रहता है। राजनीतिक अधिकारों से भी पहले उसे ऐसी सामाजिक व्यवस्था की आवश्यकता है जिससे उसके जीवन में कुछ स्वावलंबन, कुछ आत्मविश्वास आ सके। उसकी दुर्बलताएँ अनेक हैं और सांसारिक संघर्ष घोरतर।

श्रमजीवी श्रेणी की स्त्रियों के विषय में तो कुछ विचार करना भी मन को खिन्नता से भर देता है। उन्हें गृह का कार्य और संतान का पालन करके भी बाहर के कामों में पति का हाथ बँटाना पड़ता है। सवेरे 6 बजे, गोद में छोटे बालक को तथा भोजन के लिए एक मोटी काली रोटी लेकर मजदूरी के लिए निकली हुई स्त्री

जब 7 बजे संध्या समय घर लौटती है तो संसार भर का आहत मातृत्व मानो उसके शुष्क ओठों में कराह उठता है। उसे श्रांत, शिथिल शरीर से फिर घर का आवश्यक कार्य करते और उस पर कभी-कभी मद्यप पति के निष्ठुर प्रहारों को सहते देख कर करुणा को भी करुणा आए बिना नहीं रहती। मिलों, कारखानों आदि में काम करनेवाली स्त्रियों की दुर्दशा तो प्रकट ही है। परंतु हमारे वृहत महिला-सम्मेलन तथा बड़े-बड़े सुधार के आयोजन उन्हें भूल जाते हैं जिनकी कार्य-पटुता के साथ अज्ञान का विचित्र संगम हो रहा है। कृषक तथा अन्य श्रमजीवी स्त्रियों की इतनी अधिक संख्या है कि बिना उनकी जागृति के हमारी जागृति अपूर्ण रहेगी और हमारे स्वत्व अर्थहीन समझे जाएँगे। उत्तराधिकार मिल जाने पर भी हमारी मजदूर स्त्रियाँ निर्धन पिता तथा दरिद्र पति से दरिद्रता के अतिरिक्त और क्या पा सकेंगी !

इनके लिए तो ज्ञान के धन की ही विशेष आवश्यकता है जिससे वे कारखानों में, मिलों में शारीरिक श्रम करती हुई भी अपने स्वत्वों की हत्या न होने दें वरन् प्रत्येक अन्याय का विरोध करने को उद्यत रहें। वे जीविकोपार्जन में असमर्थ होने के कारण विवाह नहीं करतीं प्रत्युत् एक संगी की आवश्यकता का अनुभव करके ही स्वयं गृहिणी का उत्तरदायित्व स्वीकृत कर लेती हैं। यदि उन्हें अपने स्वत्वों का वास्तविक ज्ञान हो तो उनकी अनेक दुर्दशाओं का पुरुषों द्वारा अंत होते देर न लगे। इनकी पारिवारिक स्थिति धनिक और साधारण श्रेणी की स्त्रियों से भिन्न है। कारण, न वे अपने गृह का अंधकार मात्र समझी जाती हैं न ऐसी वस्तुएँ जिनके टूट जाने से गृहस्थ का कुछ बनता बिगड़ता ही नहीं ! वे पुरुष के जीविकोपार्जन में सहयोग देती हैं, अपनी जीविका के लिए उसका मुख नहीं देखतीं, फलतः वे अपेक्षाकृत स्वावलंबिनी हैं। इन सब में जागृति उत्पन्न करने, उन्हें अभाव का अनुभव कराने का भार विदूषियों पर है और बहुत समय तक रहेगा।

शिक्षा, चिकित्सा आदि विभागों में कार्य करने वाली जाग्रत महिलाओं ने अपना एक भिन्न समाज बना डाला है जिसने उन्हें गृहणियों के प्रति स्नेहशून्य और गृहणियों को उनके प्रति संदिग्ध कर दिया है। न वे अपनी निर्दिष्ट संकीर्ण सीमा से बाहर पैर रखना चाहती हैं न किसी को अपने निकट आने की आज्ञा ही देती हैं। उनके विचार में गृहिणी के जिस उत्तरदायित्व या परावलंबन से पूर्ण जीवन को उन्होंने छोड़ दिया है उसे स्वीकार करने वाली स्त्रियाँ अनादर तथा उपेक्षा के ही योग्य हैं और एक प्रकार से उनकी यह धारणा अनेक अनर्थों के लिए उत्तरदायिनी ठहरायी जा सकती है। इतनी शिक्षा, इतनी बुद्धि, इतने साधन, इतना अवकाश और स्वावलंबन पाकर भी यदि वे अन्य बहिनों की प्रतिनिधि न बन सकीं, यदि वे उनके त्यागमय जीवन को अवज्ञा से देखती रहीं तो सारे समाज का अनिष्ट होने की संभावना सत्य हुए बिना न रहेगी। उनके संकीर्ण समाज में प्रवेश न पा सकने के कारण अन्य स्त्रियाँ उनके गुरु उत्तरदायित्व से अनभिज्ञ रहकर केवल उनके बाह्य शांतिपूर्ण जीवन से

ईर्ष्या कर अपने जीवन को दुर्वह बना डालती हैं।

जिन विदुषी महिलाओं ने घर और बाहर दोनों प्रकार के उत्तरदायित्व को अपनाया उनका जीवन भी प्रायः समाज का आदर्श नहीं बन पाया।

उन्होंने अपनी असमर्थता के कारण नवीन स्वतंत्र जीवन नहीं स्वीकार किया है, वरन् देश के असंख्य बालक-बालिकाओं की ज्ञानदात्री माता बनने की योग्यता के कारण, यह उन्हीं के जीवन से प्रमाणित होना आवश्यक है। आपत्ति के समय जब युवक पति सद्यः परिणीता पत्नी को या पिता असहाय संतान को छोड़ कर युद्ध में प्राण देने चल पड़ता है तब क्या कोई उसे कर्त्तव्यपराङ्मुख कहकर उसकी अवज्ञा कर सकता है ? आज स्त्रियों की विपन्नवस्था से आहत गौरव लेकर कुछ सुयोग्य विदुषियाँ यदि अपनी जाति की अवनति के कारण ढूँढ़ने और उन्हें दूर करने में अपना जीवन लगा देने के लिए निकल पड़ें तो क्या कोई उन पर हँसने का साहस कर सकेगा ? नहीं ! परंतु इस श्रद्धा को पाने के लिए उन्हें अपने प्रत्येक कार्य को त्याग की, परार्थ की तुला पर तोलना पड़ेगा, आत्म-सुखोपभोग द्वारा उसकी गुरुता न जाँची जा सकेगी।

नारी में परिस्थितियों के अनुसार अपने बाह्य जीवन को ढाल लेने की जितनी सहज प्रवृत्ति है, अपने स्वभावगत गुण न छोड़ने की आंतरिक प्रेरणा उससे कम नहीं—इसी से भारतीय नारी भारतीय पुरुष से अधिक सतर्कता के साथ अपनी विशेषताओं की रक्षा कर सकी है, पुरुष के समान अपनी व्यथा भूलने के लिए वह कादम्बिनी नहीं माँगती, उल्लास के स्पंदन के लिए लालसा का तांडव नहीं चाहती क्योंकि दुःख को वह जीवन की शक्ति-परीक्षा के रूप में ग्रहण कर सकती है और सुख को कर्त्तव्य में प्राप्त कर लेने की क्षमता रखती है। कोई ऐसा त्याग, कोई ऐसा बलिदान और कोई ऐसी साधना नहीं जिसे वह अपने साध्य तक पहुँचने के लिए सहज भाव से नहीं स्वीकार करती रही। हमारी राष्ट्रीय जागृति इसे प्रमाणित कर चुकी है कि अवसर मिलने पर गृह के कोने की दुर्बल बंदिनी स्वच्छंद वातावरण में बल प्राप्त पुरुष से शक्ति में कम नहीं।

अपने कर्त्तव्य की गुरुता भली भाँति हृदयंगम कर यदि हम अपना लक्ष्य स्थिर कर सकें तो हमारी लौह-शृंखलाएँ हमारी गरिमा से गलकर मोम बन सकती हैं, इसमें संदेह नहीं।

हिंदू स्त्री का पत्नीत्व

विकास और विकृति दोनों ही परिवर्तन-मूलक होने पर भी परिणाम में भिन्न हैं, क्योंकि एक वस्तु-विशेष को इस प्रकार परिवर्तित करता है कि उसके छिपे हुए गुण अधिक-से-अधिक स्पष्ट हो जाते हैं और दूसरा उन्हीं गुणों को इस प्रकार बदल कर विकृत कर देता है कि वे दोष जैसे जान पड़ने लगते हैं। मार्ग में पड़ी हुई शिला से टकरा कर जल-प्रवाह में जो परिवर्तन होते हैं वे विकास-मूलक हैं, परंतु किसी गढ़े में भरे हुए गति-हीन जल के परिवर्तन में शोचनीय विकृति ही मिलेगी।

भारतीय स्त्री की सामाजिक स्थिति का इतिहास भी उसके विकृत-से-विकृततर होने की कहानी मात्र है। बीती हुई शताब्दियाँ उसके सामाजिक प्रसाद के लिए नींव के पत्थर नहीं बनीं, वरन् उसे ढहाने के लिए वज्रपात बनती रही हैं फलतः उसकी स्थिति उत्तरोत्तर दृढ़ तथा सुंदर होने के बदले दुर्बल और कुत्सित होती गई।

पिछले कुछ वर्ष अवश्य ही उस पुराने इतिहास में नए पृष्ठ बन कर आए जिसने समाज को स्त्री की स्थिति को एक नए दृष्टिकोण से देखने पर बाध्य किया। इस समय भारतीय स्त्री चाहे टर्की, रूस आदि देशों की स्त्रियों के समान पुराने संस्कार मिटाकर नवीन रूप में पुनर्जन्म न ले सकी हो, परंतु इसमें संदेह नहीं कि वह अपनी स्थिति और तज्जनित दुर्दशा को विस्मय से देखने लगी है। अपनी दुर्बलता पर हमें जो विस्मय होता है वही अपनी शक्तियों के प्रति हमारे विश्वास का प्रमाण है, यह कहना अतिशयोक्ति न होगी, क्योंकि अपनी शक्ति में विश्वास न करने वाला व्यक्ति अपनी दुर्बलता में विश्वास करता है, उस पर विस्मय नहीं।

स्त्री के जीवन में राजनीतिक अधिकारों तथा आर्थिक स्वतंत्रता का अभाव तो रहा ही, साथ ही उसकी सामाजिक स्थिति भी कुछ स्पृहणीय नहीं रही। उसके जीवन का प्रथम लक्ष्य पत्नीत्व तथा अंतिम मातृत्व समझा जाता रहा, अतः उसके जीवन का एक ही मार्ग और आजीविका का एक ही साधन निश्चित था। यदि हम कटु सत्य सह सकें तो लज्जा के साथ स्वीकार करना होगा कि समाज ने स्त्री को

जीविकोपार्जन का साधन निकृष्टतम दिया है। उसे पुरुष के वैभव की प्रदर्शनी तथा नोरंजन का साधन बनकर ही जीना पड़ता है। केवल व्यक्ति और नागरिक के रूप में उसके जीवन का कोई मूल्य नहीं आँका जाता। समाज की स्थिति के लिए मातृत्व पूज्य है, व्यक्ति की पूर्णता के लिए सहधर्मिणीत्व भी श्लाघ्य है, परंतु क्या यह माना जा सकता है कि सौ में से सौ स्त्रियों की शारीरिक तथा मानसिक स्थिति केवल इन्हीं दो उत्तरदायित्वों के उपयुक्त होगी ? क्या किसी भी स्त्री को उसकी शारीरिक तथा मानसिक शक्तियाँ और रुचि किसी अन्य पर श्लाघ्य लक्ष्य की ओर प्रेरित नहीं कर सकतीं ?

जैसे ही कन्या का जन्म हुआ, माता-पिता का ध्यान सबसे पहले उसके विवाह की कठिनाइयों की ओर गया। यदि वह रोगी माता-पिता से पैतृक धन की तरह कोई रोग ले आई तो भी उसके जन्मदाता अपने दुष्कर्म के उस कटु फल को पराई धरोहर कह-कह कर किसी को सौंपने के लिए व्याकुल होने लगे। चाहे कन्या को कुष्ठ हो; चाहे यक्ष्मा और चाहे कोई अन्य रोग, परंतु उसको विवाह जैसे उत्तरदायित्व से वंचित करना वंश के लिए कलंक है। चाहे वह शरीर से उस जीवन के लिए असमर्थ हो, चाहे मन से अनुपयुक्त परंतु विवाह के अतिरिक्त उसके जीने का अन्य साधन नहीं। उसकी इच्छा-अनिच्छा, स्वीकृति-अस्वीकृति, योग्यता-अयोग्यता की न कभी किसी ने चिंता की ओर न करने की आवश्यकता का अनुभव किया। यदि कन्या कुरूपता के कारण विवाह की हाट में रखने योग्य नहीं है तो उसके स्थान में दूसरी रूपवती को दिखाकर, रोगिणी है तो उसके रोग को छिपा कर, सारांश यह है कि लालच से, छल से, झूठ से या अच्छे-बुरे किसी भी उपाय से उसके लिए पत्नीत्व का प्रबंध करना ही पड़ता है, कारण वही एक उसके भरण-पोषण का साधन है। यह सत्य है कि विवाह-जैसे उत्तरदायित्व के लिए समाज पुरुषों की भी योग्यता-अयोग्यता की चिंता नहीं करता परंतु उनके लिए यह बंधन विनोद का साधन है, जीविका का नहीं। अतः वे एक प्रकार से स्वच्छंद रहते हैं।

प्राचीनता की दुहाई देने वाले कुलों में बिना देखे-सुने जिस प्रकार उसका क्रय-विक्रय हो जाता है, वह तो लज्जा का विषय है ही, परंतु नवीनता के पूजकों में भी विवाह-योग्य कन्या को, बिकने के लिए खड़े हुए पशु की तरह देखना कुछ गर्व की वस्तु नहीं। जिस प्रकार भावी पति-परिवार के व्यक्ति उसे चलाकर, हँसाकर, लिखा-पढ़ाकर देखते हैं तथा लौटकर उसकी लंबाई-चौड़ाई, मोटापन, दुबलापन, नख-शिख आदि के विषय में अपनी धारणाएँ बनाते हैं, उसे सुन कर दास-प्रथा के समय बिकने वाली दासियों की याद आए बिना नहीं रहती। प्रायः दुर्बल, कुरूप परंतु उपाधिधारी बेकार युवकों के लिए भी कन्या को केवल रूप की ही प्रतियोगिता में नहीं किंतु शिक्षा, कला, गुण आदि की प्रतियोगिता में भी सफल होना पड़ता है। यहाँ प्रत्येक अवस्था में प्रत्येक स्त्री को प्राण धारण के लिए ही पत्नी बनना होगा

वहाँ यदि आदर्श पत्नी या आदर्श माताओं का अभाव दिखाई दे तो आश्चर्य की बात नहीं !

पति होने के इच्छुक युवकों की मनोवृत्ति के विषय में तो कुछ कहना व्यर्थ ही है। वे प्रायः पत्नी के भरण-पोषण का भार ग्रहण करने के पहले भावी श्वसुर से कन्या को जन्म देने का भारी-से-भारी कर वसूल करना चाहते हैं। एक विलायत जाने का खर्च चाहता है, दूसरा यूनीवर्सिटी की पढ़ाई समाप्त करने के लिए रुपया चाहता है, तीसरा व्यवसाय के लिए प्रचुर धन मांगता है। सारांश यह कि सभी अपने-आपको ऊँची-से-ऊँची बोली के लिए नीलाम पर चढ़ाए हुए हैं। प्रश्न उठता है कि क्या यह क्रय-विक्रय, वह व्यवसाय स्त्री के जीवन का पवित्रतम बंधन कहा जा सकेगा ? क्या इन्हीं पुरुषार्थ और पराक्रमहीन परावलंबी पतियों से वह सौभाग्यवती बन सकेगी ? यदि नहीं तो वह इस बंधन को जो उसे आदर्श माता और आदर्श पत्नी के पद तक नहीं पहुँचा सकता, केवल जीविका के लिए कब तक स्वीकार करती रहेगी ? अवश्य ही यह मत्स्य-बेध या धनुष-भंग द्वारा युवक के पराक्रम की परीक्षा का युग नहीं है परंतु स्त्री, पुरुष में इतने स्वावलंबन की अवश्य ही अपेक्षा रखती है कि वह उसके पत्नीत्व को व्यवसाय की तुला पर न तोले।

ऐसे अनेक व्यक्ति हैं जो किसी भी नवीन दृष्टिकोण को समाज और धर्म की स्थिति के लिए घातक समझ लेते हैं और भरसक किसी भी परिवर्तन को आने नहीं देते; फल यह होता है कि प्रतिरोध से और भी सबल होकर उसका प्रवाह प्राचीन की मर्यादा भंग कर देता है। ऐसी क्रांति की आवश्यकता ही न होती यदि हमारे समाज-समुद्र में इतनी गहराई होती कि वह नवीन विचार-धाराओं को अपने में स्थान दे सकता।

स्त्री के विकास की चरम सीमा उसके मातृत्व में हो सकती है, परंतु यह कर्त्तव्य उसे अपनी मानसिक तथा शारीरिक शक्तियों को तोल कर स्वेच्छा से स्वीकार करना चाहिए, परवश होकर नहीं। कोई अन्य मार्ग न होने पर बाध्य होकर जो स्वीकार किया जाता है वह कर्त्तव्य नहीं कहा जा सकता। यदि उनके जन्म के साथ विवाह की चिंता न कर उनके विकास के साधनों की चिंता की जावे, उनके लिए रुचि के अनुसार कला, उद्योग-धंधे तथा शिक्षा के द्वार खुले हों, जो उन्हें स्वावलंबिनी बना सकें और तब अपनी शक्ति और इच्छा को समझकर यदि वे जीवनसंगी चुन सकें तो विवाह उनके लिए तीर्थ होगा, जहाँ वे अपनी संकीर्णता मिटा सकेंगी, व्यक्तिगत स्वार्थ को बहा सकेंगी और उनका जीवन उज्ज्वल-से-उज्ज्वलतर हो सकेगा। इस समय उनके त्याग पर अभिमान करना वैसा ही उपहासास्पद है, जैसा चिड़िया को पिंजरे में बंद करके उसके, परवशता के स्वीकृत जीवन-उत्सर्ग का गुणगान।

समय की गति धनुष से छूटे हुए तीर की तरह आगे की ओर है, पीछे की ओर नहीं। जीवन की जिन परिस्थितियों को हम पीछे छोड़ आए हैं उन्हें हम लौट

नहीं सकते। इससे उनके अनुरूप अपने आपको बनाते रहना जीवन को एक वृत्त में घुमाते रहना होगा। जिस प्राचीन संस्कृति का पक्ष लेकर हम विकास का मार्ग रूँधना चाहते हैं यदि उनकी छाया भी हम छू सके होते तो हमारे कार्य ऐसे अर्थहीन और दृष्टिकोण ऐसा संकीर्ण न हो सकता। अनेक संस्कृतियों, विभिन्न दृष्टिकोणों तथा परस्पर-विरोधी विचारों को समाहित कर लेने वाला अतीत चाहे हमें आगे न बढ़ाता, परंतु पीछे लौटना भी न सिखाता। हमारा निर्जीव रूढ़िवाद, हमारे पवित्रतम संबंधों में भी पशुता की अधिकता आदि प्रमाणित करते हैं कि हम भटक कर ऐसी दिशा में बढ़े चले जा रहे हैं, जो हमारा लक्ष्य कभी नहीं रही।

हम स्त्रियों के विवाह की चिंता इसलिए नहीं करते कि देश या जाति में सुयोग्य माताओं और पत्नियों का अभाव हो जाएगा, वरन् इसलिए कि उनकी आजीविका का हम कोई और सुलभ साधन नहीं सोच पाते। माता-पिता चाहे संपन्न हों चाहे दरिद्र, कन्या का कोई उत्तरदायित्व प्रसन्नता से अपने ऊपर नहीं लेना चाहते और न विवाह के अतिरिक्त उससे छुटकारा पाने का मार्ग ही पाते हैं। विधवाओं की भी हमारे निकट एक ही समस्या है। किसी स्त्री के विधवा होते ही प्रश्न उठता है कि उसका भरण-पोषण और उसकी रक्षा कौन करेगा। यदि उसे उदर-पोषण की चिंता नहीं है तो रक्षक के अभाव में दुराचार में प्रवृत्त करने वाले प्रलोभनों से घिरी रहती है और यदि संबलहीन है तो उसकी आवश्यकताएँ ही अन्य साधनों के अभाव में बुरे मार्ग को स्वीकार करने के लिए उसे विवश कर देती हैं। यदि हम गृह के महत्व को बनाए रखना चाहते हैं तो हमें ऐसी गृहणियों की आवश्यकता होगी जो अपने उत्तरदायित्व को समझ-बूझ कर स्वेच्छा से, प्रसन्नतापूर्वक स्वीकार करें, केवल जीविका के लिए विवश होकर या अपनी रक्षा में असमर्थ होकर नहीं।

माता-पिता को बाध्य होना चाहिए कि वे अपनी कन्याओं को अपनी-अपनी रुचि तथा शक्ति के अनुसार कला, व्यवसाय आदि की ऐसी शिक्षा पाने दें, जिससे उनकी शक्तियाँ भी विकसित हो सकें और वे इच्छा तथा आवश्यकतानुसार अन्य क्षेत्रों में कार्य भी कर सकें। राष्ट्र की सुयोग्य संतान की माता बनना उनका कर्त्तव्य हो सकता है, परंतु केवल उसी पर उनके नागरिकता के सारे अधिकारों का निर्भर रहना अन्याय ही कहा जाएगा।

इस विवशता के कारण ही वे किसी पुरुष की सहयोगिनी नहीं समझी जातीं। सत्य भी है, बंदी के पैर की बेड़ियाँ साथ रहने पर भी क्या सुखद संगिनी की उपाधि पा सकेंगी ? प्रत्येक पुरुष पत्नी के रूप में स्त्री को अंगीकार करते समय अनुभव करता है मानो यह कार्य वह केवल परोपकार के लिए कर रहा है। यदि उसे इतना अवकाश मिले कि वह आजीवन संगिनी के अभाव का अनुभव कर सके, उसे खोजने का प्रयास कर सके और उस उत्तरदायित्व के लिए अपने-आप को प्रस्तुत कर सके तो यह उपकार की भावना एक क्षण भी न ठहरे जो अधिकांश घरों में दुःख का

कारण बन जाती है। उन्हें न स्वयंवर में वरमाला पाना है, न अप्रतिम पराक्रम द्वारा प्रतिद्वंद्वियों को परास्त कर अपने-आपको वरण-योग्य प्रमाणित करना है और न विशेष विद्या-बुद्धि का परिचय देना है। केवल उन्हें जीवन भर के लिए एक सेविका की सेवाएँ स्वीकार कर लेनी हैं और इस स्वीकृति के उपलक्ष्य में वे जो चाहे माँग भी सकते हैं। अतः वे इस बंधन को महत्वपूर्ण कैसे और क्यों समझें। उन्हें आवश्यकता न होने पर भी दर्जनों विवाह-योग्य कन्याओं के पिता उन्हें घेरे रहते हैं तथा अधिक-से-अधिक धन देकर, अधिक-से-अधिक खुशामद करके अपनी रूपसी, गुणवती और शिक्षित पुत्रियों को दान देकर कृतार्थ हो जाना चाहते हैं। ऐसा विवाह यदि स्त्रीत्व का कलंक न समझा जावे तो और क्या समझा जावे !

गृहस्थाश्रम हमारे यहाँ उपयोगिता की दृष्टि से सबसे उत्तम समझा जाता था और उसकी अनिवार्यता के कुछ धार्मिक तथा कुछ सामाजिक कारण रहे हैं। प्राचीनकाल में नवागत आर्यजाति को अपनी सामाजिक स्थिति दृढ़ करने के लिए अधिक-से-अधिक संतान की कितनी आवश्यकता थी यह हमें उन वेदमंत्रों से ज्ञात हो जाता है जिनमें वे देवताओं से वीर संतान और पशुओं की याचना करते हैं। इस नवीन कृषि-प्रधान देश में उन्हें अन्न के लिए पशुओं की जितनी आवश्यकता थी उतनी ही अपने विस्तार के लिए वीर पुत्रों की। किसी कुल की भी स्त्री उनके लिए त्याज्य नहीं थी। अतः वर्णों में उत्तम ब्राह्मण भी किसी भी वर्ण की स्त्री को पत्नी रूप में ग्रहण कर सकता था।

कुछ समय के उपरांत संभवतः कन्या-पक्ष के नीचे कुल के संबंधियों को दूर रखने के लिए उन्हें इस विधान को धर्म का रूप देना पड़ा, जिससे कन्या को दान करके माता-पिता जामातृ-गृह को त्याज्य समझें। आज भी हमारे यहाँ माता-पिता पुत्री के गृह में अन्न-जल ग्रहण करना या उससे किसी प्रकार की सहायता लेना पाप समझते हैं। इस भावना ने उनकी दृष्टि में पुत्र को पुत्री से भिन्न कर दिया, क्योंकि विवाह के उपरांत पुत्री उनके किसी काम न आ सकती थी और पुत्र उनके जीवन का अवलंब रहता था। इसी से नवीन गृहस्थी बसाने के लिए कुछ यौतुक देने के अतिरिक्त उन्होंने अपनी संपत्ति का कोई भाग उनके लिए सुरक्षित नहीं रखा। फिर भी अधिक संख्या में ब्रह्मचारिणियों की उपस्थिति, राजकन्याओं द्वारा ऋषियों का वरण आदि प्रमाणित कर देते हैं कि स्त्री उस समय आज की तरह परतंत्र नहीं थी। एक विशेष अवस्था तक ब्रह्मचर्य का पालन कर लेने पर स्वयं अपना वर चुन कर गृहिणी बनने का अधिकार रखती थी तथा एक विशेष अवस्था के उपरांत उस आश्रम से विदा भी ले सकती थी।

आज हम उन रीतियों के विकृत रूप तो अपनाए हुए हैं, परंतु उन परिस्थितियों पर विचार नहीं करना चाहते। इन कंकालावशिष्ट, दुर्बल और रोगी बालकों की बाल-माताएँ इस इतिहास से संबंध नहीं रखतीं, ये जाड़े में ठिठुरते नंगे-भूखे और

उस पर माता-पिता के रोगों का भार लादे हुए दरिद्र भिखारियों के बालक विवाह की उपयोगिता प्रमाणित नहीं करते, ये जर्जर शरीर और निर्जीव मन वाले युवक तथा मृत्यु का उपहास करने वाले मौरधारी बूढ़े प्राचीन चार आश्रमों की सृष्टि नहीं है, और यह मनुष्य-संख्या की अधिकता से आकुल होकर संतान-निग्रह की सम्मति देने वाला विज्ञ-समाज उस समय की परिस्थिति का प्रतिबिंब नहीं कहा जा सकता। वस्तुतः नवीन युग के नए अभिशाप हैं, जिनका परिहार भी नवीन ही होगा। प्राचीन की सुदृढ़ सुंदर नींव पर हमने अपनी दुर्बुद्धि के कारण हवा से कंपित हो उठने वाली जर्जर कुटी ही बनाई है, गगनचुंबी प्रसाद नहीं और उस नींव के उपयुक्त भवन-निर्माण करने के लिए हमें इसको गिरा ही देना होगा। यह हमारी अदूरदर्शिता होगी, यदि हम अतीत को जीवित करने के लिए जीवित वर्तमान की बलि दे दें, क्योंकि वह अब हमारे प्रगतिशील जीवन के लिए सहारा हो सकता है, लक्ष्य नहीं।

हम अन्य देशों में, जहाँ पहले स्त्रियों के प्रति पुरुषों के, हमारे-जैसे ही विचार थे, अनेक परिवर्तन देखते हैं, वहाँ की स्त्रियों को सारे क्षेत्रों में पुरुषों के समान ही सुचारू रूप से कार्य करते देखते हैं, आवश्यकता से नहीं किंतु इच्छा से उन्हें जीवनसंगी चुनते देखते हैं तो हमारा हृदय धड़कने लगता है। हम परिस्थितियों पर कुछ भी विचार न कर केवल अपने देश की स्त्रियों को और भी अधिक छिपा कर रखने में सयत्न हो जाते हैं। हम नहीं जानते और न जानना ही चाहते हैं कि सबेरे पूर्व के अंधकार से फूट निकलने वाली प्रकाश की रेखाओं को जैसे हम आकाश के किसी एक कोने में बाँध कर नहीं रख सकते वैसे ही जागृति की दिग्व्यापिनी लहर भी किसी देश के एक कोने में बंदिनी नहीं बनाई जा सकती। फिर विचारों के प्रसार के इतने साधन होते हुए परिवर्तन केवल कुछ समय के लिए रोका जा सकता है, आमूल नष्ट नहीं किया जा सकता। आज टर्की की महिला को देखकर कौन कह सकता है कि यह उन्हीं की वंशजा है जो एक पुरुष के अंतःपुर में अनेक की संख्या में बंद रहती थीं, प्रकाश से भी मुख छिपाती थीं और जिनका उपयोग पुरुष के मनोरंजन और उसकी वंश-रक्षा के अतिरिक्त और कुछ नहीं समझा जाता था। सोवियत रूस की सेना, नौसेना, यंत्रालयों, न्यायालयों आदि में सैनिक, जज आदि के पदों पर प्रतिष्ठित महिलाओं को देख कर क्या हम विश्वास कर सकते हैं कि इन्हीं को लक्ष्य कर यह रूसी कहावत कही गई होगी—"Beat your fur and you make it warmer, beat a woman and you make her wiser" उस देश में वधू का पिता वर को उसके अधिकार का चिह्न-स्वरूप नया चाबुक देता था, जो केवल वधू को पीटने के ही काम आता था और प्रायः नव-दंपति की शय्या के ऊपर टाँगा जाता था। यूरोप के अन्य सभ्य देशों में भी स्त्रियों की स्थिति ऐसी ही थी, परंतु आज वे चाहे हमारी तरह देवत्व का भार लेकर न घूम रही हों, मानवी अवश्य समझी जाने लगी हैं। हमारे देश की महिलाएँ भी कब तक केवल रमणी या भार्या बन कर संतुष्ट रह सकेंगी,

यही प्रश्न है। इसका यह अर्थ नहीं कि यदि स्त्रियाँ गृह-धर्म और मातृत्व को तिलांजलि देकर पुरुषों के समान सब क्षेत्रों में काम करने लगें तो उनकी स्थिति समुन्नत कही जाने योग्य हो जाएगी। विवाह मनुष्य जाति की असभ्यता की भी सबसे प्राचीन प्रथा है और सभ्यता की भी, परंतु उसे सामाजिक के साथ-साथ नैतिक और धार्मिक बंधन बनाने के लिए अधिक परिष्कृत करना होगा। इस समय तो भारतीय पुरुष जैसे अपने मनोरंजन के लिए रंग-बिरंगे पक्षी पाल लेता है, उपयोग के लिए गाय या घोड़ा पाल लेता है उसी प्रकार वह एक स्त्री को भी पालता है तथा अपने पालित पशु-पक्षियों के समान ही वह उसके शरीर और मन पर अपना अधिकार समझता है। हमारे समाज के पुरुष के विवेकहीन जीवन का सजीव चिह्न देखना हो तो विवाह के समय गुलाब-सी खिली हुई स्वस्थ बालिका को पाँच वर्ष बाद देखिए। उस समय उस असमय प्रौढ़ा, कई दुर्बल संतानों की रोगिनी पीली माता में कौन-सी विवशता, कौन-सी रुला देने वाली करुणा न मिलेगी।

अनेक व्यक्तियों का विचार है कि यदि कन्याओं को स्वावलंबिनी बना देंगे तो वे विवाह ही न करेंगी, जिससे दुराचार भी बढ़ेगा और गृहस्थ-धर्म में भी अराजकता उत्पन्न हो जाएगी। परंतु वे यह भूल जाते हैं कि स्वाभाविक रूप से विवाह में किसी व्यक्ति के साहचर्य की इच्छा प्रधान होनी चाहिए; आर्थिक कठिनाइयों की विवशता नहीं। यदि मनुष्य में किसी के आजीवन साहचर्य की इच्छा प्रधान न होती तो जिन देशों में स्त्रियाँ सब प्रकार से स्वावलंबिनी हैं वहाँ इस प्रथा का नाम भी न रह गया होता। रह गई दुराचार की बात–तो इस संबंध में यह निर्भ्रांत सत्य है कि सामाजिक परिस्थितियों से असंतुष्ट व्यक्ति जितनी सरलता से इस मार्ग के पथिक बन सकते हैं उतने संतुष्ट नहीं। हम भी आकाश के उन्मुक्त वातावरण के नीचे घर की दीवारों से घिर कर रहते हैं और कारागार का बंदी भी, परंतु हम सांझ को बाहर से थके शिथिल उसमें लौट कर द्वार बंद कर अपने-आपको सुरक्षित समझते हैं और वह सुरक्षित होते हुए भी रात भर दीवार तोड़कर बाहर जाने का उपाय सोचा करता है। इस मानसिक स्थिति का कारण केवल यही है कि एक को उसकी इच्छा के विरुद्ध सुरक्षित बना रखा है और दूसरा अपनी इच्छा तथा आवश्यकता के अनुसार घर से बाहर आ-जा सकता है। स्त्री की सामाजिक स्थिति यदि इतनी दयनीय न रहे, उसके जीवन और हृदय को यदि ऐसे कठोर बंधनों में बाँधकर आहत न कर दिया जावे तो वह कभी अपनी इच्छा से ऐसा पतन न स्वीकार करे जो आत्मघात के अतिरिक्त और कुछ नहीं।

यह धारणा कि स्वावलंबन के साधनों से युक्त स्त्री गृहिणी के कर्त्तव्य को हेय समझेगी, अतः गृह में अराजकता उत्पन्न हो जाएगी, भ्रांतिमूलक सिद्ध होगी। स्त्रीत्व की सारी माधुर्यमयी गरिमा ही मातृत्व में केंद्रित है। ऐसी स्त्री अपवाद है जो अपनी इच्छा से स्वीकृत जीवन-संगी की संपत्ति की चिंता न कर तथा अपने प्रिय

बालकों को अरक्षित छोड़कर केवल आर्थिक स्वतंत्रता की कामना से संसार के कठोर वातावरण में द्रव्य उपार्जन करने जाना चाहे। फिर यदि पस्थितियों से बाध्य हो उसे अपनी गृहस्थी सुख से चलाने के लिए ऐसा करना भी पड़े तो वह श्लाघनीय ही है। हमारे यहाँ आज भी श्रमजीवियों की स्त्रियाँ तथा किसानों की सहधर्मणियां घर सँभालती और जीविका के उपार्जन में पुरुष की सहायता भी करती हैं। इस चिंता से कि वे कहीं पुरुष के अधिकार के बाहर न चली जावें, उन्हें पुरुष-मनोरंजनी विद्या के अतिरिक्त और कुछ न सिखाना उनके लिए भी घातक है और समाज के लिए भी, क्योंकि वे सच्चा सामाजिक प्राणी और नागरिक कभी बन ही नहीं पातीं।

शिक्षा की दृष्टि से स्त्रियों में दो प्रतिशत भी साक्षर नहीं हैं। प्रथम तो माता-पिता कन्या की शिक्षा के लिए कुछ व्यय ही नहीं करना चाहते, दूसरे यदि करते भी हैं तो विवाह की हाट में उनका मूल्य बढ़ाने के लिए, कुछ उनके विकास के लिए नहीं। इसी पत्नीत्व की अनिवार्यता से विद्रोह करके अनेक सुशिक्षित स्त्रियाँ गृहस्थ जीवन में प्रवेश ही नहीं करना चाहतीं, क्योंकि उन्हें भय रहता है कि उनके सहयोगी उनके स्वतंत्र व्यक्तित्व को एक क्षण भी सहन न कर सकेंगे। इस धारणा के लिए प्रमाणों की भी कमी नहीं रही। प्रत्येक भारतीय पुरुष चाहे वह जितना सुशिक्षित हो, अपने पुराने संस्कारों से इतना दूर नहीं हो सकता है कि अपनी पत्नी को अपनी प्रदर्शनी न समझे। उसकी विद्या, उसकी बुद्धि, उसका कला-कौशल और उसका सौंदर्य सब उसकी आत्मश्लाघा के साधन मात्र हैं। जब कभी वह सजीव प्रदर्शन की प्रतिमा अपना भिन्न व्यक्तित्व व्यक्त करना चाहती है, अपनी भिन्न रुचि या भिन्न विचार प्रकट करती है, तो वह पहले क्षुब्ध, फिर असंतुष्ट हुए बिना नहीं रहता। कभी भारतीय पत्नी देश के लिए गरिमा की वस्तु रही होगी, परंतु आज तो विडंबना मात्र है। यदि समाज उसकी स्थिति को न समझेगा तो अपनी दशा के प्रति असंतोष उसे वह करने पर बाध्य करेगा जिससे उसकी शेष महिमा भी नष्ट हो जावे।

हमारी समस्याएँ

1

जिस प्रकार मिले रहने पर भी गंगा-यमुना के संगम का मटमैला तथा नीला जल मिलकर एक वर्ण नहीं हो पाता उसी प्रकार हमारे जन-साधारण में शिक्षित तथा अशिक्षित वर्ग के बीच में एक ऐसी रेखा खिंच गई है, जिसे मिटा सकना सहज नहीं। शिक्षा हमें एक दूसरे के निकट लाने वाला सेतु न बनकर विभाजित करने वाली खाई बन गई है, जिसे हमारी स्वार्थपरता प्रतिदिन विस्तृत से विस्तृततर करती जा रही है।

हम उसे पाकर केवल मनुष्य नहीं, किन्तु ऐसे विशिष्ट मनुष्य बनने का स्वप्न देखने लगते हैं, जिसके निकट आने में साधारण मनुष्य भीत होने लगें। ऐसी भित्ति मानव-हृदय को संकीर्ण कर देने वाले स्वर्ण-द्वारा बने तो किसी प्रकार क्षम्य भी हो सकती है, परंतु हृदय को प्रतिक्षण उदार और विस्तृत बनानेवाले ज्ञान के द्वारा जब यह निर्मित होती है, तब इसे अक्षम्य और मनुष्य-समाज के दुर्भाग्य का सूचक समझना चाहिए। नदी के बहने के मार्ग को रुद्ध कर उसके प्रवाह को उद्गम की ओर ले जाने के प्रयास के समान ही हमारी यह मनुष्यता को संकीर्ण बनाने की चाह है।

सारा ज्ञान, सारी शिक्षा, अपने अविकृत तथा प्राकृतिक रूप में मानव को, जीवन की अनेकरूपता में ऐक्य ढूँढ़ लेने की क्षमता प्रदान करता है, दूसरों की दुर्बलता में उदार और अपनी शक्ति में नम्र रहने का आदेश देती है तथा मनुष्य के व्यक्तित्व की संकीर्ण सीमा तोड़ कर उसे ऐसा सर्वमय बना देती है जिसमें उसकी बुद्धि, उसका चिंतन, उसके कार्य उसके होते हुए भी सबके हो जाते हैं और उसके जीवन का स्वर दूसरों के जीवन-स्वरों से सामंजस्य स्थापित कर संगीत की सृष्टि करता है। इतने ऊँचे आदर्श तक न पहुँच सकने पर भी हम ज्ञान से पशु की स्वार्थपरता सीखने का विचार तो कल्पना में भी न ला सकेंगे चाहे कभी-कभी ऐसे व्यक्ति उत्पन्न हो

जाते हों, जिनमें सर्प के मुख में स्वातिजल के समान विद्या विष बन गई है। ऐसे अपवाद तो सर्वव्यापक हैं।

हमारी नैतिक, सामाजिक आदि व्यवस्थाओं से संबंध रखने वाली अनेक दुरवस्थाओं के मूल में शिक्षा का विकृत रूप भी है, यह कहना अतिशयोक्ति न होगी।

यह दुर्भाग्य का विषय कहा जाता है कि हमारे यहाँ शिक्षितों की संख्या न्यूनतम है, परंतु यह उससे भी अधिक दुर्भाग्य की बात है कि इने-गिने शिक्षित व्यक्तियों के जिन कंधों पर कर्त्तव्य का गुरुतम भार है, वे दुर्बल और अशक्त हैं। जिन्हें अपनी, अपने समाज की, अपने देश की अनेकमुखी दुर्दशा का अध्ययन करना था, उसके कारणों की खोज करनी थी और इन कारणों को दूर करने में अपनी सारी शक्ति लगा देनी थी यदि वे ही इतने निस्तेज, उद्योग-शून्य, अकर्मण्य तथा निरीह हो गए तब और व्यक्तियों के विषय में क्या कहा जावे, जो अँधेरे में पग-पग पर पथ-प्रदर्शक चाहते हैं।

शिक्षा-द्वारा प्राप्त अनेक अभिशापों में से एक, जीविका-संबंधी बेकारी के समान ही, इनके मस्तिष्क की बेकारी भी चिंतनीय है। सारी बुद्धि, सारी क्रियात्मक शक्ति मानो पुस्तकों को कंठस्थ करने और समय पर लिख देने में ही केंद्रित हो गई है; इसके उपरांत प्रायः उन्हें बुद्धि तथा शक्ति के प्रयोग के लिए क्षेत्र नहीं मिलता और यदि मिला भी तो इतना संकीर्ण कि उसमें दोनों ही पंगु बनकर रह पाती हैं।

ठंडे जल के पात्र के पास रखा हुआ उष्ण जल का पात्र जैसे अनजान में ही उसकी शीतलता ले लेता है, उसी प्रकार चुपचाप शिक्षित महिला-समाज ने पुरुष-समाज की दुर्बलताएँ आत्मसात् कर ली हैं और अब वे उनकी दुरवस्था में ही चरम सफलता की प्रतिच्छाया देखने लगी हैं।

हमारे सारे दुर्गुण अपने बाल-रूप में बड़े प्रिय लगते हैं। छोटे-से अबोध बालक के मुख से फीका झूठ भी मीठा लगता है; उसकी स्वार्थपरता देखकर हँसी आती है, परंतु जब वही बालक सबोध होकर अपने झूठ और स्वार्थपरता को भी बड़ा कर लेता है, तब हमें उन्हीं गुणों पर आँसू बहाने पड़ते हैं। दरिद्र माता जब अनेक परिश्रमों से उपार्जित धन का प्रचुर अंश व्यय कर अपनी विद्यार्थिनी बालिका को गृह के इतर कार्यों से घृणा तथा जिन्हें ऐसी सुविधा नहीं मिली है, उनके प्रति उपेक्षा प्रकट करते देखती है तब उसे आत्मसंतोष की प्रसन्नता हो सकती है, परंतु जब वही बालिका बड़ी तथा शिक्षिता होकर अपनी माता तथा उसके समाज के प्रति अनादर दिखाने का स्वभाव बना लेती है, तब संभव है उसे पहली-सी प्रसन्नता न होती हो।

आज हमारे हृदयों में शताब्दियों से सुप्त विद्रोह जाग उठा है। इस समय हमारा इष्ट स्वतंत्रता है, जिसके द्वारा हम अपने जंग लगे हुए बंधन को एक ही प्रयास में काट सकती हैं। इसके लिए शिक्षा चाहिए; उसे चाहे किसी भी मूल्य पर क्रय करना पड़े, परंतु आज वह हमें महँगी न लगेगी, कारण वह हमारे शक्ति के, बल

के कोष की कुंजी है। वही उस व्यूह से निकलने का द्वार है, जिसमें हमारे दुर्भाग्य ने हमें न जाने कब से घेर रखा है। घर जलते समय उसमें रहने वाले किसी भी मार्ग से चाहे वह अच्छा हो या बुरा बाहर निकल जाना चाहते हैं। उस समय उनका प्रवेश-द्वार से ही अग्नि के बाहर जाने का प्रण उपहासास्पद ही होगा। परंतु निकलने के उपरांत यदि वे मुड़कर भी न देखें, ज्वाला से घिरे हुए अन्य झुलसने वालों के आर्तनाद की ओर से कान बंद कर लें, उन्हें किसी प्रकार की सहायता न दें तो उनका स्वतंत्र, शीतल वायुमंडल में श्वास लेना व्यर्थ होगा और उनके इस व्यवहार से मनुष्यता भी लजा जाएगी।

हमारे वर्तमान महिला-समाज की अवस्था भी कुछ-कुछ ऐसी ही है। जिन्हें बंधनों से मुक्ति के साधन शिक्षा के रूप में मिल गए हैं, उनके जीवन के उद्देश्य ऐसे निर्मित हो गए हैं, जिनमें परार्थ का प्रवेश कठिनता से हो सकता है और सेवा की भावना के लिए तो स्थान ही मिलना संभव नहीं ! जब इतनी शिक्षा के उपरांत भी पुरुषों में शिक्षित व्यक्तियों की संख्या नगण्य है तब अविद्या के साम्राज्य की स्वामिनी स्त्रियों के विषय में कुछ कहना व्यर्थ है। यदि उनमें किसी प्रकार एक प्रतिशत साक्षर निकल आवें तो उस एक के मस्तक पर शेष निन्यानवे को मार्ग दिखाने का भार रहेगा, यह न भूलना चाहिए। जब एक कार्य करने वालों की संख्या अधिक होगी सब पर कार्य भार हलका होगा, परंतु इसकी विपरीत दशा में अल्प व्यक्तियों को अधिक गुरु कर्त्तव्य स्वीकार करना ही पड़ेगा।

हमारे यहाँ कुछ विद्यार्थिनियाँ प्राथमिक शिक्षा के उपरांत ही अध्ययन का अंत कर देती हैं, कुछ माध्यमिक के उपरांत। इनमें से कुछ इनी-गिनी विद्यार्थिनियाँ उच्च शिक्षा के ध्येय तक पहुँच पाती हैं, जहाँ पहुँचने के उपरांत उनकी इच्छा और शक्ति दोनों ही उत्तर दे देती हैं। यदि निरीक्षक की दृष्टि से देखा जाए तो ये तीनों सोपान मनुष्य को विशेष उन्नत नहीं बना रहे हैं। जिन्हें प्राथमिक शिक्षा देने का हम गर्व करते हैं, उन बालिकाओं को ऐसे वातावरण में जो उनके मानसिक विकास के लिए अनुपयुक्त है, ऐसे शिक्षकों-द्वारा शिक्षा मिलती है, जो उन्हें जीवन के उपयोगी सिद्धांतों से भी अनभिज्ञ रहने देते हैं। इस अभाव में मनुष्य के पारिवारिक तथा सामाजिक जीवन का पंगु हो जाना अवश्यंभावी है। अशिक्षिताओं में मूर्खता के साथ सरलता, नम्रता आदि गुण तो मिल जाते हैं, परंतु ऐसी साक्षर महिलाओं के हाथ, अपने सारे गुण देकर अक्षरज्ञान या दो-चार भले-बुरे उपन्यासों के पारायण की शक्ति के अतिरिक्त और कुछ नहीं आता। जिनकी केवल प्राथमिक शिक्षा सीमा है उनके लिए जब तक वातावरण उपयुक्त तथा शिक्षा-वर्ग ऐसे न हों जो उनके संवेदनशील कोमल हृदय पर अच्छे संस्कार डाल सकें, उनके सुखमय भविष्य के निर्माण के लिए सिद्धांतों की सुदृढ़ नींव डाल सकें, और उन्हें मनुष्यता की पहली सीढ़ी तक पहुँचा सकें तब तक अक्षर ज्ञान केवल अक्षर ज्ञान रहेगा। जीने के लिए ही शिक्षा की आवश्यकता है,

परंतु जो व्यक्ति जीना ही नहीं जानता, उससे न संसार को कुछ लाभ हो सकता है और न वह शिक्षा का कोई सदुपयोग ही कर पाता है।

हमारे बाल्यकाल के संस्कार ही जीवन का ध्येय निर्धारित करते हैं, अतः यदि शैशव में हमारी संतान ऐसे व्यक्तियों की छाया में ज्ञान प्राप्त करेगी जिनमें चरित्र तथा सिद्धांत की विशेषता नहीं है, जिनमें संस्कारजनित अनेक दोष हैं, तो फिर विद्यार्थियों के चरित्र पर भी उसी की छाप पड़ेगी और भविष्य में उनके ध्येय भी उसी के अनुसार स्वार्थमय तथा अस्थिर होंगे। शिक्षा एक ऐसा कर्त्तव्य नहीं है जो किसी पुस्तक को प्रथम पृष्ठ से अंतिम पृष्ठ तक पढ़ा देने से ही पूर्ण हो जाता हो, वरन् वह ऐसा कर्त्तव्य है जिसकी परिधि सारे जीवन को घेरे हुए है और पुस्तकें ऐसे साँचे हैं जिनमें ढालकर उसे सुडौल बनाया जा सकता है।

यह वास्तव में आश्चर्य का विषय है कि हम अपने साधारण कार्यों के लिए करने वालों में जो योग्यता देखते हैं, वैसी योग्यता भी शिक्षकों में नहीं ढूँढ़ते। जो हमारी बालिकाओं, भविष्य की माताओं का निर्माण करेंगे उनके प्रति हमारी उदासीनता को अक्षम्य ही कहना चाहिए। देश विशेष, समाज विशेष तथा संस्कृति विशेष के अनुसार किसी के मानसिक विकास के साधन और सुविधाएँ उपस्थित करते हुए उसे विस्तृत संसार का ऐसा ज्ञान करा देना ही शिक्षा है जिससे वह अपने जीवन में सामंजस्य का अनुभव कर सके और उसे अपने क्षेत्र विशेष के साथ ही बाहर भी उपयोगी बना सके। वह महत्त्वपूर्ण कार्य ऐसा नहीं है जिसे किसी विशष्टि संस्कृति से अनभिज्ञ चंचलचित्त और शिथिल चरित्र वाले व्यक्ति सुचारु रूप से संपादित कर सकें।

परंतु प्रश्न यह है कि इस महान् उत्तरदायित्व के योग्य व्यक्ति कहाँ से लाए जावें। पढ़ी-लिखी महिलाओं की संख्या उँगलियों पर गिनने योग्य है और उनमें भी भारतीय संस्कृति के अनुसार शिक्षिताएँ बहुत कम हैं। जो हैं भी उनके जीवन के ध्येयों में इस कर्त्तव्य की छाया का प्रवेश भी निष्द्धि समझा जाता है। कुछ शिक्षिकावर्ग की उच्छृंखलता समझी जाने वाली स्वतंत्रता के कारण और कुछ अपने संकीर्ण दृष्टिकोण के कारण अन्य महिलाएँ अध्यापन-कार्य तथा उसे जीवन का लक्ष्य बनाने वालियों को अवज्ञा और अनादर की दृष्टि से देखने लगी हैं : अतः जीवन के आदि से अंत तक कभी किसी अवकाश के क्षण में उनका ध्यान इस आवश्यकता की ओर नहीं जाता जिसकी पूर्ति पर उनकी संतान का भविष्य निर्भर है।

प्राथमिक शिक्षा की शिथिल, अस्थिर नींव पर जब माध्यमिक शिक्षा का भवन निर्मित होता है तब उसकी भव्यता भी स्थायित्व से शून्य और उपयोग रहित रहती है। जिन गुणों को लेकर भारतीय स्त्री भारतीय रह सकती है वे तब तक प्रातःकालीन नक्षत्रों की तरह झड़ चुके होते हैं या विरल रह जाते हैं। जिसे उच्च शिक्षा कहते हैं, वह जीवन के प्रति कहीं चरम असंतोष मात्र बन जाती है और कहीं कुछ आवश्यक

सुविधाओं की प्राप्ति का साधन। यदि कटु सत्य कहा जाए तो केवल दो ही प्रकार की महिलाएँ उच्च शिक्षा की ओर अग्रसर होती हैं; एक वे जिन्हें पुरुषों के समान स्वतंत्र जीवन-निर्वाह के लिए उपाधि चाहिए और दूसरी वे जिनका ध्येय इसके द्वारा विवाह की तुला पर अपने आपको गुरु बना लेना है। इसके द्वारा वे सुगमता से ऐसा पति पा सकती हैं जो धन तथा विद्या के कारण उन्हें सब प्रकार की सामाजिक सुविधाएँ बिना प्रतिदान की इच्छा के दे सकता है और वे आडंबरपूर्ण सुख का ऐसा जीवन व्यतीत करने को स्वतंत्र हो जाती हैं जिस पर कर्त्तव्य की धूमिल छाया और त्याग का भार नहीं पड़ता।

जो केवल जीविका के लिए, स्वावलंबन के लिए, ऐसी शिक्षा चाहती हैं, वे भी इन्हीं के समान अपनी विद्या-बुद्धि को धन के साथ एक ही तुला पर तोलने में उसकी चरम सफलता समझ लेती हैं, जो उनके कर्त्तव्य को भी कहीं-कहीं अकर्त्तव्य का रूप दे देता है। केवल मनुष्य बनने के लिए, जीवन का अर्थ और उपयोग समझने के लिए कौन विद्या चाहता है, यह कहना कठिन है। हम केवल कार्य से कारण की गुरुता या लघुता जान सकते हैं। यदि वास्तव में इन सबकी शक्तियों का सर्वतोन्मुखी विकास होता, यदि ये हमारी संस्कृति की रक्षक तथा भविष्य की निर्माता होतीं तो क्या इन्हें खिलौने का-सा सारशून्य आडंबर शोभा देता ? जब उनके द्वार पर भविष्य की विधाता संतान प्रतीक्षा कर रही है, मानवता रो रही है, दैव गर्ज रहा है, पीड़ितों का हाहाकार गूँज रहा है, जीवन का अभिशाप बरस रहा है, तब क्या भारत की नारी दर्पण के सम्मुख पाउडर और क्रीम से खेलती होती ? इस भूखे देश की मातृशक्ति को शृंगार का अवकाश ही कहाँ है ? हमारे यहाँ संतान का अभाव नहीं है, अभाव है माताओं का ! अनाथालय भरे हैं, पाठशालाएँ पूर्ण हैं और फिर भी एक बहुत बड़ी संख्या में बालक-बालिकाएँ अनाथ की तरह मारे-मारे फिर रहे हैं। यदि हममें से कुछ स्वयं माता बनने का स्वप्न देखना छोड़कर इन्हीं की माता बनने का, इन्हें योग्य बनाने का व्रत ग्रहण कर लें, इन्हें मनुष्य बना देने में ही अपनी मनुष्यता को सार्थक समझ लें तो भविष्य में किसी दिन इनके द्वारा नवीन रूप-रेखा पाकर देश, समाज, सब आज की नारी-शक्ति पर श्रद्धांजलि चढ़ाने में अपना गौरव समझेंगे, इनके त्याग के इतिहास, इतिहास को अमरता देंगे।

कार्य का विस्तृत क्षेत्र तथा इनकी संख्या देखते हुए हममें से प्रत्येक को, जिसे कुछ भी व्यावहारिक ज्ञान प्राप्त करने का सुअवसर मिल सका है, अनेक मूक पशु के समान अपनी आवश्यकताओं को स्वयं न बता सकने वाली गृह में बंद कुलीनाओं, दिन भर कठिन परिश्रम करने के उपरांत भी अपनी तथा अपनी संतान की क्षुधानिवारण के हेतु अन्न न पानेवाली श्रमजीविनियों तथा समाज के अभिशापों के भार से दबी हुई आहत निर्दोष युवतियों का प्रतिनिधि भी बनाना होगा और उनकी संतान के लिए दूसरी माता भी।

प्रश्न हो सकता है कि क्या हमारे शिक्षित भाई भी ऐसा कर रहे हैं ? यदि नहीं तो केवल शिक्षित महिलाओं से, जो उनकी संख्या के सम्मुख नगण्य कही जा सकती हैं, क्यों ऐसी ऊँची आशाएँ की जाती हैं ?

इसमें अतिशयोक्ति नहीं कि हम जिस मार्ग पर अग्रसर हो रही हैं, शिक्षित पुरुष-समाज की एक बहुत बड़ी संख्या उसके दूसरे छोर तक पहुँच चुकी है, परंतु यह आवश्यक नहीं कि गिरने वालों की संख्या अधिक होने पर सब उन्हीं का अनुकरण करें और और जो खड़ा रहना चाहे वह मंदबुद्धि समझा जावे ? प्रचुर धन व्यय करके जो दुर्बल, अशक्त, उपाधिधारी बेकार घूम रहे हैं क्या केवल वे ही शिक्षित महिलाओं के आदर्श बने रहने के अधिकारी हैं, अन्य नहीं ? यदि उन्हीं के चरण-चिह्नों का अनुकरण करते-करते कालांतर में हमारी भी वही दशा हो जावे तो क्यों वह किसी के लिए गौरव का कारण बन सकेगी ? निश्चय ही नहीं। इसके अतिरिक्त उनका इस परिस्थिति की बंदिनी बन जाना समाज के लिए और भी बड़ा दुर्भाग्य सिद्ध होगा। जाति अनेक आपत्तियों को सह कर जीवित रह सकती है, परंतु मातृत्व का अभिशाप सह कर जीना उसके लिए संभव नहीं। व्यक्ति जिस गोद में जीवित रहने की शक्ति पाता है, अनेक तूफ़ानों को झेलने की सहिष्णुता और दृढ़ता का पाठ पढ़ता है, उसका अभाव उन शक्तियों का, गुणों का अभाव है जिनकी उसे प्रति पग पर आवश्यकता पड़ेगी।

अतः आज जो परिस्थिति दूर होने के कारण उपेक्षणीय लगती है, वह किसी दिन अपनी निकटता के कारण असह्य तथा सबके लिए दुर्बह हो उठे तो कोई विशेष आश्चर्य की बात न होगी। प्रत्येक वस्तु, प्रत्येक गुण के साथ सीमा है, जिसका अतिक्रमण उस वस्तु के उस गुण के उपयोग को न्यून या विकृत कर देता है। प्रत्येक व्यक्ति को स्वतंत्रता और बंधन दोनों चाहिए; स्वार्थ तथा परार्थ दोनों की आवश्यकता है, अन्यथा यह जीवनमुक्त होकर भी किसी को कुछ नहीं दे पाता।

अवश्य ही हममें से जो योग्य हैं उनका प्रत्येक क्षेत्र में जाना उपयोगी ही सिद्ध होगा, यदि वे अपने उत्तरदायित्व को समझती हुई तथा उस क्षेत्र में कार्य करने वाले पुरुषों की दुर्बलताओं से शिक्षा लेकर उन न्यूनताओं को पूर्ण करती हुई कार्य कर सकें। इससे उनका जीवन का अनुभव सर्वांगीण तथा विस्तृत होगा और उस वातावरण में अधिक सहानुभूति और त्याग की भावना पनप सकेगी, परंतु जहाँ ये अपनी विशेषताओं को, सहज प्राकृतिक गुणों को विदा देकर केवल पुरुषों का असफल अनुकरण करने का ध्येय लेकर पहुँचती हैं वहाँ स्वार्थ और परार्थ का ऐसा विद्रोह आरंभ हो उठता है जिसे शांत करना उनकी शक्ति के बाहर की बात है।

उदाहरण के लिए शिक्षा के क्षेत्र में एक पुरुष अपनी स्वभाव-सुलभ कठोरता से असफल रह सकता है, परंतु माता के सहज स्नेह से पूर्ण हृदय लेकर जब एक स्त्री उसी उग्रता का अनुकरण करके अपने उत्तरदायित्व को भूल जाती है तब उसकी

स्थिति दयनीय के अतिरिक्त और कुछ नहीं रहती। जिस स्वभाव से वह पथ-प्रदर्शक बन सकती थी, उसी को जब वह दूसरों की दुर्बलता के बदले में दे डालती है, तभी मानो उसके विकास और उपयोग का द्वार रुद्ध हो जाता है।

हमारी अनेक जाग्रत बहिनें चिकित्सा के क्षेत्र में कार्य कर रही हैं, परंतु उनमें से प्रायः अधिकांश पुरुष चिकित्सकों की हृदयहीनता सीख-सीख कर उसमें इतनी निपुण हो गई हैं कि अब उनके लिए जीवन का कोई मूल्य आँक लेना कठिन ही नहीं, असंभव-सा है। एक डाक्टर महिला ने तो किसी दरिद्र वृद्धा स्त्री की पुत्री को देखने जाना तब तक अस्वीकार किया जब तक उसने पहले उनकी फीस का प्रबंध करके उसे उनके पास जमा न कर दिया, परंतु इस प्रबंध में इतना समय लग गया कि जब वे पहुँचीं तब उस वृद्धा की असमय में माता बनी हुई पुत्री अपने नवजात शिशु के साथ दूसरे लोक के लिए प्रस्थान कर चुकी थी। ऐसी कौन स्त्री होगी जिसका रोम-रोम इस सत्य का अनुभव कर काँप न उठेगा कि हमारे हृदय का एक-एक कोना धीरे-धीरे पाषाण हुआ जा रहा है। हमारे स्वतंत्र होने की, शिक्षित होने की समस्या तो है ही, उसके साथ-साथ वह नई समस्या उत्पन्न हो गई है कि कहीं हमारा शिक्षित तथा स्वतंत्र जीवन पक्षाघात से पीड़ित न हो जावे। स्वच्छंद, जीवन-विषयक उपयोगी ज्ञान से युक्त व्यक्ति का उत्तरदायित्व गुरुतर और कार्यक्षेत्र विस्तृततर है, इसे हमें न भूल जाना चाहिए। अपने व्यक्तित्व की संकीर्ण सीमा तो सभी को घेरे है और स्वार्थ तक तो सभी की दृष्टि परिमित है।

ज्ञान के वास्तविक अर्थ में ज्ञानी, शिक्षा के सत्य अर्थ में शिक्षित वही व्यक्ति कहा जाएगा, जिसने अपनी संकीर्ण सीमा को विस्तृत, अपने संकीर्ण दृष्टिकोण को व्यापक बना लिया हो। एक शिक्षित व्यक्ति से अनेक अपनी समस्याओं का समाधान चाहते हैं, गंतव्य मार्ग की ओर संकेत और उसकी कठिनाइयों को सहने का साहस चाहते हैं, उसकी शक्ति ही नहीं, दुर्बलता का भी अनुकरण करने में अपनी सफलता समझते हैं और उसके दुर्गुणों को आत्मसात् कर गर्व का अनुभव करते हैं।

2

शताब्दियों से हमारी सामाजिक व्यवस्था इस प्रकार एकरूपिणी चली आ रही है कि अब हम उसका अस्तित्व भी भूल चले हैं, उसके बंधनों की त्रुटियों और उनके परिहार की ओर ध्यान जाना तो दूर की बात है। कदाचित् परिहार की आवश्यता भी नहीं थी, कारण नवीन परिस्थितियों में ही प्राचीन की अपूर्णता का अनुभव और उसे नवीन साधनों द्वारा अधिक सामंजस्यपूर्ण बनाने की इच्छा का जन्म हो सकता है। युगों से जब हमारे सामाजिक वातावरण पर परिवर्तन की छाया ही नहीं पड़ी, उसमें नव-जीवन

का स्पंदन होना ही रुक गया, तब सुविधा-असुविधा, पूर्णता-अपूर्णता भी अर्थहीन हो गईं। जीवित तथा चलते हुए व्यक्ति को मार्ग भी चाहिए, बैठने की छाँह भी चाहिए और लेटने, विश्राम करने के लिए स्थान की आवश्यकता होती है, परंतु जो शव है उसे जिस अवस्था में जीवनी शक्ति छोड़ जाती है उसी में नष्ट होने तक या पुनर्जीवन पाने तक निश्चेष्ट पड़ा रहना पड़ता है, उसे जीवित व्यक्ति के लिए आवश्यक सुविधाओं का करना ही क्या है !

अब कुछ दिनों से पुनर्जीवन के जो चिह्न व्यक्तियों और उनके द्वारा समाज में दिखाई पड़ने लगे, उन्हीं के कारण हमें पहले-पहले युगों के उपरांत, अपनी सामाजिक सुविधाओं का भान हुआ।

सारी सामाजिक व्यवस्थाओं का प्राण, उसकी रूप-रेखा का आधार, समाज के प्रधान अंग स्त्री तथा पुरुष का सामंजस्यपुर्ण संबंध ही है, जिसके बिना किसी भी समाज का ढाँचा बालू की भित्ति के समान ढह जाता है। वे दोनों यदि एक दूसरे को ठीक-ठीक समझ लें, अपनी-अपनी त्रुटियों और विशेषताओं को हृदयंगम कर लें तो समाज का स्वरूप सुंदर हो जाता है, अन्यथा उसे कोई, दूसरे उपाय से भव्य तथा उपयोगी नहीं बना पाता। उस युग-विशेष को छोड़कर जब स्त्रियाँ विद्वत्-सभाओं में बैठने तथा शास्त्रार्थ करने योग्य भी थीं, अब तक संभवतः स्त्री तथा पुरुष यदि कभी तनिक भी निकट आ सके तो केवल पति-पत्नी के रूप में और उस संबंध में भी एक ने दूसरे को अधिकार-द्वारा समझने का प्रयत्न किया। अन्य संबंधों में या तो अत्यधिक श्रद्धा और संकोच का भाव रहा या उपेक्षा और अनादर का, जिसने स्त्री के स्वभाव को समझने ही नहीं दिया।

वास्तव में स्त्री केवल पत्नी के रूप में ही समाज का अंग नहीं है, अतः उसे उसके भिन्न-भिन्न रूपों में व्यापक तथा सामान्य गुणों द्वारा ही समझना समाज के लिए आवश्यक तथा उचित है।

आज की हमारी सामाजिक परिस्थिति कुछ और ही है। स्त्री न घर का अलंकार मात्र बन कर जीवित रहना चाहती है, न देवता की मूर्ति बन कर प्राण-प्रतिष्ठा चाहती है। कारण वह जान गई है कि एक का अर्थ अन्य की शोभा बढ़ाना तथा उपयोग न रहने पर फेंक दिया जाना है तथा दूसरे का अभिप्राय दूर से उस पुजापे को देखते रहना है जिसे उसे न देकर उसी के नाम पर लोग बाँट लेंगे। आज उसने जीवन के क्षेत्र में पुरुष को चुनौती देकर अपनी शक्ति की परीक्षा देने का प्रण किया है और उसी में उत्तीर्ण होने को जीवन की चरम सफलता समझती है।

परंतु क्या ऐसे जागृति के युग में भी समाज के उन आवश्यक अंगों में, जिन्हें शिक्षा के सुचारु साँचे में ढाला गया है, सामंजस्य उत्पन्न हो सका है ? कदाचित् नहीं ! प्रतिदिन हम जो सुनते तथा देखते रहते हैं उसे सुनते और देखते हुए कौन मान लेगा कि हमारे समाज का वातावरण अधिक शांति और सामंजस्यमय हो सका

है। स्त्री के लिए दुर्वह बंधन घर में है और उससे असह्य दूसरा बाहर, यह न मानना असत्य ही नहीं, अपने प्रति तथा समाज के प्रति अन्याय भी होगा। यह अस्वाभाविक स्थिति हमें तथा आगामी पीढ़ियों को कहाँ-से-कहाँ पहुँचा देगी, यह प्रश्न प्रायः मन में उठकर फिर उसी में विलीन हो जाता है, क्योंकि हम अपनी त्रुटियों को सम्मुख रखकर देखने का साहस ही अपने भीतर संचित नहीं कर पाते। यदि कर पाते तो इनका दूर हो जाना भी अवश्यंभावी था। स्त्रियों की अनेक समस्याओं का सुलझ पाना तो दूर की बात है, साधारण जीवन में उनके साथ कैसा शिष्टाचार उचित होगा, इसका निर्णय भी अब तक न हो सका। यदि रूढ़ियों का अवलंब लेने वाली बहिनें गृहों में अनेक यंत्रणाएँ रो-रोकर सह रही हैं तो बंधनों को तोड़ फेंकने वाली विदुषियाँ बाहर असंख्य अपमानों का अविचल लक्ष्य बन कर उससे भी कठिन अग्निपरीक्षा में उत्तीर्ण होने की आशा में मिथ्या हँसी हँस रही हैं। इस विषय पर बहुत चर्चा हो चुकी है, आवश्यक-अनावश्यक दोनों, परंतु इससे समस्या के समाधान विषयक व्यावहारिक उपाय मिल सकना उतना सहज नहीं है जितना प्रायः समझ लिया जाता है। इस समय का वातावरण इतना कुहराच्छन्न जान पड़ता है, जिसमें गंतव्य मार्ग ढूँढ़ लेने में समय तथा सावधानी दोनों की आवश्यकता है। इतने दीर्घकाल के उपरांत अचानक ही युवक-युवतियों में, एकत्र होने का, एक-दूसरे के संपर्क में आने का सुयोग पाकर ऐसी किंकर्त्तव्य-विमूढ़ता जाग उठी है जो उन्हें कोई मार्ग, शिष्टाचार की कोई रूप-रेखा, निश्चित नहीं करने देती। इसके समाधान के लिए, इस संबंध में अधिक सामंजस्य लाने के लिए न तो बल-प्रदर्शन वाला उपाय सहायक होगा, न स्त्री-पुरुष का भावना-हीन, अपने स्त्री या पुरुष होने की चेतना से (Sex Consciousness) रहित होकर अपने आपको समाज का अंगमात्र समझ लेना ही। एक मनुष्य से नीचे का उपाय है, दूसरा उससे बहुत ऊपर का।

स्त्री की स्त्रीत्व की भावना तथा पुरुष की पुरुषत्व की भावना इस उच्छृंखल व्यवहार के लिए उत्तरदायिनी नहीं ठहराई जा सकती और उस चेतना को दूर कर सकना उसी प्रकार असंभव है जिस प्रकार किसी वस्तु को उसके रंग-रूप तथा अन्य इंद्रियग्राह्य गुणों से रहित कर उसे उसके सारत्व में देखना। यह भी दार्शनिक का कार्य है और वह भी। सर्वसाधारण से यह आशा दुराशा ही सिद्ध होगी। इसके अतिरिक्त यह भी न भूलना उचित होगा कि जिस प्रकार इस भावना ने कभी-कभी पशुत्व को जाग्रत किया है, उसी प्रकार कभी-कभी इसने मनुष्य को महान्-से-महान् त्याग की अंतिम सीढ़ी तक भी पहुँचाया है। नारी नारीत्व की सजग चेतना से समाज के वातावरण में अधिक-से-अधिक स्निग्धता ला सकती है और पुरुष इसी से अधिक-से-अधिक शक्ति। उसमें सामंजस्य लाने के लिए उन्हें गाड़ी के निर्जीव पहियों या चारपाई के पायों के समान अपने-आप को समाज के अंग मात्र समझने की आवश्यकता नहीं है और न यह ज्ञान, ऐसी वीतराग जागृति, सामूहिक रूप में संभव ही है। स्त्री या

पुरुष की इस चेतना से हानि तब तक नहीं हो सकती जब तक उनमें सहयोगी के स्थान में भक्षक-भक्ष्य, भोगी-भोग्य का विकृत भाव नहीं आ जाता। इस भाव ने सदा से हमारा अपकार किया है, करता जा रहा है और करेगा, यदि इसका विष हमारी नसों में बचपन से ही प्रविष्ट कर दिया जाएगा। हमें ऐसे स्वस्थ युवक चाहिएं जिनमें ज्वराक्रांत की न बुझनेवाली, जल के स्वाद को विकृत कर देने वाली प्यास न हो, जो रोग का चिह्न-मात्र है, वरन् स्वास्थ्य की आवश्यकता, साधन तथा स्थान का ज्ञान हो, जो विकास का कारण है।

हम अपने समाज में कुछ बुरे, आचरण-भ्रष्ट व्यक्तियों पर दमन नीति का प्रयोग कर सकते हैं, अपनी बहिनों को उनके संपर्क से दूर रख सकते हैं, परंतु यही उपाय हमारे शिक्षित, भविष्य के विधाता, युवकों की अशिष्टता समझी जाने वाली शिष्टता का प्रतिकार न कर सकेगा।

इस अप्रिय वातावरण में दूसरे को दोष दे देना बहुत सहज है और एक प्रकार से स्वाभाविक भी, क्योंकि स्वभाव से मनुष्य अपनी त्रुटियों का उत्तरदायित्व अपने ऊपर लेने का इच्छुक नहीं होता।

वास्तव में अधिक निरपेक्ष दृष्टि से तटस्थ की भाँति देखा जावे तो इस परिस्थिति के, युगों से संगृहीत होते रहने वाले अनेक प्रकट-अप्रकट कारण जान पड़ेंगे, जिनकी सामूहिक शक्ति का परिणाम हमारे समाज में अनेकरूपिणी विकृति उत्पन्न करता जा रहा है।

हमारी संस्कृति ने ह्रास के क्षणों में पुरुष को स्त्री से कितनी दूर रहने का आदेश दिया था यह इसी से प्रकट हो जाता है कि ब्रह्मचारी का चित्र में स्त्री-दर्शन भी वर्ज्य तथा एकांत में माता की सन्निकटता भी अनुचित मानी गई। भारत वैराग्यमय संयम-प्रधान देश है, अतः दुर्बल पुरुष को इस आदर्श तक पहुँचने के लिए उसके और प्रमुख प्रलोभन स्त्री तथा स्वर्ण के बीच में जितनी ऊँची प्राचीर बना सकना संभव था, बना दी गई।

संभव है इन सब के पीछे एक मनोवैज्ञानिक दृष्टि रही हो, एक सिद्धांत रहा हो, परंतु जब कालांतर में हम उसे भूल गए तब जैसा कि प्रायः होता है, अर्थहीन प्रयोग की रक्षा अनुपयुक्त वातावरण में भी दृढ़ता से करते रहे। बदली हुई परिस्थितियों में इस सिद्धांत ने स्त्री-पुरुष के बीच ऐसी अग्निमय रेखा खींच दी जिसके उस पार झाँकना कठिन तथा दुस्साहसपूर्ण कार्य हो गया। ऐसे अस्वाभाविक वातावरण में प्रत्येक बालक-बालिका को पल कर बड़ा होना पड़ता है और उनके अबोध मन में एक दूसरे को जानने के कुतूहल के साथ-साथ जानने का अनौचित्य भी समाया रहता है। गृह और समाज दोनों उन्हें इतनी दूर रखना चाहते हैं जितनी दूर रह कर वे एक दूसरे को विचित्र स्वप्नलोक की वस्तु समझने लगें। एक संकीर्ण सीमा में निकट रहते हुए भी पिता-पुत्री, भाई-बहिन अपने चारों ओर मिथ्या-संकोच की ऐसी दृढ़ भित्ति खड़ी

कर लेते हैं जिसे पार कर दूसरे के निकट पहुँच पाना, उनकी विभिन्नतामयी प्रकृति को समझ लेना असंभव हो जाता है; यही नहीं, समझने का प्रयास अनुचित और उस दूरी को और अधिक बढ़ाने की इच्छा स्तुत्य मानी जाने लगी है।

हमारे यहाँ सुशीला कन्या वही कही जाएगी जो अपने भाई या पिता के सम्मुख मस्तक तक ऊँचा नहीं करती और सुशील पुत्र वही जो विवाह तक बहिन तथा अन्य संबंधियों के बहुत दूर रहना जानता है। इसकी प्रतिक्रिया, लज्जा तथा क्षोभ से रुला देने वाली प्रतिक्रिया, हम बाहर के उन्मुक्त वातावरण में संपर्क में आने वाले युवक-युवतियों के व्यवहार में देखते हैं। गृह के वातावरण से निकल कर जब वे एक दूसरे को बहुत निकट से देखने का अवकाश तथा सुविधा पा लेते हैं तब उसके दो ही परिणाम संभव हैं—या तो वे एक दूसरे को स्वर्गीय वस्तु समझ कर निकट आ सकें या जानने के कौतूहल में उस निर्धारित रेखा का उल्लंघन कर जावें। प्रायः होता दूसरा ही परिणाम है, परंतु उसके लिए किसी को दोष देना व्यर्थ होगा। प्रायः युवकों के संस्कार उन्हें ऐसी समीपता का अनौचित्य बताते रहते हैं तथा जानने की इच्छा आगे बढ़ाना नहीं रोकती, फलतः वे इस प्रकार अनदेखा कर देखना चाहते हैं जिसे हम अशिष्टता कहेंगे और जिसे देखने में अन्य पश्चिमीय देशों का युवक अपना अपमान समझेगा। युवतियाँ अल्प संख्या में ही स्वच्छंदता से बाहर आती-जाती हैं, यह उन्हें और भी धृष्टता सिखाता है। अस्वाभाविक वातावरण के अतिरिक्त नैतिकता का अभाव भी इस दुरवस्था का कारण कहा जा सकता है। आदि से अंत तक प्रायः बालकों को न नैतिकता की शिक्षा ही मिलती है न उनके चरित्र के निर्माण की ओर ध्यान दिया जाता है, अतः हमें ऐसे युवक अल्प संख्या में मिलेंगे जिनके जीवन में अविचल सिद्धांत, अटूट साहस, अदम्य वीरता तथा स्त्रियों के प्रति सम्मान एवं श्रद्धा का भाव हो। और यह सत्य है कि जिस प्रकार वीरता मृत्यु को भी वरदान बना देने का सामर्थ्य रखती है इसी प्रकार कायरता जीवन को भी अभिशाप का रूप देने में समर्थ है। आपदग्रस्त नारी के सम्मान की रक्षा में मिट जाने वालों की संख्या नगण्य ही है, परंतु अपनी कुचेष्टाओं से उसका अनादर करने वाले पग-पग पर मिलेंगे।

आधुनिक साहित्यिक वातावरण में भी विकृत प्रेम का विष इस प्रकार घुल गया है कि बेचारे विद्यार्थी को जीवन की शिक्षा की प्रत्येक घूँट के साथ उसे अपने रक्त में मिलाना ही पड़ता है। कहानियों का आधार, कविता का अवलंब, उपन्यासों का आश्रय, सब कुछ विकृत पार्थिव प्रेम ही है; जीवन-पुस्तक के और सारे अध्याय मानो नष्ट हो गए हैं, केवल यही परिच्छेद बाल्यावस्था से वृद्धावस्था तक पढ़ा जाने वाला है।

पत्र-पत्रिकाएँ भी स्त्रीमय होकर ही सफल होने का स्वप्न देखती हैं और चित्रपट, वाक्पट आदि के विषय में कुछ कहना व्यर्थ ही है। अतः बालक-बालिका ज्यों-ज्यों बढ़ते जाते हैं उनका उन्माद, किसी उपन्यास के नायक या नायिका का स्थान ग्रहण

करने की इच्छा, वास्तवकिता को अनदेखा कर देने की प्रवृत्ति भी उग्रतर होती जाती है। प्रायः युवकों की अस्वस्थ मनोवृत्ति के पीछे एक विस्तृत इतिहास छिपा रहता है जिसे बिना समझे हम इस मनोवृत्ति में कोई परिवर्तन नहीं कर सकते।

अवश्य ही हमारी विवाहादि से संबंध रखने वाली अपूर्ण सामाजिक व्यवस्था भी इसके लिए उत्तरदायिनी ठहराई जा सकती है, परंतु केवल उसी में सुधार होने से इन भावनाओं में सुधार न होगा। उसके लिए तो हमें एक नवीन वातावरण उत्पन्न करने की आवश्यकता होगी जिसमें हमारे बालक-बालिका वय के अनुसार जीवन का सर्वांगीण ज्ञान प्राप्त कर स्वस्थ मनोवृत्तियों वाले युवक-युवती बनकर कार्यक्षेत्र में उतर सकें।

स्वप्न जीवन की मधुरता है तथा प्रणय उसकी शक्ति; परंतु उनको यथार्थ समझ लेना जीवन की संजीवनी जड़ी है, यह न भूलना चाहिए। क्या विकृत होकर अंगूर का प्राण को शीतल करनेवाला मधुर रस भी तीखी, मस्तिष्क को उत्तप्त कर उसमें उन्माद भर देनेवाली मदिरा नहीं हो जाता ?

एक ही वातावरण में परिवर्द्धित होने के कारण बालिकाओं का मानसिक विकास भी विकृत हुए बिना नहीं रहता, परंतु यह भी अधिकांश में सत्य है कि उनकी मनोवृत्ति, युवकों की मनोवृत्ति के समान ऐसे उद्धत उच्छृंखल रूप में अपना परिचय नहीं देती, चाहे उनकी स्वभाव-सुलभ लज्जा इसका कारण हो, चाहे अन्य सामाजिक बंधन। परंतु एक दोष उनका ऐसा है जिसकी ओट में युवक अपनी नैतिक दुर्बलता छिपाने का प्रयत्न करते हैं और संभव है बहुत काल तक करते रहें। मनुष्य की वेश-भूषा पर, उसके बाह्य आवरण पर, उसके व्यक्तित्व का वैसा ही आलोक पड़ता है जैसा ग्लोब पर दीपशिखा का। प्रायः हम बाह्य रूप से एक को संयमी तथा दूसरे को जीवन के लिए आवश्यक संयम से खिलवाड़ करने वाला उच्छृंखल व्यक्ति मान लेते हैं। इसके अतिरिक्त वेष का एक मनोवैज्ञानिक प्रभाव भी पड़ता है। वेश्या संन्यासिनी के वेष में अपनी भावभंगी में वह नहीं व्यक्त कर सकती जो अपने वेष में कर सकेगी। हर एक वर्ण की, आश्रम की वेश-भूषा चुनने में केवल विभिन्नता ही दृष्टि में नहीं रखी गई थी उसका दूसरा तथा पहननेवाले के ऊपर पड़नेवाला अव्यक्त प्रभाव भी ध्यान में रखा गया था। आज जिस रूप में हमारी नवयुवतियाँ पुरुष समाज में आती-जाती हैं, वह उनका भ्रांत परिचय ही दे सकता है। किसी विद्यार्थिनी को जिज्ञासु विद्यार्थिनी मात्र समझ लेना कठिन हो उठा है, कारण वह जीवन की गंभीरता से दूर उच्छृंखल तितली के रूप में घर से बाहर आती है और प्रायः दूसरों के आकर्षण का केन्द्र बनना बुरा नहीं समझती। नवयवुकों के विषय में भी यही सत्य है, परंतु उनमें आकर्षण का गुण अपेक्षाकृत न्यून होने के कारण उतनी हानि नहीं होती। बहिनें प्रश्न कर सकती हैं कि क्या दूसरों के लिए वे शृंगार छोड़ कर तपस्विनी बनकर घूमें। इस प्रश्न को कई दृष्टिकोणों से देखा जा सकता है। यदि हमारा आडंबर आत्मतुष्टि

के लिए है तो घर की सीमा तक भी सीमित किया जा सकता है; बाहर स्थान तथा समय के अनुसार गांभीर्य से आया जावे। परंतु यदि यहाँ की युवतियाँ, जहाँ उनके भाइयों में दूषित मनोवृत्ति उत्पन्न हो गई है, उनकी असंख्य बहिनें आँसुओं से शृंगार कर रही हैं, जहाँ उन्हें बाहर, भूला हुआ आदर्श स्थापित करना है, भीतर जीर्ण सामाजिक बंधनों को नवीन रूप देना है, अपने-आपको श्रद्धा तथा आदर के योग्य प्रमाणित करना है, ऐसा शृंगार जो उनके मार्ग में बाधक होता है, छोड़ दें तो क्या प्रलय हो जाएगा ?

यदि वे अपने-आपको केवल मनोरंजन का साधन समझती हैं तब तो उनका चित्र बना रहना अच्छा ही है, अन्यथा उन्हें अपने-आपको बाधाओं के अनुरूप वीर कर्मण्य प्रमाणित करना ही पड़ेगा।

इसके अतिरिक्त उन्हें सदा यह ध्यान में न रखना चाहिए कि संसार के सारे पुरुष उन्हें कुदृष्टि से देखते या देखने का दुस्साहस कर सकते हैं। हमें प्रायः अपने विश्वास की छाया ही दूसरों में दिखाई पड़ने लगती है। जो स्वयं अपना आदर नहीं करना जानता, वह दूसरों के सम्मुख अपने आपको आदर का पात्र प्रमाणित भी नहीं कर सकता, यह एकांत सत्य है। हमारा आत्मविश्वास के साथ पुरुषों के संपर्क में आना तथा किसी की वास्तविक कुचेष्टा को सद्भाव से दूर करने का प्रयत्न किसी भी प्रकार के बलप्रदर्शन से अधिक स्तुत्य सिद्ध होगा। परंतु एक व्यक्ति में किसी आत्मिक परिवर्तन के लिए दूसरे की आत्मा में उससे सौ गुना आत्मिक बल चाहिए।

इस संबंध में स्त्रियों द्वारा जो कहा जाता है वह झुंझलाहट से रंगीन हो जाता है। उन्होंने जिस रूप में इस समस्या को देखा तथा सुलझाना चाहा है वह अधिक उपयोगी न होगा। हमारे तथा पुरुषों के सामंजस्यपूर्ण संबंध पर बहुत कुछ निर्भर है और उस उपाय से विकृति ही उत्पन्न होगी। आज हम उस विकृति के एक रूप से रो रहे हैं, कल दूसरे से खिन्न होंगे, परंतु वह सामंजस्य कहाँ मिलेगा जो समाज का जीवन है। हमारी सामाजिक तथा अन्य व्यवस्थाओं की रूप-रेखा चिंतनशील दार्शनिक निर्धारित कर सके हैं और उसके अनुसार निर्माण का कार्य कर्मण्य व्यक्तियों का रहा है। आज भी हमें अपने भविष्य को ढालने के लिए उन्हीं से साँचा मांगना होगा, इसमें संदेह नहीं। पुरुष भी इसी विषम मार्ग को सम बनाने में सहायक हो सकते हैं, यदि वे स्त्री की त्रुटियों की आलोचना के स्थान में उसकी कठिनाइयाँ देखने लगें। उनकी संकीर्णता ने ही बाहर आने वाली स्त्रियों को आवश्यकता से अधिक सतर्क कर दिया है। उन्हें पग-पग पर अशिष्ट अधिक मिलते हैं सज्जन कम, अतः धोखा खाने की संभावना उन्हें अनावश्यक कटु बना दे तो विशेष आश्चर्य की बात नहीं है।

आधुनिक नारी

1

मध्य और नवीन युग के संधिस्थल में नारी ने जब पहले-पहले अपनी स्थिति पर असंतोष प्रकट किया, उस समय उसकी अवस्था उस पीड़ित के समान थी, जिसकी वेदना के अप्रकट कारण का निदान न हो सका हो। उसे असह्य व्यथा थी, परंतु इस विषय में 'कहाँ' और 'क्या' का कोई उत्तर न मिलता था। अधिक गूढ़ कारणों की छान-बीन करने का उसे अवकाश भी न था, अतः उसने पुरुष से अपनी तुलना करके जो अंतर पाया उसी को अपनी दयनीय स्थिति का स्पष्ट कारण समझ लिया। इस क्रिया से उसे अपनी व्याधि के कुछ कारण भी मिले सही, परंतु यह धारणा नितांत निर्मूल नहीं कि इस खोज में कुछ भूलें भी संभव हो सकीं। दो वस्तुओं का अंतर सदैव ही उनकी श्रेष्ठता और हीनता का द्योतक नहीं होता, यह मनुष्य प्रायः भूल जाता है। नारी ने भी यही चिर-परिचित भ्रांति अपनाई। मनोवैज्ञानिक दृष्टि से, शारीरिक विकास के विचार से और सामाजिक जीवन की व्यवस्था से स्त्री और पुरुष में विशेष अंतर रहा है और भविष्य में भी रहेगा, परंतु यह मानसिक या शारीरिक भेद न किसी की श्रेष्ठता का प्रतिपादन करता है और न किसी की हीनता का विज्ञापन करता है। स्त्री ने स्पष्ट कारणों के अभाव में इस अंतर को विशेष त्रुटि समझा केवल यही सत्य नहीं है, वरन् यह भी मानना होगा कि उसने सामाजिक अंतर का कारण ढूँढ़ने के लिए स्त्रीत्व को क्षत-विक्षत कर डाला।

उसने निश्चय किया कि वह उस भावुकता को आमूल नष्ट कर डालेगी, जिसका आश्रय लेकर पुरुष उसे रमणी समझता है, उस गृह-बंधन को छिन्न-भिन्न कर देगी जिसकी सीमा ने उसे पुरुष की भार्या बना दिया दिया है और उस कोमलता का नाम भी न रहने देगी जिसके कारण उसे बाह्य जगत के कठोर संघर्ष से बचने के लिए पुरुष के निकट रक्षणीय होना पड़ा है। स्त्री ने सामूहिक रूप से जितना पुरुष

जाति को दिया उतना उससे पाया नहीं, यह निर्विवाद सिद्ध है, पर इस आदान-प्रदान की विषमता के मूल में स्त्री और पुरुष की प्रकृति भी कार्य करती है, यह न भूलना चाहिए। स्त्री अत्यधिक त्याग इसलिए नहीं करती, अत्यधिक सहनशील इसलिए नहीं होती कि पुरुष उसे हीन समझ कर इसके लिए बाध्य करता है। यदि हम ध्यान से देखेंगे तो ज्ञात होगा कि उसे ये गुण मातृत्व की पूर्ति के लिए प्रकृति से मिले हैं। ये अच्छे हैं या बुरे, इसकी विवेचना से विशेष अर्थ न निकलेगा, जानना इतना ही है कि ये प्राकृतिक हैं या नहीं। इस विषय में स्त्री स्वयं भी अंधकार में नहीं है। वह अपनी प्रकृति-जनित कोमलता को त्रुटि चाहे मानती हो, परंतु उसे स्वाभाविक अवश्य समझती है, अन्यथा उसके इतने प्रयास का कोई अर्थ न होता। परिस्थितिजन्य दोष जितने शीघ्र मिट सकते हैं उतने संस्कारजन्य नहीं मिटते, यही विचार स्त्री को आवश्यकता से अधिक कठोर बने रहने को विवश कर देता है। परंतु यह कठिनता इतनी सयत्न होती है कि स्त्री स्वयं भी सुखी नहीं हो पाती। कवच बाहर की बाण-वर्षा से शरीर को बचाता है, परंतु अपना भार शरीर पर डाले बिना नहीं रह सकता।

आधुनिक स्त्री ने अपने जीवन को इतने परिश्रम और यत्न से जो रूप दिया है वह कितना स्वाभाविक हो सकता है, यह कहना अभी संभव नहीं। हाँ, इतना कह सकते हैं कि वह बहुत सुंदर भविष्य का परिचायक नहीं जान पड़ता। स्त्री के लिए यदि उसे किसी प्रकार उपयोगी समझ भी लिया जावे तो भावी नागरिकों के लिए उसकी उपयोगिता समझ सकना कठिन ही है।

आधुनिकता की वायु में पली स्त्री का यदि स्वार्थ में केंद्रित विकसित रूप देखना हो तो हम उसे पश्चिम में देख सकेंगे। स्त्री वहाँ आर्थिक दृष्टि से स्वतंत्र हो चुकी है, अतः सारे सामाजिक बंधनों पर उसका अपेक्षाकृत अधिक प्रभुत्व कहा जा सकता है। उसे पुरुष के मनोविनोद की वस्तु बने रहने की आवश्यकता नहीं है, अतः वह चाहे तो परंपरागत रमणीत्व को तिलांजलि देकर सुखी हो सकती है। परंतु उसकी स्थिति क्या प्रमाणित कर सकेगी कि वह आदिम नारी की दुर्बलता से रहित है ? संभवतः नहीं। शृंगार के इतने संख्यातीत उपकरण, रूप को स्थिर रखने के इतने कृत्रिम साधन, आकर्षित करने के उपहास-योग्य प्रयास आदि क्या इस विषय में कोई संदेह का स्थान रहने देते हैं ? नारी का रमणीत्व नष्ट नहीं हो सका, चाहे उसे गरिमा देनेवाले गुणों का नाश हो गया हो। यदि पुरुष को उन्मत्त कर देनेवाले रूप की इच्छा नहीं मिटी, उसे बाँध रखने वाले आकर्षण की खोज नहीं की गई तो फिर नारीत्व की ही उपेक्षा क्यों की गई, यह कहना कठिन है। यदि भावुकता ही लज्जा का कारण थी तो उसे समूल नष्ट कर देना था, परंतु आधुनिक नारी ऐसा करने में भी असमर्थ रही। जिस कार्य को वह बहुत सफलतापूर्वक कर सकी है वह प्रकृति से विकृति की ओर जाना मात्र था। वह अपनी प्रकृति को वस्त्रों के समान जीवन का बाह्य आच्छादनमात्र बनाना चाहती है, जिसे इच्छा और आवश्यकता के

अनुसार जब चाहे पहना या उतारा जा सके। बाहर के संघर्षमय जीवन में जिस पुरुष को नीचा दिखाने के लिए वह सभी क्षेत्रों में कठिन-से-कठिन परिश्रम करेगी, जीवन-यापन के लिए आवश्यक प्रत्येक वस्तु को अपने स्वेदकणों से तौल कर स्वीकार करेगी, उसी पुरुष में नारी के प्रति जिज्ञासा जाग्रत रखने के लिए वह अपने सौंदर्य और अंगसौष्ठव के रक्षार्थ असाध्य-से-असाध्य कार्य करने के लिए प्रस्तुत है। आज उसे अपने रूप, अपने शरीर और अपने आकर्षण का जितना ध्यान है उसे देखते हुए कोई भी विचारशील, स्त्री को स्वतंत्र न कह सकेगा।

स्त्री के प्रति पुरुष की एक रहस्यमयी जिज्ञासा सृष्टि के समान ही चिरंतन है, इसे अस्वीकार नहीं किया जा सकता, परंतु यह जिज्ञासा इनके संबंध का 'अथ' है 'इति' नहीं। प्राचीन नारी ने इस 'अथ' से आरंभ करके पुरुष से अपने संबंध को ऐसी स्थिति में पहुँचा दिया जहाँ इन दोनों के स्वार्थ एक और व्यक्तित्व सापेक्ष हो गए। यही नारी की विशेषता थी जिसने उसे मनोविनोद के सुंदर साधनों की श्रेणी से उठाकर गरिमामयी विधात्री के ऊँचे आसन पर प्रतिष्ठित कर दिया।

आधुनिक नारी पुरुष के और अपने संबंध को रहस्यमयी जिज्ञासा से आरंभ करके उसे वहीं स्थिर रखना चाहती है जो संभवतः उसे किसी स्थायी आदान-प्रदान का अधिकार नहीं देता। संध्या के रंगीन बादल या इंद्रधनुष के रंग हमें क्षणभर विस्मय-विमुग्ध कर सकते हैं, किंतु इससे अधिक उनकी कोई सार्थकता हो सकती है, यह हम सोचना भी नहीं चाहते। आज की सुंदर नारी भी पुरुष के निकट और कोई विशेष महत्व नहीं रखती। उसे स्वयं भी इस कटु सत्य का अनुभव होता है, परंतु वह उसे परिस्थिति का दोषमात्र समझती है। आज पुरुष के निकट स्त्री प्रसाधित शृंगारित स्त्रीत्व मात्र लेकर खड़ी है, यह वह मानना नहीं चाहेगी, परंतु वास्तव में यही सत्य है। पहले की नारी जाति केवल रूप और वय का पाथेय लेकर संसार-यात्रा के लिए नहीं निकली थी। उसने संसार को वह दिया जो पुरुष नहीं दे सकता था, अतः उसके अक्षय वरदान का वह आज तक कृतज्ञ है। यह सत्य है कि उसके अयाचित वरदान को संसार अपना जन्म-सिद्ध अधिकार समझने लगा, जिससे विकृति भी उत्पन्न हो गई, परंतु उसके प्रतिकार के जो उपाय हुए वे उस विकृति को दूसरी ओर फेरने के अतिरिक्त और कुछ न कर सके।

पश्चिम में स्त्रियों ने बहुत कुछ प्राप्त कर लिया, परंतु सब कुछ पाकर भी उनके भीतर की चिरंतन नारी नहीं बदल सकी। पुरुष उसके नारीत्व की उपेक्षा करे, यह उसे भी स्वीकार न हुआ, अतः वह अथक मनोयोग से अपने बाह्य आकर्षण को बढ़ाने और स्थायी रखने का प्रयत्न करने लगी। पश्चिम की स्त्री की स्थिति में जो विशेषता है उसके मूल में पुरुष के प्रति उनकी स्पर्धा के साथ ही उसे आकर्षित करने की प्रवृत्ति भी कार्य करती है। पुरुष भी उसकी प्रवृत्ति से अपरिचित नहीं रहा इसी से उसके व्यवहार में मोह और अवज्ञा ही प्रधान है। स्त्री यदि रंगीन खिलौने

के समान आकर्षक है तो वह विस्मय-विमुग्ध हो उठेगा, यदि नहीं तो वह उसे उपेक्षा की वस्तुमात्र समझेगा। यह कहने की आवश्यकता नहीं कि दोनों ही स्थितियाँ स्त्री के लिए अपमानजनक हैं। पश्चिमी स्त्री की स्थिति का अध्ययन कर यदि हम अपने देश की आधुनिकता से प्रभावित महिलाओं का अध्ययन करें तो दोनों ही ओर असंतोष और उसके निराकरण में विचित्र साम्य मिलेगा।

हमारे यहाँ की स्त्री शताब्दियों से अपने अधिकारों से वंचित चली आ रही है। अनेक राजनीतिक और सामाजिक परिस्थितियों ने उसकी अवस्था में परिवर्तन करते-करते उसे जिस अधोगति तक पहुँचा दिया है वह दयनीयता की सीमा के अतिरिक्त और कुछ नहीं कही जा सकती। इस स्थिति को पहुँचकर भी जो व्यक्ति असंतोष प्रकट नहीं करता उसे उस स्थिति के योग्य ही समझना चाहिए। कोमल तूल-सी वस्तु भी बहुत दबाए जाने पर अंत में कठिन जान पड़ने लगती है। भारतीय स्त्री भी एक दिन विद्रोह कर ही उठी। उसने भी पुरुष के प्रभुत्व का कारण अपनी कोमल भावनाओं को समझा और उन्हीं को परिवर्तित करने का प्रयत्न किया। अनेक सामाजिक रूढ़ियों और परंपरागत संस्कारों के कारण उसे पश्चिमीय स्त्री के समान न सुविधाएँ मिलीं और न सुयोग, परंतु उसने उन्हीं को अपना मार्गप्रदर्शक बनाना निश्चित किया।

शिक्षा के नितांत अभाव और परिस्थितियों की विषमता के कारण कम स्त्रियाँ इस प्रगति को अपना सकीं और जिन्होंने इन बाधाओं से ऊपर उठकर इसे अपनाया भी उन्हें इसका बाह्य रूप ही अधिक आकर्षक लगा। भारतीय स्त्री ने भी अपने-आपको पुरुष की प्रतिद्वंद्विता में पूर्ण देखने की कल्पना की, परंतु केवल इसी रूप से उसकी चिरंतन नारी-भावना संतुष्ट न हो सकी। उसकी भी प्रकृतिजन्य कोमलता अस्ति-नास्ति के बीच में डगमगाती रही। कभी उसने संपूर्ण शक्ति से उसे दबाकर अपनी ऐसी कठोरता प्रकट की जो उसके कुचले मर्मस्थल का विज्ञापन करती थी और कभी क्षणिक आवेश में प्रयत्न प्राप्त निष्ठुरता का आवरण उतार कर अपने अहेतुक हल्केपन का परिचय दिया। पुरुष कभी उससे वैसे ही भयभीत हुआ जैसे सज्ञान विक्षिप्त से होता है और कभी वैसे ही उस पर हँसा जैसे बड़ा व्यक्ति बालक के आयास पर हँसता है। कहना नहीं होगा कि पुरुष के ऐसे व्यवहार से स्त्री का और अधिक अनिष्ट हुआ, क्योंकि उसे अपनी योग्यता का परिचय देने के साथ-साथ अपने सज्ञान और बड़े होने का प्रमाण देने का प्रयास भी करना पड़ा। उसके सारे प्रयत्न और आयास अपनी आवश्यकता के कारण ही कभी-कभी दयनीय-से जान पड़ते हैं, परंतु वह करे भी तो क्या करे ! एक ओर परंपरागत संस्कार ने उसके हृदय में यह भाव भर दिया है कि पुरुष विचार, बुद्धि और शक्ति में उससे श्रेष्ठ है और दूसरी ओर उसके भीतर की नारी प्रवृत्ति भी जैसे स्थिर नहीं रहने देती। इन्हीं दोनों भावनाओं के बीच में उसे अपनी ऐसी आश्चर्यजनक क्षमता का परिचय देना है जो उसे पुरुष के समकक्ष

बैठा दे। अच्छा होता यदि स्त्री प्रतिद्वंद्विता के क्षेत्र में बिना उतरे हुए ही अपनी उपयोगिता के बल पर स्वत्वों की माँग सामने रखती, परंतु परिस्थितियाँ इसके अनुकूल नहीं थीं। जो अप्राप्त है उसे पा लेना कठिन नहीं है परंतु जो प्राप्त था उसे खोकर फिर पाना अत्यधिक कठिन है। एक में पाने वाले की योग्यता संभावित रहती है दूसरे में अयोग्यता, इसी से एक का कार्य उतना श्रमसाध्य नहीं होता जितना दूसरे का। स्त्री के अधिकारों के विषय में भी यही सत्य है।

2

इस समय हम जिन्हें आधुनिक काल की प्रतिनिधि के रूप में देखते हैं, वे महिलाएँ तीन श्रेणियों में रखी जा सकती हैं। त्रिवेणी की तीन धाराओं के समान वे एक-सी होकर भी अपनी विशेषताओं में भिन्न हैं। कुछ ऐसी हैं, जिन्होंने अपने युगांतरदीर्घ बंधनों की अवज्ञा कर पिछले कुछ वर्षों में राजनीतिक आंदोलन को गतिशील बनाने के लिए पुरुषों को अभूतपूर्व सहायता दी; कुछ ऐसी शिक्षिताएँ हैं जिन्होंने अपनी अनुकूल परिस्थितियों में भी सामाजिक जीवन की त्रुटियों का कोई उचित समाधान न पाकर अपनी शिक्षा और जागृति को आजीविका और सार्वजनिक उपयोग का साधन बनाया और कुछ ऐसी संपन्न महिलाएँ हैं, जिन्होंने थोड़ी-सी शिक्षा के साथ बहुत-सी पाश्चात्य आधुनिकता का संयोग कर अपने गृहजीवन को एक नवीन साँचे में ढाला है।

यह कहना अनुचित होगा कि प्रगतिशील नारी-समाज के ये विभाग किसी वास्तविक अंतर के आधार पर स्थित हैं, क्योंकि ऐसे विभाग ऐसी विशेषताओं पर आश्रित होते हैं, जो जीवन के गहन-तल में एक हो जाती हैं।

यह समझना कि राष्ट्रीय आंदोलन में भाग लेने वाली स्त्रियाँ अन्य क्षेत्रों में कार्य नहीं करतीं या शिक्षा आदि क्षेत्रों में कार्य करने वाली पाश्चात्य आधुनिकता से दूर रह सकी हैं, भ्रांतिपूर्ण धारणा के अतिरिक्त और कुछ नहीं है। वास्तव में ये श्रेणियाँ उनके बाह्य जीवन के सादृश्य के भीतर कार्य करने वाली वृत्तियों को समझने के लिए ही हैं। आधुनिकता की एकरूपता को भारतीय जाग्रत महिलाओं ने अनेक रूपों में ग्रहण किया है, जो स्वाभाविक ही था। ऐसी कोई नवीनता नहीं है, जो प्रत्येक व्यक्ति को भिन्न रूप में दिखाई देती, क्योंकि देखने वाले का भिन्न दृष्टिकोण ही उसका आधार होता है। प्रत्येक स्त्री ने अपनी असुविधा, अपने सुख-दुःख और अपने व्यक्तिगत जीवन के भीतर से इस नवीनता पर दृष्टिपात किया, अतः प्रत्येक को उसमें अपनी विशेष त्रुटियों के समाधान के चिह्न दिखाई पड़े।

इन सबके आचरणों को भिन्न-भिन्न रूप से प्रभावित करने वाले दृष्टिकोण

का पृथक्-पृथक् अध्ययन करने के उपरांत ही हम आधुनिकता के वातावरण में विकसित नारी की कठिनाइयाँ समझ सकेंगे। उनकी स्थिति प्राचीन रूढ़ियों के बंधन में बंदिनी स्त्रियों की स्थिति से भिन्न जान पड़ने पर भी उससे स्पृहणीय नहीं है। उन्हें प्राचीन विचारों का उपासक पुरुष-समाज अवहेलना की दृष्टि से देखता है, आधुनिक दृष्टिकोण वाले समर्थन का भाव रखते हुए भी क्रियात्मक सहायता देने में असमर्थ रहते हैं और उग्र विचार वाले प्रोत्साहन देकर भी उन्हें अपने साथ ले चलना कठिन समझते हैं। वस्तुतः आधुनिक स्त्री जितनी अकेली है, उतनी प्राचीन नहीं; क्योंकि उसके पास निर्माण के उपकरण मात्र हैं, कुछ भी निर्मित नहीं। चौराहे पर खड़े होकर मार्ग का निश्चय करने वाले व्यक्ति के समान वह सबका ध्यान आकर्षित करती रहती है, किसी से कोई सहायतापूर्ण सहानुभूति नहीं पाती। यह स्थिति आकर्षक चाहे जान पड़े, परंतु सुखकर नहीं कही जा सकी।

राष्ट्रीय आंदोलन में भाग लेने वाली महिलाओं ने आधुनिकता को राष्ट्रीय जागृति के रूप में देखा और उसी जागृति की ओर अग्रसर होने में अपने सारे प्रयत्न लगा दिए। इस उथल-पुथल के युग में स्त्री ने जो किया वह अभूतपूर्व होने के साथ-साथ उसकी शक्ति का प्रमाण भी था। यदि उसके बलिदान, उसके त्याग भूले जा सकेंगे तो उस आंदोलन का इतिहास भी भूला जा सकेगा। इस प्रगति-द्वारा सार्वजनिक रूप से स्त्री-समाज को भी लाभ हुआ। उसके चारों ओर फैली हुई दुर्बलता नष्ट हो गई, उसकी कोरी भावुकता छिन्न-भिन्न हो गई और उसके स्त्रीत्व से शक्तिहीनता का लांछन दूर हो गया। पुरुष ने अपनी आवश्यकतावश ही उसे साथ आने की आज्ञा दी, परंतु स्त्री ने उससे पग मिलाकर चलकर प्रमाणित कर दिया कि पुरुष ने उसकी गति पर बंधन लगा कर अन्याय ही नहीं, अत्याचार भी किया है। जो पंगु है उसी के साथ गतिहीन होने का अभिशाप लगा है, गतिवान को पंगु बनाकर रखना सबसे बड़ी क्रूरता है।

राष्ट्र को प्रगतिशील बनाने में स्त्री ने अपना भी कुछ हित साधन किया, वह सत्य है, परंतु इस मधु के साथ कुछ क्षार भी मिला था। उसने जो पाया वह भी बहुमूल्य है और जो खोया वह भी बहुमूल्य था, इस कथन में विचित्रता के साथ-साथ सत्य भी समाहित है।

आंदोलन के समय जिन स्त्रियों ने आधुनिकता का आह्वान सुना उनमें सभी वर्ग की शिक्षित और अशिक्षित स्त्रियाँ रहीं। उनकी नेत्रियों के पास इतना अवकाश भी नहीं था कि वे उन सबके बौद्धिक विकास की ओर ध्यान दे सकतीं।

यह सत्य है कि उन्हें कठोरतम संयम सिखाया गया, परंतु यह सैनिकों के संयम के समान एकांगी ही रहा। वे यह न जान सकीं कि युद्ध-भूमि में प्रतिक्षण मरने के लिए प्रस्तुत सैनिक का संयम, समाज में युग तक जीवित रहने लिए इच्छुक व्यक्ति के संयम से भिन्न है। एक बंधनों की रक्षा के लिए प्राण देता है तो दूसरा बंधनों

की उपयोगिता के लिए जीवित रहता है। एक अच्छा सैनिक मरना सिखा सकता है और एक सच्चा नागरिक जीना। एक में मृत्यु का सौंदर्य है और दूसरे में जीवन का वैभव। परंतु अच्छे सैनिक का अच्छा नागरिक होना यदि अवश्यंभावी होता तो संभवतः जीवन अधिक सुंदर बन गया होता।

स्वभावतः सैनिक का जीवन उत्तेजना प्रधान होगा और नागरिक का संवेदना प्रधान। इसी से एक के लिए जो सहज है वह दूसरे के लिए असंभव नहीं तो कष्टसाध्य अवश्य है।

आंदोलन के युग में स्त्रियों ने तत्कालीन संयम और उससे उत्पन्न कठोरता को जीवन का आवश्यक अंग मानकर स्वीकार किया, अपने प्रस्तुत उद्देश्य का साधन मात्र मानकर नहीं। इससे उनके जीवन में जो एक रुक्षता व्याप्त हो गई है, उसने उन्हीं तक सीमित न रहकर उनके सुरक्षित गृहजीवन को भी स्पर्श किया है। वास्तव में उनमें से अधिकांश महिलाएँ रूढ़ियों के भार से दबी जा रही थीं, अतः देश की जागृति के साथ-साथ उनकी क्रांति ने भी आत्मविज्ञापन का अवसर और उसके उपयुक्त साधन पा लिए। यही उन परिस्थितियों में स्वाभाविक भी था, परंतु वे यह स्मरण न रख सकीं कि विद्रोह, केवल जीवन के विशेष विकास का साधन होकर ही उपयोगी रह सकता है। वह सामाजिक व्यक्ति का परिचय नहीं, उसके असंतोष की अभिव्यक्ति है।

उस करुण युग के अनुष्ठान में भाग लेने वाली स्त्रियों ने जीवन की सारी सुकोमल कला नष्ट करके संसार-संग्राम में विद्रोह को अपना अमोघ अस्त्र बनाया। समाज उनके त्याग पर श्रद्धा रखता है, परंतु उनकी विद्रोहमयी रुक्षता से सभीत है। जीवन का पहले से सुंदर और पूर्ण चित्र उनमें नहीं मिलता, अतः अनेक आधुनिकता के पोषक भी उन्हें संदिग्ध दृष्टि से देखते हैं। अनंत काल से स्त्री का जीवन तरल पदार्थ के समान सभी परिस्थितियों के उपयुक्त बनता जा रहा है, इसलिए उसकी कठिनता आश्चर्य और भय का कारण बन गई है। अनेक व्यक्तियों की धारणा है कि उच्छृंखलता की सीमा का स्पर्श करती हुई स्वतंत्रता, प्रत्येक अच्छे-बुरे बंधन के प्रति उपेक्षा का भाव, अनेक अच्छे-बुरे व्यक्तियों से सख्यत्व और अकारण कठोरता आदि उनकी विशेषताएँ हैं। इस धारणा में भ्रांति का भी समावेश है, परंतु यह नितांत निर्मूल नहीं कही जा सकती। अनेक परिवारों में जीवन की कटुता का प्रत्यक्ष कारण स्त्रियों की कठोरता का सीमातीत हो जाना ही है, यह सत्य है, परंतु इसके लिए केवल स्त्रियाँ ही दोषी नहीं ठहराई जा सकतीं। परिस्थिति इतनी कठोर थी कि उन्हें उस पर विजय पाने के लिए कठोरतम अस्त्र ग्रहण करना पड़ा। उनमें जो विचारशील थीं, उन्होंने प्राचीन नारियों के समान कृपाण और कंकण का संयोग कर दिया, जो नहीं थीं, उन्होंने अपने स्त्रीत्व से अधिक विद्रोह पर विश्वास किया। वे जीने की कला नहीं जानतीं, परंतु संघर्ष की कला जानती हैं, जो वास्तव में अपूर्ण है। संघर्ष

की कला लेकर तो मनुष्य उत्पन्न ही हुआ है, उसे सीखने कहीं जाना नहीं पड़ता। यदि वास्तव में मनुष्य ने इतने युगों में कुछ सीखा है तो वह जीने की कला कही जा सकती है। संघर्ष जीवन का आदि हो सकता है, अंत नहीं। इसका यह अर्थ नहीं कि संघर्षहीन जीवन ही जीवन है। वास्तव में मनुष्य जाति नष्ट करने वाले संघर्ष से अपने-आपको बचाती हुई विकास करने वाले संघर्ष की ओर बढ़ती जाती है।

सामाजिक प्रगति का अर्थ भी यही है कि मनुष्य अपनी उपयोगिता बढ़ाने के साथ-साथ नष्ट करने वाली परिस्थितियों की संभावना कम करता चले। किसी परिस्थिति में वह हिम के समान अपने स्थान पर स्थिर हो जाता है और किसी परिस्थिति में वह जल के समान तरल होकर अज्ञात दिशा में बह चलता है। स्त्री का जीवन भी अपने विकास के लिए ऐसी ही अनुकूलता चाहता है, परंतु सामाजिक जीवन में परिस्थिति की अनुकूलता में विविधता है। हम अपना एक ही केंद्र-बिंदु बनाकर जीवन-संघर्ष में नहीं ठहर सकते और न अपना कल्याण ही कर सकते हैं। स्त्री की जीवन-शक्ति का ह्रास इसी कारण हुआ कि वह अपने आपको अनुकूल या प्रतिकूल परिस्थिति के अनुरूप बनाने में असमर्थ रही। उसने एक केंद्र-बिंदु पर अपनी दृष्टि को तब तक स्थिर रखा, जब तक चारों ओर से परिस्थितियों ने उनकी दृष्टि नहीं रोक ली। उस स्थिति में प्रकाश से अचानक अंधकार में आए हुए व्यक्ति के समान वह कुछ भी न देख सकी। फिर प्रकृतिस्थ होने पर उसने वही पिछला अनुभव दोहराया।

जागृति-युग की उपासिकाओं के जीवन भी इस त्रुटि से रहित नहीं रहे। उन्होंने अपनी दृष्टि का एक ही केंद्र बना रखा है, अतः उन्हें अपने चारों ओर के संदिग्ध वातावरण को देखने का न अवकाश है और न प्रयोजन। वे समझती हैं कि वे राष्ट्रीय जागृति की अग्रदूती के अतिरिक्त और कुछ न बनकर भी अपने जीवन को सफलता के चरम सोपान तक पहुँचा देंगी। इस दिशा में उनकी गति का अवरोध करने वालों की संख्या कम नहीं रही, यह सत्य है। परंतु इसीलिए वे अपना गंतव्य भी नहीं देखना चाहतीं, यह कहना बहुत तर्कपूर्ण नहीं कहा जा सकता। ऐसा कोई त्याग या बलिदान नहीं जिसका उद्‍गम नारीत्व न रहा हो, अतः केवल त्याग के अधिकार को पाने के लिए अपने-आपको ऐसा रुक्ष बना लेने की कोई आवश्यकता नहीं जान पड़ती।

जिन शिक्षिताओं ने गृह के बंधनों की अवहेलना कर सार्वजनिक क्षेत्र में अपना मार्ग प्रशस्त किया उनकी कहानी भी बहुत कुछ ऐसी ही है। उनके सामने नवीन युग का आह्वान और पीछे अनेक रूढ़ियों का भार था। किसी विशेष त्याग या बलिदान की भावना लेकर वे नए जीवन-संग्राम में अग्रसर हुई थीं, यह कहना सत्य न होगा वास्तव में गृह की सीमा में उनसे इतना अधिक त्याग और बलिदान माँगा गया कि वे उसके प्रति विद्रोह कर उठीं। स्वेच्छा से दी हुई छोटी-से-छोटी वस्तु मनुष्य का दान कहलाती है, परंतु अनिच्छा से दिया हुआ अधिक-से-अधिक

द्रव्य भी मनुष्य का अधीनता-सूचक कर ही समझा जाएगा। स्त्री को जो कुछ बलात् देना पड़ता है वह उसके दान की महिमा न बढ़ा सकेगा, यह शिक्षिता स्त्री भलीभाँति जान गई थी।

भविष्य में भारतीय समाज की क्या रूपरेखा हो, उसमें नारी की कैसी स्थिति हो, उसके अधिकारों की क्या सीमा हो आदि समस्याओं का समाधान आज की जाग्रत और शिक्षित नारी पर निर्भर है। यदि वह अपनी दुरवस्था के कारणों को स्मरण रख सके और पुरुष की स्वार्थपरता को विस्मरण कर सके तो भावी समाज का स्वप्न सुंदर और सत्य हो सकता है, पंरतु यदि वह अपने विरोध को ही चरम लक्ष्य मान लें और पुरुष से समझौते के प्रश्न को ही पराजय का पर्याय समझ ले तो जीवन की व्यवस्था अनिश्चित और विकास का क्रम शिथिल होता जाएगा।

क्रांति की अग्रदूती और स्वतंत्रता की ध्वजा-धारिणी नारी का कार्य जीवन के स्वस्थ निर्माण में शेष होगा, केवल ध्वंस में नहीं।

परिशिष्ट

महादेवी वर्मा : जीवन-परिचय

महादेवी वर्मा का जन्म फ़र्रुखाबाद में सन् 1907 में होली के दिन हुआ। इनकी प्रारंभिक शिक्षा इंदौर में हुई। स्कूली पढ़ाई के साथ ही घर पर इन्हें संस्कृत, चित्रकला, संगीत आदि की शिक्षा दिलाने की भी व्यवस्था थी। नौ वर्ष की आयु में विवाह के कारण इनकी पढ़ाई में व्यवधान पड़ा किंतु सन् 1919 से फिर से इनकी नियमित पढ़ाई इलाहाबाद के क्रॉस्थवेट कॉलेज में आरंभ हो गई। पढ़ने में अत्यंत मेधावी महादेवी ने मिडिल परीक्षा में प्रांत में प्रथम स्थान पाया और आगे भी अच्छे अंकों से उत्तीर्ण होते हुए सन् 1932 में इन्होंने प्रयाग विश्वविद्यालय से संस्कृत में स्नातकोत्तर उपाधि प्राप्त की। उसी वर्ष इन्होंने प्रयाग महिला विद्यापीठ का कार्यभार भी सँभाला। इसी बीच इन्होंने गृहस्थ जीवन न बिताने का निर्णय कर लिया था। ये आजीवन अनेक साहित्यिक-सामाजिक कार्यों के साथ ही शिक्षा के क्षेत्र से भी जुड़ी रहीं और अंततः 1960 में इन्होंने प्रयाग महिला विद्यापीठ के कुलपति पद को विभूषित किया।

पद्य और गद्य लेखन महादेवी जी ने बचपन से ही आरंभ कर दिया था और इनकी रचनाएँ यत्र-तत्र प्रकाशित भी होने लगी थीं। इनका प्रथम काव्य संग्रह 'नीहार' सन् 1930 में प्रकाशित हुआ और तीसरे काव्य संग्रह 'नीरजा' पर इन्हें सेकसरिया पुरस्कार मिला। 'दीपशिखा', 'संधिनी', 'परिक्रमा' आदि इनके अनेक काव्य संकलनों में से हैं। 'नीहार', 'रश्मि', नीरजा' तथा 'सांध्यगीत' की कविताओं का एक संकलन 'यामा' शीर्षक से प्रकाशित हुआ, जिस पर 'दीपशिखा' के साथ इन्हें 1982 का ज्ञानपीठ पुरस्कार दिया गया।

महादेवी जी के संस्मरणों का संग्रह 'अतीत के चलचित्र' 1941 में प्रकाशित हुआ। इसके बाद 'स्मृति की रेखाएँ', 'पथ के साथी', 'शृंखला की कड़ियाँ', 'साहित्यकार की आस्था तथा अन्य निबंध', 'संकल्पिता', 'चिंतन के क्षण' आदि अनेक बहुविध गद्य संकलन छपे जिनसे हिंदी का संस्मरण-रेखाचित्र, आलोचनात्मक, सामाजिक और विचारात्मक गद्य साहित्य समृद्ध हुआ। सेकसरिया और ज्ञानपीठ के अतिरिक्त महादेवी

जी को मंगला प्रसाद और भारत-भारती सहित अनेक अन्य पुरस्कार मिले। तीन विश्वविद्यालयों ने उन्हें डी.लिट्. की मानद डिग्रियाँ प्रदान कीं। इन्हें उत्तर प्रदेश विधान परिषद की सदस्या भी मनोनीत किया गया और 1956 में पद्मभूषण से विभूषित किया गया।

महादेवी संसार से कटकर साहित्य और शिक्षा की दुनिया में लीन रहनेवाले बुद्धिजीवियों में से नहीं थीं। बीस-बाईस वर्ष की उम्र में वे गाँधी जी के संपर्क में आईं और तभी से समाज-सुधार, वंचित वर्ग में शिक्षा के प्रसार आदि कार्यों से जुड़ गईं। हिंदी के सम्मान की रक्षा के लिए वे सदा मुखर रहीं और अन्य भाषा के साहित्यकारों के भी निकट संपर्क में रहीं। समय-समय पर उन्होंने अखिल भारतीय भाषाओं के लेखक-सम्मेलन और शिविर आयोजित किए। लेखकों को साहित्य साधना के लिए सुविधा उपलब्ध कराने के लिए उन्होंने इलाहाबाद में साहित्यकार संसद की स्थापना की और अन्य रूपों में भी साहित्यकारों के हित साधन के लिए सक्रिय रहीं। समय-समय पर उन्होंने 'चाँद', 'साहित्यकार' आदि पत्रिकाओं का संपादन भी किया। वे साहित्य अकादेमी की सदस्या और 1981 में इसकी सम्मानित सदस्या चुनी गईं। प्रयाग में इन्होंने नाट्य संस्थान 'रंगवाणी' की भी स्थापना की।

सन् 1987 के 11 सितंबर को हिंदी की इस प्रखर लेखिका, प्रकांड विदुषी और प्रतिबद्ध साहित्यकर्मी का देहावसान हो गया।

❑❑❑